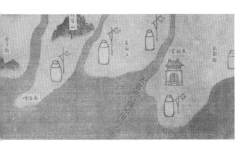

国家航海

National Maritime Research

上海中国航海博物馆　主办

（第五辑）

上海古籍出版社

目　录

海盗、龙夫人、汽船：近代史上
南中国海的新型另类[1]

安乐博

（中国澳门　澳门大学）

摘　要：大多数近代史的历史学者在讨论中国海洋史时，所关注的课题常为中外不平等条约及其内容影响、中国被迫开放的对外通商贸易口岸和中外贸易之间的关系，以及近代史上发生在中国附近海域的数场著名的中外海战等。本文所关注的主题与这些传统的角度大不相同，它所切入的角度是被忽略的海上不法活动，所涵盖的范围为中国附近的海域，自鸦片战争至第二次世界大战之间所发生的海盗事件及与其相关的不法组织活动。这段时间中，西方所发明的蒸汽船首次被介绍到中国海域，并逐渐成为中国附近海域的重要航行工具，使得中国海域，不但商业贸易方式大异以往，海上的不法活动也出现重大变革。参与不法活动的成员，不但有男性，也有一群为数不少的女性，颠覆了西方人对神秘东方女性的刻板印象。"龙夫人"一词影响至今，成为东方女性强权的代称。

关键词：南中国海　海上不法活动　海盗　龙夫人　劫船　汽船　鸦片战争　香港　澳门

Although the hijacking of steamships did increase precipitously over the late 19th and early 20th centuries, nonetheless, by far the largest number of incidents of piracy in Asian waters was directed against traditional targets, mostly indigenous fishing boats and small trading junks. The majority of pirates were Chinese fishermen and sailors who took to crime to supplement honest or regular wages. Some pirates were professional criminals and there were also a significant number of non-Asian pirates operating in the China Seas in the late 19th and early 20th

[1] This article was originally presented at an international conference on the "Asia-Pacific Maritime World: Connected Histories in the Age of Empire", at the University of Heidelberg, 6~8 July 2012. The author wishes to thank the participants for their helpful suggestions and comments. He also wishes to thank the University of Macau for generous support through a Faculty Research Grant, which enabled him to carry out the research for this study.

centuries. (See Map 1)

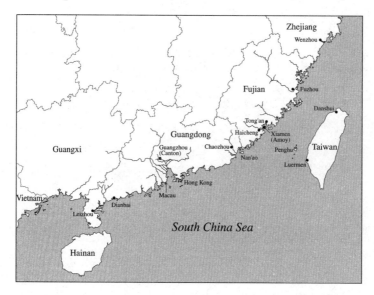

Map 1　Coastal South China in the Late 19th-Early 20th Centuries

1

The introduction of steamships in the China Seas in the 19th century ushered in a new era of commerce and imperialism along the China coast. Although the first steamships in Chinese waters appeared in the late 1820s, the impact was not felt until the British deployed steam warships to the area during the First Opium War. In 1841 the iron-clad war steamer, *Nemesis*, arrived in China and proved instrumental in naval battles against wooden Chinese war junks, especially in rivers and coastal areas. By the end of the war among the forty-eight British warships, fourteen were steamships. After the war and British settlement of Hong Kong, more and more steamers arrived in China to engage in merchant shipping, as well as in the suppression of piracy. By the late 1860s most of the foreign coasting ships were already steamers, and by the 1870s the Chinese were also constructing their own steam merchant fleets. In 1877 the three leading steamship companies operated some forty-four steamers, totaling over 35, 000 tons, plying routes between the treaty ports of Canton and Shanghai. [1]

Steamships presented pirates with new challenges and opportunities. At first

---

[1] Kwang-Ching Liu, "Steamship Enterprise in Nineteenth-Century China", *Journal of Asian Studies* 18.4 (1959), 440~441.

国家航海 第五辑
National
Maritime Research

海盗、龙夫人、汽船：近代史
上南中国海的新型另类

003

there were few pirate attacks against steamers, but by the 1870s pirates quickly adapted to the new circumstances by switching their tactics from direct assaults to hijacking. Some enterprising pirates discovered that they could board steamers disguised as passengers and once underway take control of the vessel, rob the passengers and crew, and occasionally even take hostages for ransom. Although one of the first recorded incidents of the new-style piracy was the attempted hijacking of the steamer *Iron Prince* in 1862, this *modus operandi* did not become popular for another decade. The first major case occurred in 1874, when pirates hijacked the river steamer *Spark* sailing from Canton to Macao. (See Figure 1) Aboard were a large number of Chinese passengers confined to the lower deck and one European, Walter Mundy, and a crew of about twenty Chinese and Portuguese "half-castes." The pirates had come aboard as passengers and once out of port they attacked. They killed the American captain, George Brady, and several passengers, and Mundy himself was badly wounded. After robbing the passengers and stealing the cargo, the loot was transferred to a waiting junk and the brigands sailed away. [1] By the mid-1880s, one colonial official remarked that hijacking had already become "an old device" of the Chinese pirates. [2]

Figure 1　Western passengers relaxing aboard the *Spark*. Note the pistols on the table

The most serious incident to gain public outrage, however, was the hijacking of the British coastal steamer *Namoa* in December 1890. The vessel had sailed from Hong Kong bound for Shantou with five European passengers in first class cabins and roughly 250 Chinese passengers. Only a few hours into the voyage, shots rang out as about forty pirates, who had come aboard as deck passengers,

---

[1]　Walter W. Mundy, *Canton and the Bogue, the Narrative of an Eventful Six Months in China* (London: Samuel Tinsley, 1875), 185~189.
[2]　Hong Kong Government Gazette (hereafter HKGG), 14 November 1885.

quickly seized the bridge and engine room and rounded up the Europeans who were having lunch with Captain Pocock in the saloon. In the fight that ensued, the pirates mortally wounded the captain and a Danish passenger. They then forced the Chinese pilot to sail the ship to Bias Bay, where six small junks came alongside to offload the booty (valued at $55,000). Once the pirates departed, the *Namoa*'s officers and passengers regained their ship and returned to Hong Kong.

The Guangdong local authorities sent a punitive force to Bias Bay where soldiers rounded up ten suspects, quickly tried and found them guilty, and summarily executed them. Later another twenty-three men were arrested and thirteen were found guilty of piracy. On 17 April 1891, the thirteen pirates were beheaded, together with six other men, on the beach in Kowloon before a group of Western spectators. [1](See Figure 2) In part, as a result of these harsh measures, in the waters around Hong Kong at least, there was a noticeable, but temporary, decline in the number of piracies. [2]

Figure 2　Beheaded *Namoa* Pirates in Kowloon, 1891

The turmoil of the early 20th century-the Boxer Rebellion, the Revolution of 1911, warlordism, and civil war between the Guomindang and Communists in the 1920s and 1930s-provided opportunities for a resurgence in piracy along the China coast. Not only man-made but also natural disasters added to the rampant lawlessness of this period. Because of the precipitous increase in piracy, in 1914 the Hong Kong government enacted a new "piracy prevention ordinance" which declared a "danger zone" that stretched outward from the colony for 120 miles. [3] Between the two world wars there were over fifty reported cases of piracy against

[1]　Hong Kong Government Sessional Papers (hereafter HKSP), 29 January 1891.
[2]　HKSP, 15 February 1896.
[3]　HKGG, 18 September 1914.

国家航海　第五辑

National
Maritime Research

海盗、龙夫人、汽船：近代史
上南中国海的新型另类

005

coastal and river steamers; most involved hijackings of foreign vessels. In several instances, the same ships were plundered on more than one occasion: the *Wah Sun* on 18 December 1921 and on 22 May 1922; the *Sunning* on 23 October 1923 and on 15 November 1926; and the *Tai Lee* on 21 January 1924 and on 4 November 1924. [1]

The majority of pirate cases in the early twentieth century were called the "Bias Bay Piracies", named after the area out of which numerous gangs operated. Bias Bay, which lies to the east just outside Hong Kong territorial waters, abounds in numerous islands and shallow harbors that provided easily accessible hideouts for pirates. (See Map 2) In a secret dispatch in June 1926 to the home government, Cecil Clementi, governor of Hong Kong, explained: "Bias Bay is a sort of 'No Man's Land', in which the writ of the Canton Government does not run, and which is dominated by pirates and brigands from the large village of Fan Lo Kong at the north-east corner of the bay." [2] At the time he suggested sending a "punitive expedition" to search for and destroy the pirates and their villages around the bay. However, it took nine months before "the British finally lost their patience and raided the Bias Bay villages, independently of the Chinese authorities." [3] The expedition, nonetheless, proved ephemeral and within months the pirates were back in business as before. [4]

What was particularly important about these Bias Bay piracies was that they all involved sophisticated, well-organized, professional gangs and by then the most common *modus operandi*—hijacking. As noted above, pirates had adapted to the modern world of steamships and modern shipping practices. In the area around Hong Kong pirates spent weeks in preparations for their heists. They gathered intelligence on prospective victims-names of ships, departure dates, destinations and sailing routes, size of crew and passenger lists, and type and value of cargo. [5] During that time pirates also traveled back and forth as passengers on the steamships they planned to rob, not only reconnoitering but also secreting firearms on board. Often the ringleaders dressed in European-style, "looked respectable", and occupied first-class cabins; some pirates even spoke a little English and Portuguese.

---

[1]　British Colonial Office, Hong Kong Records (hereafter CO129), CO129/410/419～425; CO129/410/411～42; CO129/496/368; and CO129/496/368.

[2]　CO129/496/367.

[3]　Aleko E. Lilius, *I Sailed with Chinese Pirates* (London: Mellifont, 1930), 12.

[4]　Iain Ward, *Sui Geng: The Hong Kong Marine Police*, 1841～1950 (Hong Kong: Hong Kong University Press, 1991), 103～104.

[5]　Lilius, *I Sailed with Chinese Pirates*, 9.

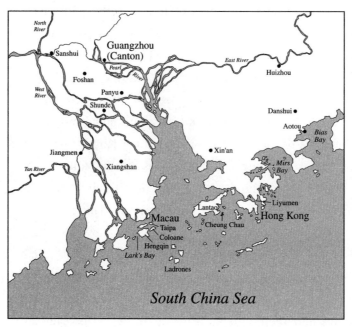

Map 2　Bias Bay and the Pearl River Delta

Once everything was set leaders would give the signal to attack. One group would storm the bridge and take control of the ship, another group would storm the engine-room, and a third group would keep the passengers at bay. The rich passengers, both Westerners and Chinese, afterwards were taken ashore in Bias Bay where they were held for ransom. [1]

These piracies were well-organized, professional heists, which often involved bosses from among the business tycoons in Macao and Hong Kong. Most of the hijackings were organized by professional crime syndicates in which piracy was a big business. Nonetheless, piracy was but one of several illegal activities that the syndicates were involved in; they also engaged in prostitution, gambling, money-laundering, loan-sharking, arms sales, and trafficking drugs. These syndicates, which were headquartered in Hong Kong and Macao, were established "along sound business lines, replete with boards of directors". The foreign press, perhaps in an attempt to sensationalize their stories, claimed that attractive Chinese women headed several of the syndicates. [2]

The pirates of Bias Bay became so infamous in the West at the time that

---

[1]　See, for example, CO129/410/419, 411/199; 411/263; 496/368; and New York Times, 7 December 1885.

[2]　A. D. Blue, "Piracy on the China Coast", Journal of the Hong Kong Branch of the Royal Asiatic Society, 5 (1965), 77.

they were not only frequently mentioned in newspapers and magazines, but were also featured in popular novels and movies. M. Sheridan Jones' fictionalized account, *The 'Shanghai Lily': A Story of Chinese Pirates in the Notorious Regions of Bias Bay* (1935) and the American film, *China Seas* (1935), popularized and dramatized the Chinese pirates for a Western audience. Another novel, which even included photographs of captured pirates (see Figure 3) and their victimized ships and sailors, depicted the pirates as "Vampires". The author, who called himself Bok, claimed that the horrific episodes and activities of the pirates he depicted in his novel were true, but only the names of the pirates were fictitious. [1]

Figure 3　Captured Bias Bay Pirates aboard a British Warship

2

While some pirates seem to have specialized in attacking steamships, still the majority of attacks was made, as always, against native fishing and trading junks sailing the coastal waters of Guangdong, Fujian, and Zhejiang. In Table 1, which is a sampling of piracy cases along the South China coast between 1874 and 1894, only seven cases involved attacks on Western vessels, including four hijackings, while seventeen cases involved attacks on Chinese vessels, and did not include hijackings. In November 1881, for instance, off Lantao Island near Hong Kong a gang of six pirates robbed a small passage

[1]　Bok, *Vampires of the China Coast* (London: Herbert Jenkins, 1932).

boat operated by a widow named Lai Tsat Sing. The leader of this gang was Wong Afuk, who owned a small fishing boat registered in Hong Kong. [1] In the next year the Chinese government reported an increase of piracy along the Fujian coast. Even the leper colony on Coloane Island south of Macao was repeatedly plundered by gangs of pirates in 1885. In one instance, a gang stole money, women's clothing, and 160 *cates* of rice. [2] In another case in 1891, a gang of pirates, based on the Ladrones or Pirate Islands at the mouth of the Pearl River and led by a man named He Faduo, repeatedly plundered local shipping in the vicinity of Macao. [3] Around the same time a number of other incidents of piracy were reported further north along the coast. For example, in that same year, the New York *Times* reported that a gang of Chinese pirates brutally murdered the crew and plundered a Chinese cargo junk near Amoy (Xiamen). [4] According to the information in the table, Chinese pirates not only robbed ships but also pillaged coastal villages, such as the attack on Tai-tam Village in late November 1881, in which a Sikh constable was killed.

Table 1　Reported Piracies on the South China Coast, 1874~1894

Date (dd/mm/yy)	Place of Attack	Pirates	Victims	Particulars
22/08/74	between Canton and Macao	pirates disguised as passengers	river steamer *Spark*	hijacking; captain and several officers killed
26/08/75		Chan Ahong and about 10 other pirates	Hong Kong-registered junk *Yau-li*	
23/09/75	near Matsou (off Fujian coast)	Chinese crew mutinied	German schooner *Anna*	killed foreign captain and mate
24/03/76	on route from Vietnam to Hong Kong	pirates disguised as passengers	steamer *Pelican*	hijacking; 10 persons killed
29/04/76	near Cape D'Aguilar, Hong Kong		Chinese fishing junk	9 sailors killed

[1]　Gillian Bickley, ed., *A Magistrate's Court: Nineteenth Century Hong Kong* (Hong Kong: Proverse Press, 2005), 380~385.

[2]　Manuel Teixeira, *Taipa e Coloane* (Macau: Direcção dos Serviços de Educação e Cultura, 1981), 121~122.

[3]　《澳门宪报》(光绪 17 年 1 月 21 日), p. 187.

[4]　New York *Times*, 11 November 1891.

国家航海 第五辑
National
Maritime Research

海盗、龙夫人、汽船：近代史
上南中国海的新型另类

609

Date (dd/mm/yy)	Place of Attack	Pirates	Victims	Particulars
07/03/79	Macao harbor		Chinese fishing junk	captain killed
30/03/79	40 miles from Hong Kong		British barque *Elizabeth Childs*	hijacking
27/11/81	Hong Kong		Tai-tam Village	Sikh constable killed
28/11/81	off Lantao Island	Wong Afuk and 5 other pirates	Chinese passage boat	
28/11/81	off Coloane Island	5 pirates	Chinese boat transporting cattle	
28/11/81	off Pingzhou Island	3 armed pirates	Chinese boat transporting stones	
28/03/82	Hong Kong harbor		Chinese boat	
18/07/84	Guishan coast		Chinese junks and coastal villages	over 1,000 pirates captured by Qing soldiers; this case also involved secret societies
17/10/85	near Hong Kong	about 30 pirates disguised as passengers	British steamship *Greyhound*	hijacking
06/01/86	Guangdong coast		Chinese boats and coastal villages	
05/08/88	near Hengqin Island		Chinese boats and coastal villages	
06/11/89	Guangdong coast near Macao	leader named Huang Zhong	Chinese boats and coastal villages	
19/04/90	Guangdong coast		Chinese junk	captain killed
08/07/90	off Macao		Chinese junk	
11/12/90	Pinghai Bay	40~50 pirates disguised as passengers	coastal steamer *Namoa*	hijacking; captain killed
12/03/91	Guangdong coast near Macao	pirate leader named He Faduo	steamer	
—/11/91	off Xiamen		Chinese cargo junk	ship plundered and crew killed

Date (dd/mm/yy)	Place of Attack	Pirates	Victims	Particulars
29/03/93	off Macao		Chinese boat	
115/11/93	off Hengqin Island		Chinese boat	
24/10/94	Fujian coast		Chinese trading junk and coastal villages	several people killed

Sources：《清实录广东史料》（Vol. 6），《澳门专档》（Vol. 1），*Events in Hong Kong*（Hong Kong, 1885），and Gillian Bickley, ed., *A Magistrate's Court：Nineteenth Century Hong Kong* （Hong Kong, 2005）.

During this period a number of gangs of Chinese pirates operated from bases located in the vicinity of Hong Kong and Macao. In the late1860s and 1870s, Deep Bay（Shenzhen Bay）was a well-known pirate haunt located on the busy sailing route between Canton and Hong Kong. To the west of Macao, on the tiny islands of Gaolan and Beishui, pirates built shelters, settled their families, and conducted trade in stolen goods. From these two islands they also launched raids on coastal villages and plundered passing ships. The problem became so troublesome that in 1866 the British and Chinese governments sent several naval expeditions to eliminate the pirates in the area. But afterwards the pirates returned and the islands remained danger zones for many more decades. [1] Coloane and Hengqin Islands, as in the past, also continued to serve as notorious pirate haunts throughout this period. In 1872, for instance, Chinese soldiers attacked pirate hideouts and burned down several villages on these islands. Five suspected pirates were taken to Coloane and summarily hanged, despite the protests of local residents. Soon afterwards the Portuguese built a fort on Coloane, ostensibly to protect the islanders from pirates. [2]

The sensitive issue of Chinese sovereignty, however, became an important factor in 1910 in a major international incident involving pirates on the island of Coloane. The incident also provided the Portuguese with an excuse to fully incorporate the island into their enclave of Macao. In the early twentieth century, Coloane, in particular, was a contested territory at the center of a bitter controversy between the governments of China and Portugal concerning which country had jurisdiction over the island. As a result of the unclear jurisdictions, the

[1] CO129/113/202.
[2] Teixeira, *Taipa e Coloane*, 45.

国家航海　第五辑

National
Maritime Research

海盗、龙夫人、汽船：近代史
上南中国海的新型另类

011

island became a refuge for pirates, smugglers, and other malcontents seeking a safe haven free from the close scrutiny of either government. [1]

In the summer of 1910, gangs of Chinese pirates, who were likely closely connected with the local fishing communities on the island and who were also possibly connected with secret societies in the region, kidnapped for $ 35,000 ransom about twenty school children from Xinning County on the West River, further up the Pearl River Delta. Some accounts claim that some of the children were Catholics. Many of the children came from well-to-do families who appealed to the Portuguese government in Macao for help. [2] In response, in July, the government sent gunboats and soldiers to the island, and after a fierce battle and several skirmishes that lasted weeks, the Portuguese declared a victory. The Chinese government also sent gunboats, but they do not seem to have actively participated in the military campaigns. Many pirates, as well as several island villagers, were killed, several suspected pirates were arrested, and the children were rescued. However, a number of pirates were able to escape to Macao, Hong Kong, and elsewhere during a storm. Some time later, police in Hong Kong arrested one of the pirate chieftains, Leong In Chan. [3]

Despite protests from the Qing government, Portugal insisted that their presence on Coloane was needed to protect the island and surrounding areas from pirates. The Portuguese therefore stayed and the island became a part of Macao. Today on the island at the head of St Francis Xavier Square is a stone monument that was erected by the government of Macao to commemorate the victory over the pirates. (See Figure 4) For many local villagers on the island, even to today, the Portuguese attack resulted in the "massacre" of many innocent villagers and fishermen, not only pirates.

Although pirates rarely attacked Western ships directly, nonetheless, one particularly noteworthy case was the capture in October 1854 of the Chilean brig *Caldera*, bound for California. Besides the English captain and American supercargo, there were two passengers and a crew of seventeen sailors of mixed nationality. Among the passengers was a French woman, Fanny Loviot, who later wrote about her harrowing experience in a popular adventure book called *A Lady's Captivity Among Chinese Pirates*, first

---

[1]　《明清时期澳门问题档案文献汇编》(1999)，4：113，286，569，592；and Manuel Teixeira，
　　　Os piratas em Coloane em 1910 (Macau：Centro de Informação e Turismo，1977)，5.
[2]　*A Verdade*，21 July 1910.
[3]　《申报》28 July 1910；*A Verdade*，14 July 1910；and *Vida Nova*，17 July 1910.

Figure 4　Portuguese Monument Commemorating the Victory over
the Pirates of Coloane in 1910

published in Paris and afterwards in London in English translation. Soon after setting sail a typhoon severely disabled the *Caldera* not too far from Macao. At about midnight a gang of a hundred pirates, throwing stinkpots and brandishing pistols and swords, stormed the becalmed ship and commenced plundering it, taking the passengers and crew as hostages. On the second day another even larger band of pirates appeared, chased the first gang away, and continued to strip the ship of whatever cargo and sundry items that remained. They also demanded a steep ransom from their captives. After being held for twelve days, and being nearly starved to death by the cruel treatment of the pirates, a steamer from Hong Kong finally rescued Loviot and the others. [1]

3

People became pirates for many reasons-survival, adventure, wealth,

[1] Fanny Loviot, *A Lady's Captivity among Chinese Pirates in the Chinese Seas*. Trans. by Amelia Edwards (London: Geo. Routledge and Co., 1856); and CO 129/47/205~212.

greed, power. They came from all walks of life and ethnic groups, and included men, women, and children. Most pirates were just ordinary people, individuals who made their livings by working on the seas and along the coasts. They were, by far, people who lived on the margins of respectable society. While poverty and despair were powerful motives for joining pirate gangs, nevertheless the vast majority of people who became pirates were not idle vagabonds or hardened criminals, but rather working class people who were unable to make ends meet from their normal and legitimate jobs. For them the transgression of laws became a routine part of everyday life. Some needed to rob in order to survive. While some pirates were professional criminals, the vast majority remained amateurs, who took to crime as a temporary undertaking. [1]

As has always been the case, most pirates were poor fishermen and sailors. In a survey of 696 cases from Fujian and Guangdong between 1780 and 1885, 75% of the convicted pirates were fishermen and sailors; in fact, 83% had aquatic occupations, and only 17% had non-aquatic occupations. (See Table 2) In the early 20th century, due to the chaos of revolution and civil war, besides the countless numbers of fishermen and sailors who became pirates, many displaced people-the refugees of wars and famines, demobilized soldiers, and warlord troops-were added to the pool of pirate recruits.

Table 2　Occupations of Convicted Pirates in South China, 1780~1885

Aquatic Occupations	Number	Non-Aquatic Occupations	Number
fishers	245	hired laborers	34
hired sailors	186	porters	20
water forces	57	coolies	18
helmsmen	40	peddlers	15
grass cutters	19	traders	14
others	29	others	19
Total	576(82.76%)	Total	120(17.24%)

Source: Qing Dynasty Archives.

Mobility was another salient feature of piracy and of seafaring life in general. Sailors moved about freely from port to port, taking whatever work

---

[1]　Ernest Alabaster, *Notes and Commentaries on Chinese Criminal Law and Cognate Topics* (London: Luzac and Co., 1899), 469; and for the late 18th and early 19th centuries, see Robert Antony, *Like Froth Floating on the Sea* (Berkeley: University of California, Institute of East Asian Studies, 2003), 82~104.

国家航海　第五辑
National
Maritime Research

海盗、龙夫人、汽船：近代史
上南中国海的新型另类

013

they could get, whether licit or illicit. In a survey of 123 cases from South China in the early 19th century, in 81 instances or 94 %, fishermen and sailors who had been arrested for piracy told officials that they routinely fished or worked in areas outside their home areas. As David Ownby has shown in his study of 18th century Chinese secret societies, movement and violence were central features of society along China's southeastern coast. [1] This was equally true of later periods as well. Violence contributed to mobility just as mobility contributed to violence, and both were aggravated by the population pressure, natural disasters, and wars, which created fierce competition over jobs and resources.

Gangs were not only transient in nature but also often ethnically diverse. By their very nature oceans were transnational spaces and ships were melting pots. Some writers have described today's pirate syndicates as huge multinational corporations. Actually this is nothing new. It should be no surprise that, just like crews on cargo ships, pirate gangs were often racially and linguistically mixed. In the 19th and 20th centuries it was not uncommon to find Chinese pirate ships crewed by Japanese, Southeast Asian, European, African, and Chinese sailors. After 1840, an increasing number of British, American, French, and other Westerners worked with Chinese merchants in Hong Kong, Macao, and other treaty ports to organize piratical syndicates.

Adding to the havoc of Chinese piracy was the appearance of foreign piracy in the China Seas. American, European, and African sailors as well as the so-called "Manilla-men" of Southeast Asian descent frequently served on the same ships with Chinese pirates throughout the last half of the nineteenth century. In June 1845, Henry Sinclair was the first European to be convicted of piracy in Hong Kong. He had been sentenced to transportation for life, but after serving only two years, due to illness and hardships, he received a pardon. [2] In the 1850s, an American sailor, Eli Boggs, became the most notorious pirate in South China, so much so that the Hong Kong government offered a $1,000 reward for his capture. In 1857, Boggs was finally apprehended near Shanghai by his equally colorful compatriot, Captain Bully Hayes, who was himself a desperado deeply involved in smuggling opium, weapons, and illegal emigrants. [3] In the 1860s through 1880s, there were

---

[1] David Ownby, *Brotherhoods and Secret Societies in Early and Mid-Qing China: The Formation of a Tradition* (Stanford: Stanford University Press, 1996), 13~17.

[2] CO129/20/18~22.

[3] George W. Cooke, *China, Being "The Times" Special Correspondence from China in the Years* 1857~1858 (London: G. Routledge and Co., 1858), 68~69.

国家航海　第五辑
National
Maritime Research

海盗、龙夫人、汽船：近代史
上南中国海的新型另类

015

still many Western rogues serving on, and in some cases even commanding, pirate vessels along the coast of South China.

There were also gangs of Portuguese sailors, working in conjunction with several Macao merchants, who, under the pretense of providing convoy services for coastal shippers, extorted protection fees that earned for them $50,000 to $200,000 annually. Because the Chinese and British navies were unable to prevent piracy, beginning in the 1840s many Chinese traders hired armed lorchas from Macao for convoying purposes. But soon the convoy system was misused by unscrupulous captains and many innocent fishing vessels were attacked. Convoys openly robbed and murdered anyone who did not comply with their demands for "protection." According to George Cooke, a journalist in China at the time, the crews of these so-called convoys actually committed the "most frightful atrocities," burning down villages, kidnapping women, and murdering their menfolk. "They became infinitely greater scourges than the pirates they were paid to repel."[1]

Unlike in the West, women have always played important roles in seafaring and piracy in the China Seas. The Danmin (Tanka), for example, lived their entire lives aboard boats. The boat was the usual home to the entire family. For many seafaring women, just as for men, pirating came naturally and was accepted as a part of everyday life. Some women married (either voluntarily or by force) into the pirate profession, while others were born into it. The latter was certainly the case with Lai Choi San, the so-called "queen of Macao pirates," who was born and grew up on the waters around Macao in early part of the twentieth century. The only surviving child in a family of professional pirates, she had inherited the pirate business and ships from her father, who had been granted refuge in Macao in return for "protecting" the city's huge fishing fleets. He owned seven heavily armed junks when he died. Afterwards Lai Choi San took over the business, added five more junks to her fleet, and soon had complete control over the local fishing trade. According to the American journalist, Aleko Lilius, she was cunning, ruthless and cruel; she also had "barrels of money, and her will is law." She owned a large house in Macao and had close connections with important men in that city. The pirate queen maintained her power over rival gangs through murder, kidnapping, and blackmail.[2] (See Figure 5) In 1935, she was immortalized as the archetypical "Dragon Lady" in the American comic strip *Terry and the Pirates*. (See Figure 6)

---

[1] Cooke, *China*, 130.
[2] Lilius, *I Sailed with Chinese Pirates*, 37～57.

Figure 5　Lai Choi San, the "Queen
of Macao Pirates"

Figure 6　Lai Choi San as the "Dragon
Lady" in *Terry and the Pirates*

Lai Choi San and other female pirates were able to survive in a man's world by proving themselves as capable as their male counterparts. In many cases they actually surpassed the male pirates. Women were not only tolerated by their male shipmates but also were able to exercise leadership positions aboard ships and even fleets. They represented the most radical departure from dominant society and customs. They also represented a threatening "other" that defied accepted notions of womanhood, breaking established codes of female propriety, virtue, and passivity. By rejecting the established codes of female behavior these women pirates turned well-established concepts of Confucian patriarchy on its head. Piracy presented them opportunities to escape poverty and the rigid restraints normally placed on females. In short, piracy gave them the chance for adventure and freedom unheard of for most women on land.

4

I now live in Macao, a city that legend says was founded because of pirates. Hong Kong is only an hour away by jetfoil. It is hard to imagine that just forty years ago pirates still infested the waters between these two cities and kept lairs on the many islands that dot the lower delta. Back then ferries took over four hours to make the crossing, and they had to protect themselves against pirates with iron grills enclosing the bridge and Sepoy guards armed

国家航海 第五辑
National
Maritime Research

海盗、龙夫人、汽船：近代史
上南中国海的新型另类

017

with Winchester rifles. Today, although newspapers occasionally report petty piracies of fishing boats along the South China coast, pirates are no longer a serious threat to commerce or life in this region of the world.

While piracy in Chinese waters may be mostly something of the past, pirates nevertheless live on in legends, folklore, movies, and popular imagination. Often ignoring the facts, writers, journalists, and tour guides have used and misused pirates in many interesting ways. In China, as in the West, pirates invariably have been depicted as treacherous villains, swashbuckling heroes, champions of the poor, and avengers against injustice. Some famous pirates of the past, such as Zhang Baozai, have not only become popular heroes and freedom fighters, but also have been eulogized as local deities in their home areas. Among the female pirates of South China, in Macao and Hong Kong, Lai Choi San is remembered as a feminine Robin Hood who robbed the rich and gave to the poor. Another woman pirate, the sister of a Ming dynasty pirate chief named Wu Ping, was killed on Nan'ao Island, where today she is worshipped as the "Treasure Protecting Goddess". (See Figure 7) People come from all around to pray to her for good luck and good fortune. Even the Western pirate and smuggler Bully Hayes has today become something of a popular hero in Australia.

Figure 7   Statue of the "Treasure Protecting Goddess" on Nan'ao Island

One of the most persistent legends about pirates concerns buried treasures. There are, in fact, dozens of caves in the Pearl River Delta all claiming to be genuine sites where Zhang Baozai or other pirates hid their booty. On Longxue (Dragon Cave) Island in Dongguan County, there is a "Gold Cave" that today displays a small painted statue of Zhang Baozai. People come from far and near to see the cave and to burn incense before his statue. Another cave, on Cheung Chau Island in Hong Kong, also has been a popular tourist attraction for Hong Kong and foreign visitors for decades. Even Hong Kong school children go on "treasure hunting" fieldtrips to the cave on the island. Along the Nan'ao coast there is a speck of land called "Treasure Island," where pirates were said to have hidden their loot; perched on this tiny rock is the above mentioned statue of the "Treasure Protecting Goddess" overlooking the sea. These monuments to pirates have become staple tourist sites. In fact, many of the former islands and isolated coasts that served as pirate lairs in the past are today well-known beach resorts: Sanya on Hainan Island, Hailing Island in Yangjiang County, and Cat Ba Island in northern Vietnam, to name only a few well known areas. The irony, of course, is that a society which has worked so diligently to eliminate piracy has in the end immortalized the very same condemned pirates as folk heroes and has turned their lairs into tourist spots.

国家航海　第五辑
National
Maritime Research

海盗、龙夫人、汽船：近代史
上南中国海的新型另类

019

Pirates, Dragon Ladies, and Steamships: An Alternative View of South China Seas in Modern Times

Abstract: Most historians tend to treat the maritime in terms of imperial expansion, treaty ports, foreign trade, and naval warfare. This article takes a somewhat unconventional approach to examine the underside of Asian maritime history, namely piracy in the China Seas between the Opium War and the Second World War. Unlike Western piracy, which in its heyday in the early 18th century was a global, deep-sea phenomenon, piracy in Asian waters always has been essentially a coastal phenomenon. The advent and gradual ascendancy of steamships in Asia did not alter this fundamental truth, but it did bring about important changes not only to the nature and scope of commerce but also of piracy. Steamshipping forced Chinese pirates to change their tactics. The old-style straight forward, frontal attacks became less feasible against the larger and swifter steamships. Instead, pirates adopted the relatively new approach of hijacking. Virtually all of the hijacked ships were Western or Western-flagged river or coasting steamers.

Keywords: South China Sea, Illegal Maritime Activities, Pirates, Dragon Ladies, Hijacking of Steamships, Steamships, The Opium War, Hong Kong, Macau

清初皇帝的海洋思想

松浦 章*

（日本 日本关西大学）

摘 要：本文主要论述满清入关后顺治皇帝与康熙皇帝的海洋思想。顺治帝由中国的东北入主中原，大概由于这个原因，顺治帝对于海洋持有较为审慎的态度，对盘踞沿海岛屿的郑成功势力采取"迁界"政策，予以削弱。其根本思想是将断绝海上贸易、动摇其经济基础作为强大的武器，从根本上断绝郑成功势力的生命线。从某种意义上说，这种政策也扼住了中国大陆与东亚进行贸易的咽喉。由于中国的制造业在当时的东亚首屈一指，东亚各国极其渴望得到中国的高档手工艺品和丝绸制品。而顺治帝认为，阻断这类商品由大陆输出的通路，可以给郑成功势力的海上贸易活动以致命打击。但这样的措施，同时也给沿海地区的民众带来了经济上的巨大损失。顺治帝之后的康熙帝，采取了与之不同的海洋政策。康熙帝对海洋的认识较有远见，他看到了海洋的价值。在平定台湾的郑氏势力后，康熙帝开始以积极的态度看待民众的海外贸易活动。康熙帝认为，如果对民众正常的海外贸易加以限制，走私者和海盗等地下势力将会给中国社会的稳定带来不利影响。后来的事实证明：由于康熙帝实行推进民众海上活动及海外贸易的政策，中国民众的海上活动呈现出积极和活跃的局面。

关键词：清初 顺治帝 康熙帝 海洋思想

一、绪　言

清朝政权兴起于东北，于1644年通过山海关进入华北平原，开始支配中国全域。但一直到康熙朝初期，清朝政权仍未对中国大陆地区取得完整意义上的统一。当时天山南路仍有准噶尔部落与其对峙，而华南沿海的部分地区也在郑成功的支配之下。

对清朝来说，不仅准噶尔是与其对立的陆上霸权之一，与南明、朝鲜、蒙古等

---

* 作者简介：松浦 章，男，日本奈良人，关西大学亚洲文化研究中心主任，关西大学文学部教授，文学博士（文化交涉学），研究方向为明清史、东亚海域交流史。

势力的陆上争霸也持续了较长时间。而在海洋这个舞台上，在入关之前，就曾受到活跃在辽东半岛附近海域岛屿中的毛文龙[1]的威胁；而在入关之后，又开始面对华南沿海的郑成功势力。可以说，郑氏集团是清朝作为全国性政府，所面临的最初海上对手。

之后，清朝平定了海洋势力，乾隆时代又收复了准噶尔部落，清代的版图才算稳定下来。在这一过程中，清朝是如何应对来自海洋势力的威胁，又是如何进行海洋贸易的呢？这些问题是本文分析的重点。

二、顺治帝与海洋

清朝入关后的第一个皇帝是顺治帝，他所面临的抵抗势力主要是南明政权。但随着清军的南下，中国大陆上的各种抵抗力量被逐次消灭。之后，最大的对手就成了以福建沿海为据点进行抵抗的郑成功。

顺治九年（1652 年），漂流到朝鲜的中国商人被朝鲜送回。《世祖实录》卷六八，顺治九年九月甲申（十五日）条中可以看出顺治帝对商人的处理态度。

> 户部奏言，有商人二十八名，往日本国贸易，回时遇飓风飘至朝鲜，被朝鲜国人执之，并货物俱解送前来。细讯商人，皆言明末前往贸易，非本朝私行飘海者，请旨定夺。得旨，朝鲜送来二十八人，皆系朕之赤子，漂流外国，殊可悯念，着发回原籍，其原货俱着本人领去。[2]

明朝实行禁海令，严禁海外航行。对这些秘密出国"前往贸易"的人，清朝的顺治帝没有沿用明朝的法令对其严加惩治，反而对这些从朝鲜归来的漂流难民以"朕之赤子"相称，并归还货物，准其回归乡里。可见，顺治帝对难民持有比较怜悯的态度。

顺治帝对于福建沿海的抵抗势力则持有与此不同的态度，可以参见《世祖实录》卷一〇二，顺治十三年（1656 年）六月癸巳（十六日）的勅谕。

> 勅谕江南、浙江、福建、广东督抚镇等官曰：朕惟自古帝王底定万邦，皆恩威并用，讨贰怀服，乃能使人心乐于归往，蚤享太平。本朝开创之初，睿王摄政，攻下江浙闽广等处，有来降者，多被诛戮。以致遐方士民，疑畏窜匿，从海逆郑成功者，实繁有徒。或系啸聚有年，未经归化；或系被贼迫胁，反正无由；或系偶陷贼中，力难自拔。原其本念，未必甘心从逆。此辈皆朕赤子，

---

［1］［日］松浦章著，郑洁西等译：《明清时代东亚海域的交流》，江苏人民出版社，2009 年，第105～120 页。
［2］《清实录》第 3 册，中华书局，1985 年，第 537 页。

迷罔无知,深可悯恻,今欲大开生路,许其自新。该督抚镇即广出榜文晓谕,如贼中伪官人等,有能悔过投诚,带领船只、兵丁、家口来归者,察照数目,分别破格升擢。更能设计擒斩郑成功等贼渠来献者,首功封以高爵,次等亦加世职。同来有功人等,显官厚赏,皆所不吝。倘仍执迷不悟,郑逆所据,不过海滨穷岛,波上游魂,势不能久,一旦绝其粮饷,阻其出没,遣发大兵,直捣巢穴,必至玉石俱焚,虽悔亦何及乎? 其前此陷贼官民及新归人等,该地方官问明来历,尽心安插,原有田产,速行察给。即无田产,亦设法周恤,务令得所。尔等即遵谕行。[1]

顺治帝即位之初,摄政王多尔衮以血腥手段逐渐攻取了江南、浙江、福建、广东等地。但即位十三年后仍然没有攻下的是"郑逆所据的海滨穷岛"。对于陆上骑射出身的清朝政权而言,这些盘踞海滨穷岛中的抵抗势力是最棘手的。

对来自西欧的荷兰访问团,清朝也有自己的处理方式,《世祖实录》卷一〇二,顺治十三年七月戊申(二日)条载:

礼部奏言,荷兰国从未入贡,今重译来朝,诚朝廷德化所致。念其道路险远,准五年一贡,贡道由广东入至。海上贸易已经题明不准,应听在馆交易,照例严饬违禁等物。得旨,荷兰国慕义输诚,航海修贡,念其道路险远,着八年一次来朝,以示体恤远人之意。[2]

清朝将荷兰看作为传统意义上的朝贡国,而且因其"航海修贡"、"道路险远",规定荷兰八年一贡。

对于荷兰提出的贸易要求,《世祖实录》卷一〇三,顺治十三年八月甲辰(二十九日)条载:

荷兰国贡使归国,特降敕谕赐其国王,敕谕曰:惟尔荷兰国墨投为也甲必丹物马绥掘,僻在西陲,海洋险远。历代以来,声教不及,乃能缅怀德化,劾慕尊亲,择尔贡使杯突高啮惹诺皆色等,赴阙来朝,虔修职贡,地逾万里,怀忠抱义,朕甚嘉之。用是优加锡赉:大蟒缎二疋、粧缎二疋、倭缎二疋、闪缎四疋、蓝花缎四疋、青花缎四疋、芦素缎四疋、帽缎四疋、衣素缎四疋、绫十疋、纺丝十疋、罗十疋、银三百两,以报孚忱。至所请朝贡出入、贸易有无,虽灌输货贝,利益商民,但念道里悠长,风波险阻,舟车跋涉,阅历星霜,劳勤可悯,若贡期频数,猥烦多人,朕皆不忍。着八年一次来朝,员役不过百人,止令二十人到京。所携货物,在馆交易,不得于广东海上私自货卖。尔其体朕

[1]《清实录》第3册,中华书局,1985年,第789~790页。
[2] 同上书,第793页。

怀保之仁,恪恭藩服,慎乃常职,祗承宠命。[1]

"所携货物,在馆交易,不得于广东海上私自货卖",规定了荷兰商人可以在会同馆等馆舍中进行贸易,不准许他们在广州等地直接进行海上贸易。

由以上的事例可以看出,顺治帝对于海洋采取了相当谨慎的态度,依然保持着陆上最高权力者的姿态。

对于反清势力郑成功,顺治帝则采取非常严厉的讨伐措施,并颁布了一系列的"迁界令"。[2]如《申严海禁勒谕》曰:

> 皇帝勒谕浙江、福建、广东、江南、山东、天津各督抚镇曰:海逆郑成功等窜伏海隅,至今尚未剿灭,必有奸人暗通线索,贪图厚利,贸易往来,资以粮物,若不立法严禁,海氛何由廓清? 自今以后,各该督抚镇,着申饬沿海一带文武各官,严禁商民船只私自出海,有将一切粮食货物等项与逆贼贸易者,或地方官察出,或被人告发,即将贸易之人,不论官民,俱行奏闻正法,货物入官,本犯家产尽给告发之人。其该管地方文武各官,不行盘诘擒缉(者),皆革职从重治罪。地方保甲通同容隐,不行举首,皆论死。凡沿海地方大小贼船,可容湾泊、登岸口子,各该督抚镇,俱严饬防守。各官相度形势,设法拦阻。或筑土坝,或树木栅,处处严防,不许片帆入口、一贼登岸。如仍前防守怠玩,致有疏虞,其专汛各官即以军法从事,该督抚镇一并议罪。尔等即遵谕力行,特谕。
>
> 顺治十三年六月十六日[3]

可见,在北起天津、南至广东的大陆沿海地区,清政府均采取了断绝该地域民众与郑成功势力相接触的政策。

半年后,顺治帝又针对郑成功势力颁布了新的政策。《严禁通海勒谕》载:

> 皇帝勒谕江南、浙江、福建、广东等处地方王公、将军总督、巡抚、提督、总兵、沿海地方文武各官:逆贼郑成功盘踞海徼有年,以波涛为巢穴,无田土物力可以资生,一切需用粮米、铁木、物料,皆系陆地所产。若无奸民交通、商贩潜为资助,则逆贼坐困可待。向因滨海各处奸民贩暗与交通互相贸易,将内地各项物料供送逆贼,故严立通海之禁,久经偏行、晓谕。近闻海逆郑成功下洪姓贼徒,身附逆贼于福建沙城等处滨海地方,立有贸易生理。内地商民作奸射利,与为互市。凡杉桅、桐油、铁器、硝黄、湖丝、绸绫、粮米一切

[1]　《清实录》第 3 册,中华书局,1985 年,第 803～804 页。

[2]　田中克己:《清初の支那沿海》(一)、(二),《历史学研究》第六卷第一号,1936 年,第73～81 页;同书第六卷第三号,1936 年,第 83～94 页。

[3]　《明清史料》丁编第二本,一五五丁表《申严海禁勒谕》;参见《清实录》第 3 册,中华书局,1985 年,第 789 页。

应用之物,俱恣行贩卖,供送海贼郑成功贼党于滨海各地方,私通商贩如此类者,实繁有徒。又闻滨海居民商贾,任意乘船,与贼通同,狎昵贸易。海逆系逆命之徒,商民乃朕之赤子,朕轸念生民,设立官兵防守,今商民不念朝廷德意,背恩通逆,与贼交易,该管官兵亦不尽心职守,明知奸弊佯为不知。故纵商民交通贸易,揆之法纪,岂宜宽宥?⋯⋯

顺治十八年十二月十八日[1]

　　由于郑成功的经济基础系"陆地所产",清政府对此采取了封锁物资流通的政策。这是经济上断绝郑成功财源的关键举措。

　　在对郑成功的征讨上,《世祖实录》卷一三八,顺治十七年(1660年)七月壬午(二十九日)条载:

　　　　命都统宗室罗托为安南将军,统领将士征剿海寇郑成功。赐之敕谕曰:逆贼郑成功窃踞海隅,逋诛日久,宜加扑剿,以靖地方。兹命尔罗托为安南将军,同尚书车克、内大臣达素、都统索浑等统领大军,前往征剿。与该省领兵主将、总督、提督、巡抚等,协心戮力,多设方略,相机除剿。若贼扑灭,当取厦门;倘贼未靖,即取厦门,不准论功。凡事与诸将佐等会议酌行,毋谓自知,不听众言;毋谓兵强,轻视逆寇。仍严侦探,勿致疏虞。抗拒不顺者戮之,大兵一至,实时迎降者,俱免诛戮。有能擒杀贼渠投诚者,仍分别升赏。惟以安民为务,须严禁兵将。凡我人民勿得扰害,务体朕靖寇安民之意。行间将领功罪,察实纪明汇奏。[2]

　　可见,顺治帝作战的主旨是消灭郑成功的有生力量,打击其势力。

　　《世祖实录》卷一四三,顺治十七年十二月丙申(十五日)条载:

　　　　山西道御史余缙奏言:浙省三面环海,宁波一郡尤孤悬海隅。往时以舟山为外藩,设师镇守,俾贼不敢扬帆直指,策至善也。迩来行间诸臣,忽倡捐弃之议。倘形胜之地,逆贼一旦据而有之,非近犯宁波,则远窥江左,为虑匪轻。应设一忠勇之将,重其事权,随机措置。更徙内地之兵,增益营垒,以固疆圉。至杭绍两境相对处,地名小门,其间江流狭隘,若于此严设防戍,安置炮台,令贼舟不能溯江入犯,则会城永无风鹤矣。疏下部议。[3]

　　可见,清朝官吏对海洋的认识仍然是以陆地为基础的,从陆地去看海洋。虽然将宁波看作沿海海洋活动的重要地区,但却将宁波附近的舟山群岛看作外藩。

---

[1]《明清史料》丁编第三本,二五七丁表·《严禁通海勅谕》。

[2]《清实录》第3册,中华书局,1985年,第1070页。

[3] 同上书,第1101～1102页。

通过以上的事例可以看出，顺治帝在清朝入关后，依然是一个"大陆统治者"，还没有将大陆本土和海洋纳入到一个视野来看待的意识。

三、康熙帝与海洋

与顺治帝基于陆地看待海洋的态度相比，康熙皇帝对海洋又有怎样的思考呢？对此，可以通过康熙帝对待海洋的一系列政策来分析。

康熙帝即位的时候，占据台湾的是郑成功的子孙，他们并没有改变与清朝对峙的局面。据《圣祖实录》卷七七，康熙十七年（1678 年）九月乙丑（二十七日）条载：

> 平南王尚之信疏言：剿除海逆亟须船艘，其如军需浩繁，势难营造，请暂开海禁，许商民造船，由广州至琼州，贸易自便。则臣得借商船，由广海、海陵、龙门一带进取，以收捣巢之功。得旨，向因平南王尚之信言，粤东虽已底定，郑逆仍踞厦门，宜申海禁，以绝乱萌，故准旧界严行禁戢。今若复开海禁，令商民贸易自便，恐奸徒乘此与贼交通，侵扰边海人民，亦未可定。海禁不可轻开。其鼓励地方官员捐助造船，以备征剿之用。[1]

这一时期，平南王尚之信上奏，希望朝廷开海禁，准许民间造船，并准许广州到海南岛的航行，以及从广东东部开始，在郑氏据点厦门及其他沿海地区对其采取镇压措施。康熙帝认为其条件还不成熟。

康熙二十二年（1683 年）八月戊辰（二十九日），台湾的郑氏降于清朝，[2]两广总督吴兴祚提出上奏，以广州开始，广东省沿海缓和海禁。据《康熙起居注》康熙二十二年九月十九日丙辰条载：

> 两广总督吴兴祚请以广州等七府沿海地亩招民耕种，户部议准事。上曰：前因海寇未靖，故令迁界。今若展界，令民耕种采捕，甚有益于沿海之民。吴兴祚所奏极是。其浙、闽等处地方，亦有此等事情。尔衙门所贮本章关系海岛事宜甚多，此等事不可稽迟。着遣大臣一员，前往展立界限。应于何处起止，应于何地设兵防守，着详阅确议，勿误来春耕种之期。尔等可速行酌议来奏。[3]

---

［1］《清实录》第 4 册，中华书局，1985 年，第 984～985 页。
［2］《清实录》第 5 册，中华书局，1985 年，第 144 页。
［3］《康熙起居注》，第 2 册，第 1086 页；参见《圣祖实录》卷一一二，康熙二十二年九月丙辰（十九日），《清实录》第 5 册，中华书局，1985 年，第 256 页。

对两广总督提出的解除广东沿海迁界的请求,康熙认为废除迁界,实行"展界",对民众多有裨益。不仅限于广东沿海,还可以扩大到浙江、福建沿海。准许迅速进行实地调查,以赶在来年春天实行。

《圣祖实录》卷一一六,康熙二十三年九月甲子朔条载:

> 谕大学士等,向令开海贸易,谓于闽粤边海民生有益,若此二省,民用充阜,财货流通,各省俱有裨益。且出海贸易非贫民所能,富商大贾,懋迁有无,薄征其税,不致累民。可充闽粤兵饷,以免腹里省分转输协济之劳。腹里省分钱粮有余,小民又获赡养,故令开海贸易。今若照奉差郎中伊尔格图所奏,给与各关定例款项,于桥道渡口等处,概行征税,何以异于原无税课之地,反增设一关科敛乎? 此事恐致扰害民生,尔等传谕九卿、詹事、科道,会议具奏。[1]

可见,此时清政府对民众进行海外贸易的态度已经较为缓和。福建、广东沿海的人们通过海上贸易可以使当地获得更大的经济收益,并对增加福建、广东两省的军饷也是有利的。

有关康熙开海禁的态度,在《康熙起居注》康熙二十三年(1684 年)七月十一日乙亥条中有具体的记载:

> 上问学士石柱曰:"尔曾到广东几府?"石柱奏曰:"臣曾到肇庆、高州、廉州、雷州、琼州、广州、惠州、潮州等府,自潮州入福建境。臣奉命往开海界,闽粤两省沿海居民纷纷群集跪迎。皆云'我等离去旧土二十余年,毫无归故乡之望矣。幸皇上神灵威德,削平寇盗,海不扬波,我等众民得还故土,保有室家,各安耕获,乐其生业,不特此生仰戴皇仁,我等子孙亦世世沐皇上恩无尽矣。'皆拥聚马前稽首欢呼,沿途陆续不绝。"上曰:"百姓乐于沿海居住者,原因可以海上贸易捕鱼之故,尔等明知其故,海上贸易何以不议准行?"上曰:"先因海寇,故海禁未开,为是今海寇既已投诚,更何所待?"石柱曰:"据彼处总督、巡抚、提督云'台湾、金门、厦门等处,虽设官兵防守,但系新得之地,应俟一二年后,相其机宜然后再开。'"[2]

为了开海禁,康熙帝派遣大学士石柱前往广东省。石柱从广东沿海由南往北行,又由潮州进入福建。广东、福建沿海的人们在"迁界令"实行后,离开故乡二十余年,不能回归故里,由于康熙帝逐步放开海禁,才得以返乡。因此,人们对石柱的到来表现出极大的热情。康熙帝清楚地知道,沿海地区的人们希望通过

---

[1] 《清实录》第 5 册、中华书局,1985 年,第 212 页。

[2] 《清代起居注册·康熙朝》第 17 册,中华书局,2009 年,第 8110～8113 页;参见《圣祖实录》卷一一六,康熙二十三年七月乙亥(十一日),《清实录》第 5 册,中华书局,1985 年,第205 页。

海上贸易和渔业获得收益。因此,下达命令解除海禁,但当时的大臣们对此仍然持谨慎态度,这在起居注中也提到了。

之后,如十月乙丑(二十八日)的《诏沿海迁民复归田里》[1]中记载,"迁界令"被废除,颁布"展界令",承认了沿海民众的经营活动。

康熙帝还专门设税务官,以提高海洋贸易的税收。《圣祖实录》卷一一五,康熙二十三年六月己亥(五日)条载:

> 九卿等议覆,户科给事中孙蕙疏言:"海洋贸易宜设立专官收税",应如所请。得旨,海洋贸易实有益于生民。但创收税课,若不定例,恐为商贾累。当照关差例、差部院贤能司官前往,酌定则例。[2]

可见,在认同海外贸易有利于人民生计的同时,还将设专门的官员征收税金,并逐步将"收税"常规化。

《圣祖实录》卷一二五,康熙二十五年(1686 年)四月癸巳条载:

> 兵部议覆,广东广西总督吴兴祚疏言:潮州水师官兵船只,先经裁并潮镇统辖。今值开洋贸易,恐海岛中宵小潜踪,乘机窃劫。应将澄海协、达濠营、水汛官兵船只,改归南澳水师镇,就近统辖。其南澳与碣石、海汛相连,应令互相联络,时加巡防。至潮阳等处水汛,令文武各官修造快船二十只,照旧巡查。应如所请,从之。[3]

在承认海外贸易的同时,沿海贸易的安全问题也提上日程。因此,康熙帝同意了当地官员的提请,将海上防卫的任务交南澳[4]水师管辖。

康熙帝颁布展界令之后,出现了一批利用海上贸易进行投机的人。《圣祖实录》卷二三二,康熙四十七年(1708 年)正月庚午(二十二日)条载:

> 都察院佥都御史劳之辨疏言:"江浙米价腾贵,皆由内地之米为奸商贩往外洋所致,请申严海禁,暂彻海关一概不许商船往来,庶私贩绝,而米价平。"上谕大学士等曰:"闻内地之米贩往外洋者甚多,劳之辨条陈甚善,但未有禁之法,其出海商船,何必禁止? 洋船行走,俱有一定之路,当严守上海、乍浦及南通州等处海口,如查获私贩之米,姑免治罪,米俱入官,则贩米出洋

---

[1] 赵尔巽等:《清史稿》卷七《圣祖本纪二》,中华书局,第 213 页。
[2] 《清实录》第 5 册,中华书局,1985 年,第 200 页。
[3] 同上书,第 330 页。
[4] 关于南澳,见道光《广东通志》卷一二三,"南澳,东悬海岛,为闽粤海洋适中之要隘。其外洋有小岛三,曰北澎、中澎、南澎。南风起时为贼艘经由暂寄之所。其内洋自黄冈大澳而及澄海之放鸡广澳、潮阳之钱澳靖海以至于赤澳,皆贼艘出没之区"。

者自少矣。"[1]

可见，由于一些奸商将中国国内的大量米谷运往海外，导致江南和浙江等地的米价暴涨。

《康熙起居注》康熙五十五年（1716年）十月二十五日辛亥条载：

> 海外有吕宋、噶喇吧两处地方。噶喇吧乃红毛国泊船之所，吕宋乃西洋泊船之所。彼处藏匿盗贼甚多。内地之民希图获利，往往船上载米带去，并卖船而回，甚至有留在彼处之人。[2]

沿海民众为了追求经济利益，常常用船载米运送到吕宋、噶喇吧两处，连船带米一起卖出，甚至有民众留在当地不再返回的。

《圣祖实录》卷二七〇，康熙五十五年十月壬子（二十六日），有一段关于康熙帝对海外贸易认识的记载：

> 朕南巡过苏州时，见船厂问及，咸云每年造船出海贸易者多至千余，回来者不过十之五六，其余悉卖在海外，赍银而归。官造海船数十只，尚需数万金，民间造船何如许之多？且有人条奏海船龙骨必用铁梨苓木，此种不产于外国，惟广东有之。故商人射利偷卖，即加查讯，俱捏称遭风打坏，此中情弊速宜禁绝。海外有吕宋、噶喇吧等处，常留汉人，自明代以来有之。此即海贼之薮也。官兵出哨或遇贼船四五只，官兵船止一二只，势不能敌。舵工又不奋力向前，将领亦无可如何，不过尾追而已，何能剿灭耶？
>
> 张伯行曾奏江浙之米多出海贩卖，斯言未可尽信，然不可不为预防。出海贸易海路或七八更，远亦不过二十更，所带之米适用而止，不应令其多带。再东洋，可使贸易；若南洋，商船不可令往。第当如红毛等船，听其自来耳。且出南洋，必从海坛经过，此处截留不放，岂能飞渡乎？又沿海炮台足资防守，明代即有之，应令各地方设立。往年由福建运米广东，所雇民船三四百只，每只约用三四十人，通计即数千人。聚集海上，不可不加意防范。台湾之人时与吕宋地方人互相往来，亦须预为措置。凡福建、广东及江南、浙江等沿海地方之人在京师者，尔等可加细询。[3]

康熙帝南巡时，曾参观了苏州的造船厂，并做了一些调查。船厂的人说，每年在中国造船并出海进行海外贸易的人数很多，但回国的只有五成到六成左右。很多人在国外从事贸易，将白银带回中国。官府每造海船数十艘，都需要数万

---

[1]《清实录》第6册，中华书局，1985年，第318页。

[2]《康熙起居注》第3册，中华书局，1984年，第2324页；参见康熙五十五年十月辛亥（二十五日）条，《圣祖实录》卷二〇七。

[3]《清实录》第6册，中华书局，1985年，第649～650页。

金,民众造船花费也很巨大。海船的龙骨部分必须使用"铁梨笀木",这种木材国外没有,只在广东一地出产,有些商人为了获利,而将此木材秘密贩卖到海外。因此,有必要断绝海外贸易,尤其要断绝与吕宋、噶喇吧等地的民间贸易。明代以来,这些地区就是海盗聚集之地。有时负责海防的官兵会一次遭遇四五只海盗船,对这些只有一两只船的巡逻队来说,根本拿他们没办法。

此外,张伯行曾提出防止江浙米的海外卖出。商船在海外贸易时,其搭载的米谷只允许在适当范围内,禁止大量运往海外,尤其是东洋,即日本方面。另外,对商船前往南洋地区进行贸易也持否定态度。

小　结

以上主要论述了清朝入关以来,顺治帝和康熙帝的海洋观念。通过上谕等资料,分析了他们各自的特点。

顺治帝由中国的东北入主中原,大概基于这个原因,顺治帝对海洋持有较为审慎的态度。对于盘踞沿海和岛屿的郑成功势力采取了"迁界"的政策予以封锁。其根本思想是通过断绝海上贸易以动摇其经济基础,从根本上断绝郑成功势力的生命线。但由于中国的制造业在当时的东亚首屈一指,东亚各国都极其渴望得到中国的高档商品和丝绸制品,从某种意义上说,这种做法也扼住了中国商品与东亚进行贸易的咽喉。顺治帝认为,阻断这些商品由大陆输出的通路,可以给郑成功势力的海上贸易活动以致命打击。但这样的措施,同时也给沿海地区的民众带来了经济上的巨大损失。

与此相对,顺治帝之后的康熙帝,对海洋的认识较有远见,他能清楚地认识到海洋的价值。平定台湾的郑氏势力后,他开始以积极的态度看待民众的海外贸易活动。从文中引用的上谕等资料中可以清楚地看到这一特点。康熙帝认为,如果对民众正常的海外贸易加以限制,海盗等势力将会给中国社会带来不利影响。

由于康熙帝实行推进民众海上活动及海外贸易的政策,中国民众的海上活动呈现出积极和活跃的局面。据道光二年(1822年)阮元所编的道光《广东通志》记载:"潮民力耕,多为上农。夫余逐海洋之利,往来乍浦、苏松,如履平地。"[1]在广东沿海东北部的潮州地区从事海洋活动的人,沿海北上可以很顺利地到达浙江乍浦、江苏苏州府和松江府。可见,康熙帝实行展海政策以后,在大约一个世纪之后的道光年间,沿海航行活动非常活跃。

此时,由于东亚岛屿国家多实行闭关政策,东亚海域的船舶活动,主要靠中国帆船来实现。

（翻译:杨蕾　山东师范大学历史与社会发展学院讲师、博士）

---

[1]　阮元:道光《广东通志》卷九三,清道光二年(1822年)刻本。

Qing Emperors' Maritime Polices

Abstract: This paper mainly compares Emperor Shunzhi's maritime policy with that was differently conducted by Emperor Kangxi. Emperor ShunZhi gained entrance to Beijing through land route, and this may explain why he kept a prudential attitude to the maritime affairs. He issued the Evacuation decree forcing coastal inhabitants to move into inner land in order to shake the root of Koxiga's antagonism. However, as Chinese fine goods played an important role among East Asian countries, this policy actually blocked the mainland off and damaged China's own interests in the maritime trade. However, in contrast, Emperor Kangxi who succeeded the throne from Emperor Shunzhi conducted a different policy. Kangxi was an emperor of vision who recognized the value of maritime trade. Especially after he eliminated the Zheng family, the emperor encouraged the coastal inhabitants to trade overseas. Emperor Kangxi realized that if the normal maritime trade was limited, the smuggling and piracy would do much more harm to the reign. Since the implementation of Emperor Kangxi Ocean and promote the public policy of overseas trade, the Chinese people's Seaside showing a positive and active situation. It has been proved that Kangxi's pragmatic sea policy brought a prosperous phase in the late 17th century.

Keywords: Early Qing Period, Emperor Shunzhi, Emperor Kangxi, Maritime Trade Polices

视而不见:"耆英"号木帆船在
西方的境遇(1848～1855)

戴伟思

(中国香港 香港海事博物馆)

摘 要:"耆英"号于1846～1855年的航行经历证实了中国传统风格木帆船远洋航行的能力以及局限性。然而,西方世界对该船持排斥态度,对来自非西方社会的技术不以为然,对其评价也有失公允。这些从现存的该船图片资料中均可考证。我们的研究发现,西方人对这艘船的认识并非源于实物,很可能是来自船上一位名叫 Sam Sing 的中国船画家。由船及人及文化,正是由于对"所见"的视而不见,几乎使西方世界的"中国印象"从一开始就处于消极状态。这样的排斥与拒绝反映了那个时代所特有的文化自负。

关键词:木帆船 "耆英"号 航行 大众杂志 广告画

1. A Record Breaking Voyage

Between 1846 and 1848 one of the most extraordinary voyages ever undertaken created a record that has never been broken. The Chinese junk *Keying* became the first-and only-Chinese junk to sail on its own bottom from China via the Cape of Good Hope into the North Atlantic. In the process it also became the first ever Chinese built vessel to visit both the east coast of the USA and Britain.

The project was put together by a group of Hong Kong investors, some of whom became founders of major Hong Kong institutions.[1] It was

---

[1] Captain CA Kellett,Mr G. Burton(Mate),Mr Edward Revett(2nd Mate),Mr TA Lane,Mr Douglas Lapraik and an unknown number of unnamed others. Lapraik, a clock maker by trade,was a known participant in the opium trade and went on to become co-founder of the Hongkong and Shanghai Banking Corporation, the Hongkong and Whampoa Dock Co. Ltd., and the Douglas Steam Ship Line. Lane was one of the partners in Lane Crawford Ltd., once the leading department store in both Hong Kong and Shanghai. The mariners,Capt Kellett,Mate Burton and 2nd Mate Revett had most probably worked on opium clippers.

carried out by a mixed crew comprising a minority of British officers and sailors, and a majority of Cantonese sailors under their Cantonese sailing master. And along for the ride went a few passengers including some of the investors, a possible mandarin of the 5th rank , a painter and perhaps even a tailor, a props manager and a troop of celebrated jugglers. Thanks to problems both with the weather and the junk's performance, the voyage had to divert to the east coast of the USA, where it stopped in both New York and Boston before, after a serial break up in the ship's crew, it finally reached London.

This is the only verified voyage of a junk into the Atlantic Ocean and on to America and Europe because we have sufficient necessary evidence. Its object was not science or exploration-those twin poles of non-commercial and non-belligerent 19th century western seafaring-but was typical Hong Kong. It was a business proposition aiming to make money by entertaining visitors and by exhibiting members of the crew in live tableaux on deck and displaying a rather eccentric collection of Chinese objects in the accommodation below. A theme park before its day.

The voyage was a success, in that the junk completed it. But very slow progress, the detour to America and crewing problems, which resulted in a court case in New York, took their toll. A voyage expected to take four to six months took fifteen. Once in London, what today we'd probably call an over-extended business plan saw the project go steadily downhill. At the end of a long drawn out denouement the few remaining crew dispersed to get lost from the historical record and the junk, more or less ignored, came to an ignominious end on the mudflats of the River Mersey at Birkenhead opposite Liverpool.

2. Two stories of neglect

The *Keying's* story thus has two major foci, both blurred almost beyond recognition by the passage of time thanks to ways of being and seeing in the long 19th century, both in the western world and in China, that have condemned the episode to near oblivion.

On the one hand we have a unique and unprecedented voyage by a Chinese junk conducted as an unintended experiment in cross-cultural cooperation. It proved an experiment that was, as was much by way of Sino-western relations of the period, as ships passing in the night. As a result it left little other than an almost accidental record.

On the other we have the junk in which the voyage was undertaken; the only full-sized, working representative of traditional Chinese naval architecture, as far as we know unaffected by any western influences, to have arrived in Europe as the building wave of Victorian scientific interest in everything was cresting.

Yet despite these twin poles of interest to the increasingly enquiring, fact-finding western mind of the 19th century, the ship and its voyage were, from a scientific and ethnological perspective, utterly ignored.

It therefore remains a singular oddity in the context of high Victorian imperial Britain that the one example of a Chinese vessel which their scientists, shipwrights, artists and budding ethnographers had a chance to sketch accurately, to measure with precision, to make line drawings of, and a table of offsets for, they ignored. Equally, the one Chinese vessel the leading practitioners of the burgeoning field of marine art could have decided to paint with accuracy, with one possible exception they too ignored.

3. A context of high expectations

Given that the *Keying* was in London during the Great Exhibition-more fully the Great Exhibition of the Works of Industry of all Nations, at which one of its crew, the self-styled Mandarin He Sing, [1] managed to get himself accepted as a representative of the Chinese government and in the organizing committee of which one of Britain's most innovative naval architects, John Scott Russell (1808~1882), [2] had a part-this is the more astonishing. For what better example of the work of the shipping industry of China could have

---

[1] The source of the doubt is an op. ed. piece in the Edinburgh published *Caledonian Mercury*, issue 20122, 25th Sept. 1851, citing information from 'our Victoria (Hong Kong) contemporary' that He Sing, far from being a mandarin, 'is ... or rather was, a ship-painter in Whampoa reach'. That's not least with respect to his own name as given in characters with his portrait in the Description and on the commemorative medal struck by Halliday. In modern Pinyin it is Xi Sheng or, in written Chinese, 希生. However, Xi (希) is almost unknown as a family name in China and 生 is also an unusual given name. The characters may well reflect a choice, as with Qiying's name, solely for their phonetic value. That would be 'Hei Saang' in Cantonese. Given the Cantonese world, it is probable that the gentleman's name was Ho Shing which in characters would be 何勝. Sadly we shall never know the answer.

[2] Scott Russell was one of the most innovative and interesting of mid-19th century naval architects and well ahead of his time.

国家航海　第五辑
National
Maritime Research

视而不见：「耆英」号木帆船
在西方的境遇（1848～1855）

033

been found, literally on the doorstep, than the *Keying*? Here was an opportunity for a close study of a ship-and its crew-from an utterly different maritime and naval architectural tradition. To the observant and charitable eye-evidently an eye none too common in Victorian Britain-here were solutions to the problems of building a strong, seaworthy sailing ship, economical of construction and quick to construct, and, as we should put it today, user-friendly to work. Yet this opportunity was refused in a manner that, given what we know naval architects like John Scott Russell were thinking about and working on, [1] is close to purblind. In finding answers to why this should be so, we can see the social limitations of the practice of the supposedly 'objective' and 'universal' science and scholarship of the Victorian imperialist era in Britain, particularly where the more lowly and artisanal pursuits like shipbuilding, seamanship and maritime commercial practice are concerned.

In the exhibition, as the catalogue reminds us, the exhibits devoted to China were all contributed by western officials and merchants. By 1851 these westerners were the default representatives of China in western eyes, since China's recognition of a world of equal sovereign states was still several decades in the future and so there was no formal Chinese government involvement. These western residents in China are very unlikely to have had a high estimation of China's maritime world. Even a China scholar like Samuel Wells Williams [2] was not sufficiently impressed to devote more than a few pages of his lengthy description of Chinese life to its waterborne component-and that despite the enormous importance of water transport to

---

[1]　See J Scott Russell, "On the longitudinal system in the structure of iron ships", E. J. Reed (ed.), *Transactions of the Institution of Naval Architects*, vol. III, London: Institution of Naval Architects, 1862, pp. 160~171.

[2]　Samuel Wells Williams (1812~1884) had a long relationship with China and with western inroads there and in his early days-he first arrived in Canton in 1833-with mission activity. In 1845~1847 he was back in the USA, during which time he married Sarah Walworth and played a leading role in the *Keying* affair. The following year he returned to Hong Kong and became the editor of the then leading news source, *The Chinese Repository*. He was closely involved in attempts to open up trade with Japan beginning with a trip on the ship *Morrison* in 1837. In 1853, two years after he left the editorship of *The Chinese Repository*, he became Commodore Perry's official interpreter. In 1855 he became the Secretary of the American Legation in China, playing a key role in negotiating the 'unequal' Treaty of Tientsin, then spending 15 years as America's chargé d'affaires in Beijing. Following his resignation in 1875, in 1877 he became the first Professor of Chinese language and Chinese literature at Yale University.

China's economic system. [1]

It is hardly surprising therefore that the exhibition's catalogue contained just two mentions of China's naval architecture, both of them models. These were the 9th and 10th items of the sixteen objects contributed by the Shanghai and London business, Baring Bros. & Co. of London's Bishopgate Street, [2] namely a model of a cargo boat and a model of a mandarin boat (revenue). The rest of the hundreds of items were indeed the works of China's industry, but primarily her retail craft and raw materials products. [3]

This is a puzzle, for whatever one may think about contemporary imperial arrogance and prejudiced western attitudes of cultural superiority-and in the story of the *Keying* they predominate-they were never at the time inconsistent with a passionate interest in the acquisition of detailed empirical knowledge by exact description, measurement and classification. This was the era in which the ideas of the great museums in London were germinating and imperial expeditions of exploration and discovery were afoot. So why was the *Keying* so utterly ignored, save in terms of condescending disparagement?

Consider the maritime context. The famous voyage of the *Beagle* under Captain Robert Fitzroy, with its embarked scientist, the young Charles Darwin, had ended in 1837 and was to inspire a run of successors with their embarked scientists. The voyage of *HMS Sulphur* under Sir Edward Belcher, 1836~1842, [4] interrupted by the First Opium War, with Richard Brinsley Hinds and George Bentham as scientists had been hotly followed by his voyage in *HMS Samarang*, 1843~1846, overlapping with the voyage of *HMS Herald*,

---

[1] Samuel Wells Williams, *The Middle Kingdom, a survey of the geography, government, education, social life, arts, religion & c of the Chinese Empire and its inhabitants, with a new map of the Empire*, 2 volumes, New York: Wiley & Putnam, 1848. The 1848 edition, with at best half a dozen pages on the totality of China's maritime world, was followed by the 1882 edition which has exactly ten pages on 'Various Kinds of Boats', two pages on 'Living on the water in China' and two pages on 'Chop-boats and junks'.

[2] The eminent British banking house acted for many of the best known western trading firms in China, including Russell & Co., Augustine Heard & Co., Nye Parkin & Co., etc.

[3] See *Official catalogue of the Great Exhibition of the Works of Industry of All Nations*, 1851, corrected edition, London: Spicer Bros., 1851, p. 216.

[4] When the *Sulphur* and her tender the *Starling* had been in South American 1839, prosecuting their researches, they were told to drop everything and make haste to the Pearl River Delta, where they formed the spearhead of an impressive Royal Navy concentration of hydrographic surveyors, whose work was to prove of signal importance in the British campaign.

国家航海　第五辑
National
Maritime Research

视而不见：「耆英」号木帆船
在西方的境遇(1848～1855)

035

under Belcher's quondam deputy, Henry Kellett, 1845~1851. The voyage of *HMS Rattlesnake*, with Thomas Henry Huxley as its embarked scientist, was under way from 1846~1850. Both of the last were in progress at the very time the *Keying* was itself on voyage and in Britain. [1]

Arctic fever was rife, with expedition after expedition being launched to fail to find the Northwest Passage with an incompetence only the best British explorers can manage with such consummate aplomb. Many were backed by Sir John Barrow, who had cut his China teeth on the ill-fated Macartney embassy for which he served as Lord Macartney's household comptroller, and who, as Secretary to the Admiralty, was the first to propose the equally unsuccessful Amherst embassy. Barrow had only retired from public life in 1845, after he had despatched the last, and most famous Arctic failure; that of Sir John Franklin, whose disappearance with HM Ships *Erebus* and *Terror* fired a series of attempts to find out what had happened that were to last until the 1890s and, as has often been remarked, lost more ships and men than had

---

[1]　See for example Sir Edward Belcher, *Narrative of a voyage round the world performed in Her Majesty's ship* Sulphur, *during the years* 1836~1842, *including details of the naval operations in China*, *from Dec.* 1840, *to Nov.* 1841, London: Henry Colburn, 1843 with Richard Brinsley Hinds (ed.), *The Zoology of the voyage of H. M. S. Sulphur under the command of Captain Sir Edward Belcher during the years* 1836~1842, London: Smith Elder, 1844, George Bentham & Richard Brinsley Hinds, *The botany of the voyage of H. M. S. Sulphur*, *under the command of Captain Sir Edward Belcher*, *during the years* 1836~1842, London: Smith Elder, 1844. Sir Edward Belcher, *Narrative of the voyage of H. M. S. Samarang during the years* 1843~1846; *employed surveying the islands of the Eastern archipelago*; *accompanied by a brief vocabulary of the principal languages*, *with notes on the natural history of the islands by Arthur Adams*, 2 volumes, London: Reeve, Benham, and Reeve, 1848, Arthur Adams (ed.), *The zoology of the voyage of H. M. S. Samarang under the command of Captain Sir Edward Belcher during the years* 1843~1846, London: Reeve, Benham and Reeve, 1848. Berthold Seeman, *Narrative of the voyage of HMS Herald*, *during the years* 1845~1851, *under the command of Captain Henry Kellett*, *RN*, *CB*, *being a circumnavigation of the globe and three cruizes to the Arctic regions in search of Sir John Franklin*, 2 volumes, London: Reeve & Co., 1853 and W. H. Fitch, Joseph Dalton Hooker & Berthold Seemann, *The Botany of the voyage of HMS Herald under the command of Captain Henry Kellett*, *RN*, *CB*, *during the years* 1845~1851, London: Lovell Reeve & Co., 1852~1857. John Macgillivray, *Narrative of the Voyage of H. M. S. Rattlesnake*, *commanded by the late Captain Owen Stanley*, *R. N.*, *F. R. S. Etc. during the Years* 1846~1850 *including Discoveries And Surveys in New Guinea*, *The Louisiade Archipelago*, *Etc. to which is added the Account of Mr. E. B. Kennedy's Expedition for the Exploration of the Cape York Peninsula*, 2 volumes, London: T & W Boone, 1852.

originally been involved. [1]The first left in the year the *Keying* arrived in London-bumbling Arctic high drama involving well-connected westerners no doubt far eclipsed in scientific interest a successful voyage in a Chinese junk by a mixed nationality crew of undistinguished social background.

Equally, the institutions that were one way or another to house the achievements and the data from these explorations, the science and technology that made them possible and the cultural milieu that bred the turn of mind that saw such empirical enquiry as the correct path to intellectual, technical and, very much more arguably, moral progress, were being built on a large scale. And more telling still, the committee that had the most significant hand in allocating the money to build them was masterminded by none other than John Scott Russell.

The Victoria and Albert Museum was founded in 1852 as the Museum of Ornamental Art and Manufactures. It was directly inspired by the Great Exhibition from which several exhibits were purchased to form the nucleus of the collection. This was three years before the *Keying* was broken up and so an alert Henry Cole, the museum's first Director and amongst other things the inventor of a prize-winning teapot (under his pseudonym of Felix Summerly), so with possibly a vestigial interest in China, could have acquired some or all of the junk in the interests of posterity. [2] He evidently wasn't interested, a junk being neither ornamental art nor, evidently, a product of

[1]   Sir John died eight months after the *Keying* docked at Blackwall. That the expedition's ships may have foundered was discovered by a joint British-American effort in 1850. What actually happened to Franklin was discovered by the Scottish doctor and explorer Dr John Rae in 1854, but because it went against heroic image fostered by Lady Franklin and, worse, suggested that these paragons of heroism had resorted to cannibalism, Rae was ignored and ostracised. Victorian Britain's image of itself preferred not to entertain heterodox ideas; as with Chinese naval architecture, so with Arctic blundering. Interestingly, three of the British naval officers caught up in the Franklin farrago could well have crossed our story's path. Sir Edward Belcher, Henry Kellett and Richard Collinson, had all been participants in the First Opium War and went on to join the select band of 19th century explorers and surveyors. Sir Edward was voyaging and surveying in China and Southeast Asia in the *Samarang* in 1841~1847. Kellett and Collinson were surveying on the China coast in the *Plover* and *Young Hebe* in 1841~1846. All got tangled up in the search for Franklin. Belcher in the *Resolute* 1852~1854. Kellett in the *Herald* in 1848~1852. Collinson in the *Enterprise* 1850~ 1855. See Fergus Fleming, *Barrow's Boys*: *The Original Extreme Adventurers*: *A Stirring Story of Daring Fortitude and Outright Lunacy*, London: Granta, 2001.

[2]   For the teapot see Victoria and Albert Museum item C. 262: 1, 2~1993 at http:// collections. vam. ac. uk/item/O8088/henry-cole-tea-service-oxford-teapot-cole-henry- sir/. The V&A's collection notes give a strong indication of why Cole and teapots were not a stimulus to Cole on China because the design inspiration for Cole's work was exclusively Classical Greek.

国家航海　第五辑
National
Maritime Research

视而不见：「耆英」号木帆船
在西方的境遇（1848～1855）

037

manufacture and above all not a product of western design. It is an index of the level of Cole's interest in the *Keying* that in his two volumes of memoires he comments, anent He Sing's presence at the opening of the Great Exhibition, "... the Archbishop of Canterbury offered up a short and appropriate prayer, followed by the 'Hallelujah Chorus', during which the Chinese mandarin' came forward and made his obeisance", footnoting with cavalier and inaccurate vagueness, "He was a sea captain who brought his junk into the Thames for exhibition, and got a good deal of money."[1]

The Science Museum was founded in 1857, two years after the ship's demolition, and as its website notes was, as was the case with what became the V&A, equipped "with objects shown at the Great Exhibition held in the Crystal Palace".[2] It didn't acquire anything to do with the world of Chinese naval architecture until 1938 when a Chinese civil servant, Sir Frederick Maze, the Inspector General of the Chinese Maritime Customs Service, who should have been directing such things to a Chinese repository, gave it a collection of junk models he had had made under the supervision of GRG Worcester by the Chinese employees of the CMCS. Adding insult to injury, as it were.

The omission of the *Keying* from this thirst for and cataloguing of knowledge-and, one might add, the all but complete omission of the entire world of the Chinese junk from it until the second decade of the 20th century- is little short of astonishing, though perhaps revelatory of the extent to which China was seen by the Victorian British as in some way definitively 'other'. Simultaneously, indeed it seems almost schizophrenically, China was looked upon as backward and primitive and at once, and more accurately, as the home of the longest continuous advanced civilization known to humanity. Junks evidently belonged to the former aspect.

From the perspective of the Great Exhibition and its claims to look at the industry of all nations, Chinese naval architecture, once looked at carefully, and its signal achievements in construction and propulsion fairly evaluated,[3] could

---

[1] Henry Cole, (Alan S Cole, Henrietta Cole), *Fifty Years Of Public Work of Sir Henry Cole, K.C.B., Accounted for in his Deeds, Speeches And Writings*, 2 vols., London: George Bell & Sons, 1884, vol.1, p.279.

[2] See http://www.sciencemuseum.org.uk/about_us.aspx accessed on 24-04-2010.

[3] An interesting exercise in exactly this approach, some 165 years after it could first have been essayed, was conducted by the naval architect Michael Trimming, see Michael SK Trimming, "The *Pechili Trader*: a hull lines plan", *The Mariner's Mirror*, 97.3, 2011. Trimming sees, for example, that the trader's cargo compartment design conformed remarkably well to modern self-trimming designs for bulk carriers-the Pechili trader's typical load was a bulk cargo.

国家航海　第五辑
National
Maritime Research

国家航海　第五辑
National
Maritime Research

视而不见：「耆英」号木帆船
在西方的境遇(1848～1855)

039

not be subsumed as some primitive precursor to what was on display in Class 8，West End Gallery and South West Gallery，exhibits 1 ～ 197，Naval Architecture. [1] Perhaps that is why，rather than looking closely at something like the *Keying*，or China's long traditions of and achievements in observational astronomy，cadastral surveying and sophisticated machinery，the Great Exhibition classified it all as part of the foreign and exotic，so by definition divorced from the forward march of triumphant science and technology ... and the *Keying* remained，unworthy of close scrutiny，on display on the River Thames as a circus show. This above all explains why we have been left with so little by way of certain knowledge about this fascinating and singular ship and its remarkable achievement. It is why all but a few，vestigial traces of its crew have also disappeared. Racial and cultural-including class-prejudice always exacts a cost.

4. Failures to see

Nothing illustrates this almost willful blindness more clearly that the almost complete failure of those western artists who did depict the junk to catch a true likeness. There are thirteen images of the *Keying* at present known to the record. This count excludes the four limned images on the seven designs of white metal and brass commemorative medals，which with only minor adjustments would appear to borrow heavily from the images published as engravings in popular magazines considered below. It also excludes the interior and detailed views that appeared either in the *Description* [2] or in popular illustrated magazines like the *Illustrated London News*，the *London Pictorial* and the *Graphic*.

In the approximate order of creation the thirteen and their places of creation are：

- The Chinese Junk "Keying"，Nathaniel Currier，New York，1847
- The Great Chinese Junk now on her Voyage to England，Edmund Evans，*The Pictorial Times*，Volume X，Issue No. 231，Saturday 14th

---

[1] *Catalogue*，op. cit.，pp. 50～54.
[2] Anon，*A Description of the Chinese Junk "Keying"*，*printed for the Author and sold on board the junk*，London：J. Such，1848.

August，1847，p.100

- Two gouaches of the *Keying*，unknown Chinese artist，unknown，c.1847
- Chinese Junk Keying，Rock & Co.，London，c.1848
- The Chinese Junk Keying，Captain Kellett，Rock Brothers & Payne，London，1848
- The Chinese Junk "Keying"，B. Foster，*Illustrated London News*，1848
- The Keying，*Description*，unknown artist，J. Such，London，1848
- The junk Keying approaching England，unknown artist，unknown（probably London），c.1848
- Keying，unknown artist，Vickers，London，c.1848
- Chinese Junk Keying in a Gale，Stephen Dadd Skillett，London，1848/9
- Junk Keying in New York Harbour from *Italia*，Samuel Waugh，New York，1853
- The Chinese Junk，J. Greenaway，Old & New London，vol. 3，London，1878

Eight of the images date from the ship's stay in London，one from between the New York stay and the arrival in London，and three from the stay in New York. One of the latter，by Nathaniel Currier（1813~1888），is the earliest dateable image and one which shows the least signs of owing any debts to any other of the images. It is for this reason，if for no other，that the Currier image is one of the best guides we have of the *Keying's* conformity. Another of the New York period images，although actually done in London，is the best example of what we may call 'informed fantasy'，borrowing from known images of Chinese vessels and a verbal description，but connecting in no known way to the actual junk. This image appeared using a story filed in New York，in a popular British weekly magazine，*The Pictorial Times*.

In 1835 Nathaniel Currier had started his own publishing company in New York and was soon publishing what at the time were innovative lithographs of current events. Whilst Currier was originally the artist of the images he published and appears to have drawn the *Keying*，in later years the firm used the work of many well-known contemporary American artists. [1]

It would appear that Nathaniel Currier had nothing to go on but what he could see with his own eye. The result is therefore the nearest depiction of the *Keying* that we have that seems to tally with the shapes shown in the earliest photographs of junks of the type the *Keying* is most likely to have been. Perhaps as indicative is the care with which Currier has shown the irregularities of the *Keying's* mainmast-a matter specifically commented on in the *Description*.

The second of the New York images, however, painted by the American artist Samuel Waugh in around 1853, appears entirely derivative. Interestingly a comparison suggests that the derivation was not from Currier's image, but almost certainly from one of the London images-probably the most widely disseminated one. This appeared in the *Illustrated London News* on 1st April, 1848. We shall return to Waugh below.

The next image in sequence, and the first by a British artist, is a perfect example of the problem we are considering. It is evidently based upon existing western images of junks. There was evidently some feed from America-notice the flag of the USA being flown as a courtesy flag at the foremast-though almost certainly this was not Currier's image. Otherwise the image is from the artist's imagination. Who he was we do not know, although we do know the engraving was done by the very young Edmund Evans, [2] who was completing his apprenticeship to the great Ebenezer Landells-who we shall meet again-at the time. The sails are effectively European in form, since they are shown as gaff sails connected to the mast at the luff, or forward side, by parrels (or loops of rope). To compound the errors, each sail is shown as being controlled by a single sheet, as with

---

[1] Currier was a pioneer lithographer in the USA having learned his craft from William and John Pendleton of Boston, who had introduced lithography to America and to whom Currier had been apprenticed. He was well-established by the time of the *Keying* visit. With the advent of James Merrit Ives (1824~1895) in 1850, and his partnership to form Currier & Ives in 1857, the firm became the premier popular image publisher in the USA, with some 7,500 images in their list between 1834 and 1907, when the firm was liquidated. Information on Nathaniel Currier principally from the Currier and Ives Foundation at http://www.currierandives.com/history.html but also Morton Cronin, "Currier and Ives: A Content Analysis", *American Quarterly*, Vol.4, No.4 (Winter, 1952), pp. 317~330.

[2] Edmund Evans (1826~1903) became one of the most eminent British engravers of the 19th century, specializing in and revolutionizing illustrated books for children. He was an apprentice of Ebenezer Landells (1840~1847) and became a close friend of Birket Foster and John Greenaway, both of whom drew the *Keying*.

国家航海　第五辑
National
Maritime Research

视而不见：「耆英」号木帆船
在西方的境遇(1848~1855)

041

western fore-and-aft sails. Since fully battened sails were at the time unknown outside China the result is a confabulation. Much the same is true for the hull-the bow has been copied from someone like William Alexander (1767~1816) or William Daniell (1769~1837). The stern is a travesty, muddling together a western transom and a Chinese rudder. The planking looks like nothing so much as that of a western clinker or lapstrake dinghy. And the deckhouse abaft the mainmast has come straight off a smart transatlantic packet ship. Finally, every mast is given a forestay-as with western ships-and the mainmast three shrouds supporting it at the side. The result is a nonsense. That in any case the artist was not very used to drawing ships can be seen by the western ship on the left. As it is shown, its masts lean drunkenly to starboard, quite out of the vertical in relation to the hull.

Of images with an unknown place of creation, the images painted by a Chinese artist,[1] are the most puzzling. All one can say of them is that there are two possibilities. Either they were the earliest known images done in Hong Kong by a shoreside artist and brought to London. Or they were done aboard the *Keying*, perhaps in Hong Kong, on route, in New York or in London, and therefore may possibly be the only extant examples of the work of the ship's artist, Sam Shing. The use of brown paper in both cases makes it unlikely that work was done in Canton (Guangzhou) or Hong Kong, where white Chinese paper would have been more normal.[2] It is accordingly probable that the Chinese artist, or Sam Shing if it were he, also produced his images when the *Keying* was in Britain.

The most interesting features of the Chinese artist's work are two: the depiction of the junk's rig and the detail of the deck. There are clear differences and they may point to the order in which the images were painted since one image is very much more detailed than the other, almost as if a critical eye had been cast over the first effort, thereby ensuring that in the second the artist-who, as we have argued in the main text, was probably not a seafarer-got them right. Equally, of course, it may the more accomplished and detailed painting is the original and the second a lazy copy.

From a nautical perspective in both, though in slightly different ways, what stands out is that the junk is shown as having shrouds supporting the

---

[1] A careful review of the two paintings suggests that they are the work of a single hand. I am indebted to Patrick Conner of the Martyn Gregory Gallery for providing a copy of the second image.

[2] I owe this insight to Anthony Hardy, by whom I was introduced to the art and artists of the China Export school and from whom I have learned much.

masts. The less detailed picture shows shrouds only on the mainmast and the port side of the mizzen. The more detailed image shows shrouds on main and fore as well as the port side of the mizzen. There is also a triatic stay between foremast head and mainmast. These fascinating points of detail suggest the possibility that for its long ocean voyage，Captain Kellett and the western ship's officers may have been unhappy with the traditional，unstayed junk mast and insisted on fitting shrouds and the triatic. Certainly in the detailed image the shroud attachments-a mere gesture in the less-detailed example-are very un-Chinese ringbolts somehow clamped to the ship's sides.

The other difference is in the respective depictions of the deck both in terms of its layout，which is again a matter of comparative technical detail，and also in terms of the crew. The technical differences in the deck need not deter us long since they are mostly a matter of proportion and can be reconciled. It is important to note one shared feature，namely that these are the only images of the *Keying* that show the typical deck level bracing struts for foremast and main.

Otherwise the one exception is the ship's boat. In the less detailed image this appears at first glance to be a stout western style gig with thwarts. But a closer look shows this 'top' part of the boat to be superimposed on a sampan hull. It would seem to be a curious conflation of the sampan the *Keying* carried，but which got carried away in the Atlantic storm，and whatever western dinghy was bought to replace it. By contrast in the detailed image the dinghy is a clear double-ended 'peapod' type vessel.

In both cases the deck has both western and Chinese crew，but in the detailed painting the five people on deck become seventeen. The less detailed painting has just a hand on the foredeck，two helmsmen on the tiller tackles and two Europeans conferring on the poop deck. In the detailed painting two Europeans are fishing off the bow. Four Europeans are working on some shipwright work on the foredeck. A Chinese crewman is cleaning or lime washing the starboard rail water butt. To port of him a European is carrying a box forward and a Chinese crewman is leaning against a winch barrel. There is a cook in the galley on the port side abaft the mainmast. On the quarterdeck a Chinese crewman is sawing a timber lengthwise under the supervision of a western officer wearing a peaked cap，and two hands are on the tiller tackles. On the poop deck one officer is taking a sight with a sextant，with another European either holding the chronometer or a notebook. And lounging off to starboard in a chair is a European in a white top hat.

I have put the two Chinese paintings at this point in the sequence because of what comes next. These are two prints by the London stationer and print publisher Rock & Co, also trading as Rock Brothers and Payne, of 11 Walbrook, London. [1] The best known, "The Chinese Junk, Keying, Captain Kellett" is a coloured lithograph that views the junk from broad on the starboard quarter. [2] But there is a relatively unknown Rock & Co print which is quite possibly earlier.

The reason for that supposition is simple. The image is clearly based on the Chinese artist's view. The hull is more rolled away from the viewer so that more of the ship's side and less of the deck are seen. But in almost every other detail of the ship, standfast the crew, the similarities are so striking that the source is manifest. All the standing rigging is there as is the triatic between fore and main. And as in the Chinese artist's images, the only flags shown are Europeanised swallow-tailed masthead pennant versions of the Chinese equivalents.

The main difference is in the bow where quite clearly the artist did not understand what the Chinese artist had shown, namely the heavy framing timbers of the bow plate, so instead made the bow plate a simple trapezium of horizontally butted planks. In short, what may be the first British image of the *Keying* depended on an existing Chinese image.

The second, better known image then seems on inspection to be a derivation from the first. However, since it takes a stern rather than a bow view, the unknown artist has had a greater licence to develop his ideas

[1] The company was founded by William Frederick Rock (1802~1890). After schooling in London, he became a partner with the playing card maker Thomas De La Rue in the 1820s before setting up business as a fancy stationer with his brother Henry in 1833 at 8, Queen Street 1833~1838. In around that year they were joined by their younger brother Richard and moved premises to 11, Walbrook, where the business stayed until 1895. They traded as William and Henry Rock 1833~1838; as Rock and Co. 1838~1895. In 1845 John Payne became a partner at which point they also traded as Rock Brothers and Payne. Their business as fancy stationers included pictorial writing paper with steel line engraved vignettes. See Ralph Hyde, "A year for celebrating W. F. Rock", *Print Quarterly*, 19 (2002), pp. 341~352 and http://www. devon. gov. uk/print/index/cultureheritage/libraries/localstudies/lsdatabase. htm? url = etched/etched/100127/1. html

[2] There were evidently at least two editions of this image a later version replaced the original caption with details of the voyage with one that read, "The Royal Chinese junk, Keying: the first vessel of Chinese construction which ever reached Europe, now on view at the Temple-Bar Pier, Essex St. Strand London, manned by a Chinese crew, under the command of the Mandarin Hesing, of Canton, the preparer of the celebrated Hesing's mixture of royal Chinese junk teas. "

possibly, we cannot know, with some input from Nathaniel Currier's image, which clearly could by this date have crossed the Atlantic long in advance of the *Keying*. Certainly the *Keying's* hull is planked far more as Currier shows it, with the addition of a pair of longitudinal wales in the centre part of the hull like rubbing strakes.

In this second Rock image the *Keying* is longer in proportion to her beam and the ends proportionately more exaggeratedly curved up. The sails have two variations, but they are slight. There is an additional panel in the main. And the small main topsail has disappeared. More interestingly, the triatic has disappeared and the shrouds have been reduced to a single backstay set to weather on each of the three masts-something like a burton.

The interesting additional feature to this image is the 'dog' Chinese in its title. To an educated reader the six characters (其衣喊挨炯知)[1] are something of a nonsense seeming to have been used solely for their phonetic value in Cantonese. Analyzing the characters used in this title page, 其衣, sound like '*Kei Ji*' in Cantonese (so suggest some sub-dialect!) and have no intelligible meaning otherwise. The Imperial Commisioner's actual name was 耆英 - in HK/Guangzhou Cantonese *Gei Ying*-so the weird rendering of the ship's name begs a few questions about the calligrapher's knowledge of the Chinese language. The next four characters on the title page, which are 喊挨炯知 - in Cantonese (roughly!) *Wei Ai Gwing Zi*-make little sense to a modern Chinese reader. It is possible that in some dialect or sub-dialect they may sound like the English word 'description' or some such. They may possibly be a semi-literate translator's attempt to say something like 'Greetings (here is something) ordered, clear (for you to) know (about) the *Keying*', though that would be torturing the Chinese characters to render a meaning-any meaning! -rather than what they conceivably say to any normal Chinese reader. Perhaps as indicative is that the Chinese reads from left to right, which would have been a most unusual usage in the mid-19th century.

This developed and evidently popular image then seems to have contributed something to what are possibly the best known images-though with some possible input from the Currier, for example the furled as opposed

---

[1] The third character is a character used for the standard Cantonese '*Wai*'-roughly 'Hi!' and as much a warning as a greeting. It is a 'filler' character used solely for its phonetic value in Cantonese. Either way, not only is the failure to use the correct characters for the ship's name that is also seen on the cover of *The Description* perpetuated, but the entirety is close to meaningless. This is perhaps further evidence that He Sing's claims about himself need to be taken carefully.

to spread sails. To most intents and purposes, these most broadcast images seem to be almost horizontally flipped copies of each other.

The two images are Birket Foster's[1] from the *Illustrated London News*, engraved by Ebenezer Landells, [2] and the main print of the *Keying* in the *Description* by an unknown artist, which was produced, like the *Illustrated London News* illustration, shortly after the *Keying* berthed at Blackwall. This is possibly by Foster or by an unknown artist to whom Foster owed his inspiration, or vice versa; it being unclear which image preceded which. Another of the illustrations in the *Description*-the 'Saloon of the *Keying*'-was engraved by Ebenezer Landells, so a connection is clear. The general compositions are very similar, most especially the angles of the furled sails, the running rigging, the exaggerated curvature and the ship's boat-again something of a peapod. The bows are noticeably different as is the freeboard amidships-the *Description* image having the chunamed hull below the bulwark almost touch the water. A further difference, and one that from this point becomes the norm in all images, is that these two images revert to Currier by eliminating all standing rigging.

The most curious difference lies in the courtesy ensign flown from the foremast. The choice of courtesy ensign indicates where a ship is considered to hail from. That in both of these cases a British flag is flown as a courtesy ensign argues that the *Keying* was not considered by its owners a British ship. But the British flags differ. The *Illustrated London News* has the *Keying* fly the Union flag at the fore, the *Description* the red ensign (or so one infers).

This small detail suggests quite strongly that a subtext to the voyage was in one way or another a vindication of contemporary western-and especially British-conduct in China. The chosen ensigns flown aft in port are additional support for such a view. Nautical flag etiquette was still in flux in the mid-19th century, although in this as in many other aspects of the maritime

[1] Myles Birket Foster (1825～1899) served his apprenticeship with the notable wood engraver, Ebenezer Landells, working on illustrations for *Punch* magazine and the *Illustrated London News*. He later left Landells employment, though continued working for the *Illustrated London News* and *The Illustrated London Almanack* and became a popular illustrator, watercolour artist and engraver.

[2] Ebenezer Landells (1808～1860) was a pupil of the eminent engraver Thomas Bewick (1753～1858). He moved to London in 1829 and began his own engraving workshop, becoming one of the founders of *Punch* in 1841, though financial difficulties meant his involvement was shortlived. When the *Illustrated London News* was founded in 1842, Landells became its first artist correspondent and worked for the magazine until his death. He was one of the most important of Victorian illustrators.

world, rules, regulations and conventions were getting ever more firmly established and applied, the process getting its first definitive legal form with the Merchant Shipping Act, 1854. By 1846 it would have been normal and expected practice for a British vessel, when in port or transiting other states' territorial waters, to wear a national ensign either aft on the ensign staff or, in the case of a sailing ship worn at the peak of the aftermost mast or gaff. [1] *The Description* and many newspaper reports describe the *Keying* as a British ship. Had that been so, then strictly what we should see in all the depictions being worn aft is the red ensign. In no depiction is the red ensign being worn. Instead, and this is a telling detail, we are told that the junk had five ensign staffs along its taffrail, and on them were hoisted the 'flags of the treaty ports'.

As corroboration that some sort of new western presence in China might have been being signalled can be had by comparing Nathaniel Currier's engraving of the *Keying* in New York and the Rock Brothers & Payne engraving of the "The Chinese Junk Keying" in the offing of Gravesend on her arrival in Britain.

In the first the American flag is being flown, correctly in terms of nautical etiquette, as a courtesy flag from the foremast head. In the second the either a more less correctly depicted red ensign is correctly being flown, or a Union flag is being incorrectly flown in exactly the same manner. To the nautical eye this speaks volumes and says that the *Keying* was arriving as a ship of the treaty ports-its 'home ports' as indicated by its ensigns-and that London, like New York in the USA, was a 'foreign' port whose merchant ensign should thus be flown as a courtesy flag. If anything can, that small fact alone affirms that the Keying was not considered by its captain a British ship, nor was he signalling that it was.

Indeed Currier's careful drawing, backed up by the Rock Brothers and Payne engraving, suggests that it is possible the *Keying* was being sailed as a Chinese vessel. For in both images the flag worn at the mizzen mast-one customary western position for a national ensign-is a plain, yellow flag. In 1846 there was nothing like a Chinese national merchant ensign. China had yet to conform to the western manner of these matters and there was no

---

[1] In *Shipbuilding & shipping record*; *a journal of shipbuilding, marine engineering, dock, harbours & shipping*, vol. 78, October 1951, Commander Hilary Poland Mead RN noted that there were no rules on what or was not a courtesy flag where there were differences between the national flag and the merchant ensign. There still are none; just conventions.

国家航海　第五辑
National
Maritime Research

视而不见：「耆英」号木帆船
在西方的境遇（1848～1855）

047

conception of a national merchant fleet. The most likely explanation for this flag is that a plain yellow flag epitomized China. Support for the general thought that the junk was being presented as a Chinese vessel can also be had from what is shown on the main mast. Both images have a standard masthead flag flown, as with the ensign at the mizzen, askew on a short staff in the Chinese manner. In western etiquette this would be the vessel's house flag showing the person or company it was owned by or, sometimes, its name. The *Keying's* flag has an indecipherable symbol in the centre and, down one side, a string of what are obviously intended as four Chinese characters. Since these have been drawn by someone who knew no Chinese, the result is unreadable. A later 19th century merchant flag did carry a four character inscription down one edge, *Tiānshàng Shèngmǔ*（天上圣母-Heavenly Goddess of the Sea）, though whether this is what *Keying's* actually showed is mere guesswork. In addition to the masthead flag, there is also a long, red, two tailed pennant flying from the mainmast weathervane. Finally, in the bow where in a western vessel a jack would be worn, the Keying has a Chinese flag, blue with green side bars, also with indecipherable characters.

In short, we have what in the images is being signaled as a Chinese vessel through the use of Chinese-like flags, but worn in the established western manner of jack, courtesy flag, house flag, and national ensign.

Reverting to the five flags on the taffrail, the obvious point is that the treaty ports were an exaction by force by the British from the Chinese government against that government's wishes. Using these flags-or at least telling people that that is what the five flags were-thus represented a form of Western triumphalism. Doubly so in fact, since it seems unlikely that formally there were any such flags unless they had been devised by their new residents as representative of the foreign enclaves there. Flying from the taffrail, successively from port to starboard, are a blue pennant with a narrow green border, a white pennant with a red or pink border, a red pennant with a white border, a yellow pennant with a blue border, and a green pennant with a yellow border. No such flags appear in any standard vexillogical reference book. Indeed there are no references to civic or municipal flags in Imperial China and the structures of government and society make any such entities unlikely.

It follows that whatever was flown from the five staffs on the *Keying's* taffrail, they do not seem to be anything traditionally or officially Chinese but, more probably, something devised by the investors in the project to represent the five treaty ports opened to foreign commerce by the First

Opium War; namely Guangzhou (Canton), Xiamen (Amoy), Fuzhou (Foochow), Ningbo (Ningpo) and Shanghai. If one were to hazard a guess as to the provenance of the designs, they bear a passing resemblance, in concept if not in detail, to four of the Eight Banners of the ruling Manchus in Qing China, categorized in terms of a dominant colour and its surrounding border; for example the 'Bordered Blue Banner'. Given the general level of knowledge of China and Chinese culture the Keying enterprise reveals, that these supposed Treaty Port flags were more an exercise of the triumphalist imagination than demonstration of well-founded fact would not be surprising.

The final point to note, with respect to the Rock Brothers and Payne print and the prints in the *Illustrated London News* and the *Description*, is that together they informed the images of the *Keying* but all but one of the limners, who produced the souvenir medals. The exception drew its inspiration from the Vickers, Holywell Street image I shall consider further below.

Of two further paintings of the *Keying* the dating of one can be narrowed down to late 1848 or early 1849, but the date of the other is unclear. Sadly there is no image of the first of these. We know of Stephen Dadd Skillett's painting of "The Junk Keying in a Gale" only by report. [1] Since it was very probably done for one of the ship's officers or shareholders, it may have survived. However, if it has, it is lost to the public record. The other painting, a watercolour in the collection of the British National Maritime Museum in Greenwich, is by an unknown artist and seems to show the *Keying* passing the North Foreland on its way to the mouth of the Thames.

Whilst charmingly coloured and well balanced, it is Sino-nautically-though in no way generally nautically-sub-literate. The artist has the run of the sea well. His or her western vessels are well-depicted and are sailing correctly in relation to the true wind. Equally, the *Keying's* running rigging is probably better observed than in most other images-especially the tackline from the foot of the mast to the forward end of the boom. But then the *Keying* is shown running before a wind from the starboard quarter-as shown by her mainmast pennant-with the sails all trimmed almost fore-and-aft as if she were beating into a wind from ahead. It is hard to explain this oddity. The only candidate explanations can be either mere convention, in that the artist was anxious to

[1] See Martyn Gregory, *Paintings of the China Coast by Chinese and Western artists*, 1790~1890, London : Martyn Gregory Gallery, 1990, p. 48.

国家航海 第五辑
National
Maritime Research

视而不见：「耆英」号木帆船
在西方的境遇(1848~1855)

049

show the whole sail plan so the viewer grasped its nature, or a complete inability to understand a fully battened junk sail as just a sail working on the same aerodynamic principles as any other sail.

It seems probable from the hull's conformity in this image that the painting post-dates those considered above, but not by much. The rig shows every sign of a connection with the Chinese artist's images, the coloured Rock Brothers & Payne lithograph and with the images of the *Illustrated London News* and the *Description*. The hull, by contrast, has strong echoes of Nathaniel Currier's image and is the exception amongst the British images in being fairly just in its proportions. Hence the rough dating given above of 1848 or early 1849.

It is with the two Rock Brothers images, the Landells/Foster image and the *Description* image that the grotesque of the alien and the exotic becomes the image of the *Keying* that prevails and has endured. The curvature of the hull in all bar the watercolour is ludicrously exaggerated. The run of the planking is misread. The rig is not closely observed.

Nothing shows this general developmental-or perhaps regressive-trend so clearly as the print produced by Vickers of Holywell Street, London, also in the collection of the British National Maritime Museum.[1] Here the colouring of the *Keying*-a red hull with black and yellow bulwarks-is wholly unrelated to any other image. The hull in turn is more wildly exaggerated in curvature than even the *Illustrated London News* and *Description* images, to which it nonetheless evidently owes debts. More extraordinary still, the sails are rendered-most of all in the sheeting arrangements-as if they are the short-gaff rigs of a Dutch *botter*-though this is almost certainly an echo of *The Pictorial Times* image of a year previously. This is perhaps most clearly evidenced by the depiction of forestays on all three masts. For in this image too, there is an exaggerated version of the general tendency to torture the *Keying's* rig into western formwith shrouds and stays. It is clear that with this print we have moved away from any drawing from life. This reliance on existing imagery then becomes the treatment of the *Keying* in the last two examples.

The first of these, Samuel Waugh's c.1853 image of the *Keying* off the Battery, painted whilst the *Keying* was still afloat-though only just-is clearly

---

[1] A copy is also in the G. E. Morrison Collection of images in the Toyo Bunko archive in Tokyo, catalogue number E-3 ～ 10, see http://61. 197. 194. 13/gazou/Honkon_dohanga-e. html.

directly derived from the *Illustrated London News*. The only difference is that the wind is coming from aft. This is an odd conceit since the ship is not shown moored bow and stern, so could be expected to lie head to wind. In all other respects there is no difference. Waugh was not specifically portraying the *Keying* but the scene off the immigration station at Castle Garden, near the Battery, which represented the end of his journey to Italy of which this was the last scene in his huge diorama presentation, *Italia*. [1] He evidently came to this exercise very late and it is perhaps not surprising that in seeking more accurately to contextualize the closing moments of his overseas excursion, but lacking the real vessel to paint, he resorted to adapting a popular image.

It is with the last image that fancy is finally let free of any restraints and, in doing so, echoes the earliest and similarly 'reality free' British image from *The Pictorial Times* of 20 years previously. It is placed as an illustration in the third volume of Walter Thornbury's *Old and New London* [2] by Edward Walford. This image by J. Greenaway is quite fantastical. The junk towers out of the water. There are still echoes of the dominant 1848 images-a tall tower to the right of the image and a stern obviously copied. But the bow becomes a massive, blunt, squared off nonsense, possibly derived from the J. Davis commemorative medal. More peculiar still, the foresail is reversed and steeved up as if being used as a derrick. Both are wholly extraordinary. With this image the exotic grotesque is complete and everyone's expectations of the primitive and absurd pandered to.

What we are seeing here is not merely a refusal to look at what is before the artists' eyes. Nor is it that refusal married to the average jobbing artist's lack of familiarity with ships and the sea. It is as well a product of the working world that produced the images. A world of popular magazines for a

[1] See Kevin J. Avery, "Movies for Manifest Destiny: The Moving Panorama Phenomenon in America", in Kevin J. Avery and Tom Hardiman, *The Grand Moving Panorama of "Pilgrim's Progress*, Montclair, NJ: Montclair Art Museum, 1999. The painting was not part of Waugh's original 1849, 2.4m (8') high, fifty-scene panorama of the tour-the "Mirror of Italy"-but was painted later when the panorama was extended to 800' in length to create the later, longer "Italia".

[2] Edward Walford, *Old and new London, A Narrative of its History, its People, and its Places. Illustrated with numerous engravings from the most authentic sources: Westminster And The Western Suburbs*, vol. III, London: Cassell Petter & Galpin, 1878, Ch. xxxvii, p. 289.

newly emerging mass reading public [1] in which the goals of informing the public and entertaining them, of improving them and pandering to their prejudices became increasingly entangled. In a world of mass culture, what the public wishes to read trumps what someone with marked ideas of self-importance thinks they ought to read. If the broad public thinks that the moon is made of green cheese, it is a bold popular publisher who suggests they are all ignorant fools.

The world of popular weekly magazines in Victorian London was a viciously competitive one, as the fortunes of many of them-and those of their proprietors and contributors-show. A telling instance, involving several of those in whose magazines images of the *Keying* appeared, occurred in 1855, the year the *Keying* disappears from the record, when Ebenezer Landells, Thomas Roberts, John Maxwell and Herbert Ingram were named in the insolvency of the *Lady's Newspaper* and Pictorial Times. This conjoined publication had begun life as *The Lady's Newspaper* in 1847 founded by Landells. When *The Pictorial Times*, founded by Henry Vizetelly (1820~1894) and others in 1843, folded in 1847, it was bought out by Herbert Ingram (1811~1860), founder of the *Illustrated London News*, and merged with Landells' successful but underfinanced publication. In 1855 this publication was adjudged insolvent, though it struggled on to re-emerge eight years later, merged yet again, to become *The Queen*, *the Lady's Newspaper and Coirt Chronicle*-which as *The Queen* is still being published. [2]A certain incestuous circularity of information and a common approach to news driven by the market is thus not surprising.

In addition, so small a world also ensured that few artists in the business worked independently. Edmund Evans was Ebenezer Landells' pupil and a close friend of Birket Foster and John Greenaway. So a recycling of material may have been as much a consequence of friendly cooperation as of competitive market pressures pushing all towards a common, publicly acceptable and expected imagery.

---

[1] Richard D Altick, *The English Common Reader: A Social History of the Mass Reading Public*, 2nd ed., Columbus: Ohio State University Press, 1998, Kay Boardman, "'Charting the Golden Stream': Recent Work on Victorian Periodicals." *Victorian Studies*, 48, 2006, pp. 505~517, Matthew Rubery, "Journalism" in *The Cambridge Companion to Victorian Culture*, ed. Francis O'Gorman, Cambridge, UK: Cambridge University Press, 2010, pp. 177~194.

[2] See *The London Gazette*, Court For Relief Of Insolvent Debtors, 1855, p. 3346 see http://www. london-gazette. co. uk/issues/21775/pages/3346/page. pdf accessed on 11.4.2013.

So by the time the *Keying* had been more or less forgotten for twenty years, in case the reader of Walford's account of London, with its bizarre image of the junk missed the point, it is here that he repeats Charles Dickens' mocking description of a generation previously:

"Well, if there be any one thing in the world that this extraordinary craft is not at all like, that thing is a ship of any kind. So narrow, so long, so grotesque, so low in the middle, so high at each end, like a china pen-tray; with no rigging, with nowhere to go aloft ; with mats for sails, great warped cigars for masts, dragons and sea-monsters disporting themselves from stem to stern, and on the stern a gigantic cock of impossible aspect, defying the world (as well he may) to produce his equal—it would look more at home on the top of a public building, or at the top of a mountain, or in an avenue of trees, or down in a mine, than afloat on the water."

国家航海　第五辑
National
Maritime Research

视而不见：「耆英」号木帆船
在西方的境遇（1848～1855）

053

Conclusion

The great Sir Francis Beaufort once observed to the assembled worthies of the Royal Society, when again lamenting the paucity of the budget of the Surveying Service and the Hydrographic Department of which he was such a distinguished head, the tendency of all people is to undervalue what they do not understand. [1]

One result of this purblind failure to see is a world today in which any model or replica of the ship is deprived of the data on which alone a reliable, museum quality model can and should be built. In Hong Kong, for example, neither the Hong Kong Museum of History nor the Hong Kong Maritime Museum model can be thought of as accurate. They err-in their very different ways-in manners typical of a failure to address the issues discussed above in sufficient detail. For example the Hong Kong Maritime Museum model has favoured a hull form with no keel timber extending from the bottom, none of the characteristic *fuchuan* fineness of entry below the bow plate and a more

---

[1] L. S. Dawson, *Memoirs of Hydrography*, *including brief biographies of the Principal Officers who have served in H. M. Naval Surveying Service between the years* 1750 *and* 1885, Part II, 1830～1885, Eastbourne: Henry W. Keay (The Imperial Library), 1885, p. 3. Interestingly exactly the same phrase appears, attributed to William Young Ottley (1771～1836), in John Knowles (ed), *The Life and Writings of Henry Fuseli*, *Esq. M. A. R. A.*, *Keeper*, *and Professor of Painting to the Royal Academy in London*; *Member of the First Class of the Academy of St. Luke at Rome*, three volumes, London: Henry Colburn and Richard Bentley, 1831, vol. 1, p. 427.

extensive trapezoidal bow plate than may have been the case. The Hong Kong Museum of History has plumped-without much evidence-for a typical late 18th century *guǎngchuán* [1] that，whilst it has a great deal more naval architectural plausibility，seems to have been in built in absolute disregard of what visual and descriptive evidence there is. Given the gross uncertainties as to the exact conformity of the vessel，the resulting models in their different ways are probably as good as can be had if the result were to look at all like the familiar depictions on the one hand and actual known trading craft of the era on the other.

The real mistake，therefore，has been too little careful analysis and a lapse into the error noted by Sean McGrail with respect to ancient Chinese craft，but even more true for the *Keying*. [2]

> "... there is a strong temptation for historians to build theories based entirely and almost uncritically on literary and representational evidence，forgetting that early accounts of seafaring are not precise descriptions such as appear in twentieth-century manuals of seamanship and navigation，and that early illustrations and models are not craftsmen's drawings or scale models from which a ship could be built."

---

[1] 广船-a term generally applied to large trading junks built in Guangdong Province in South China.

[2] Sean McGrail，*Boats of the world from the Stone Age to medieval times*，Oxford：Oxford University Press，2001，p. 349.

国家航海　第五辑
National
Maritime Research

视而不见：「耆英」号木帆船
在西方的境遇（1848～1855）

055

The Reception of the Junk Keying in the West，1848～1855

Abstract：The voyage of the junk Keying 1846～1855 simultaneously represents a vindication of the seaworthiness of traditional Chinese vernacular naval architecture，a statement of its limitations as a long distance voyager，and the purblind refusal in the west to look carefully at the technology of non-Western societies and evaluate them fairly. Nothing illustrates this so well as the pictorial record that remains. This suggests that western images of the junk were not initially derived from life，but instead from a Chinese source；possibly the ship's artist Sam Shing. It also suggests that almost all western images were from the outset vitiated by a refusal to see what was there to be seen；a refusal that reflects the cultural arrogance characteristic of the epoch.

Keywords：Junk，Keying，Voyage ，Popular Magazine，Print

明清福建与江浙沪的海上商品贸易互动

王日根*

（厦门　厦门大学　361005）

摘　要： 明清的福建海商在海禁政策面前选择了向北部沿海拓展的路径。江浙沪是当时手工业较为发达的地区，棉纺织、丝织业等均较发达，福建则是亚热带水果大量出产的地区，福建需要江浙沪的产品，江浙沪也需要福建和福建商人采购来的产品，双方通过海上商业交流达到了各自的目的。这表明海上商业交流已成为清代地区间物资调剂余缺的重要途径。

关键词 明清时期　福建海商　江浙沪地区

一、福建的经商传统与海上贸易活动的开展

明代以前，福建与江浙沪间的贸易主要依赖陆路运输。到明清时，福建通往江浙沪有两条陆上通道：其一，从崇安分水关通往江西，然后从赣东北的玉山进入浙江的常山，再顺着钱塘江上游通往杭州；其二，从浦城的仙霞岭通往浙江的江山县，继而连接钱塘江上游的河流。关于明代这两条商道的详细情况，可参见黄汴的《天下水陆路程》。此书作于隆庆年间，记载了分布于全国的主要商道，从其所载的闽浙驿道所经的城市，大致可以看出浙江通往福建的商道走向：衢州→常山（以上属浙江）→上饶→玉山→铅山（以上属江西）→崇安→建阳→瓯宁→建安→南平→古田→侯官→怀安→福州（以上属福建）。由此可知，这一条商道主要通过铅山与崇安之间的分水关而进入福建。除了隶属于福建的城市之外，外地城市中最为重要的是铅山县河口镇。该镇是赣东北的交通咽喉与商业中心，由这里出发的商船可以沿信江而下，进入鄱阳湖，然后从鄱阳湖进入长江水系，从而连通长江流域诸地。从鄱阳湖也可进入江西省的赣江水系，赣江水系的上源又可通向广州。如前所述，在铅山还可以翻越玉山进入浙江，在常山县上船，进入下游的钱塘江流域。因此，明末的铅山河口镇，是东南区域运输的枢纽之一。对福建省来说，只要进入了河口镇，就可以进入陆上的东南区域陆路的商业

＊　作者简介：王日根，厦门大学历史系教授，研究方向为中国经济史和海洋史。

网络。因此,由崇安经分水关到铅山的商道,成为福建最重要的出省商道。实际上,由这条道路通往江浙,要比仙霞岭路稍远一些,但因这条商路的重要地位,仍然成为福建通往江浙的主要商道。明人称这条商道为分水关大路,有时也简称为"大关"。

入闽的第二条商道是从衢州府的江山县经仙霞岭到建宁府的浦城县。黄汴的《天下水陆路程》对此也有记载:上杭埠,水,九十里江山县;十五里清湖;路,十五里石门街;十五里江郎山;十里峡口渡;十里观音阁;十五里保安桥;十里仙霞岭,巡司;十里杨姑岭,十里龙溪口;十里下溪口;十里南楼,闽浙界;十五里大竿岭;十里五显庙;五里梨园岭;十里鱼梁街;十里仙阳街;三十里浦城县,下船;八十里水吉,巡司;七十里叶坊驿;五十里建宁府。[1] 这条道路虽然中途没有河口镇之类的大镇,但它因不用绕道江西,"凡往来闽浙暨之京师者,以其路捷而近,莫不争趋焉"。[2] 不过,明代仙霞岭没有设驿道,所以,人们有时称经过仙霞岭的这条商道为小关。在明代人的著作中,经常可以看到"大关"与"小关"的名字。

由于仙霞岭山道即险且长,屡有意外事件发生,运输不够安全。因此,在这条商道上有商品运输保险制度实行。明代的《商贾买卖指南》一书介绍:客人从福州到浦城后,"凡泊舟先寻主家行主,照数主家遣人搬挑商量,一百斤工钱一钱,凡雇夫各有票照数挑至清湖县某家留歇,与清湖主人验收明白交卸。有自浦城至清湖凡五日路程,中二日,山甚险峻。雇夫已定,次日起程,至十八里有店,作午饭,每人半筒米与店主"。[3] 由此可见,商人从福州到浦城后,可以和货物分道而行。货物交给浦城的行主,他保证将其运到浙江江山县境内的清湖镇,而商人空手过山,到清湖领货,货物安全出此得到了保证。

值得注意的是,当时人工价钱十分便宜。从浦城到清湖的五天山路,一百斤货物的运费仅值银两一钱。此外,书中还可看到从福州城西驿运到南平建溪水口的运费价钱。"城西驿上至建溪陆路一百二十里,常轿价只一钱六分;或路少行客,则下减一钱四分或一钱二分,亦抬。"[4] 如此低廉的运费,是闽浙之间商品运输的重要条件。

崇安的分水关路及浦城的仙霞岭路最后都在建宁府交会,而后南下延平府镇——南平,再到福州。所以,历史上的延建驿路是福建最为繁忙的商路。骆日升说:"闽二千石之国七,延建舟车旌节,往来如织,挥盖步牍,日亦不足。"[5] 驿路对延建民众的压力由此可见。

总的来说,当时的商道主要沿着河流走。闽浙之间,钱塘江与闽江两条大江自然成为联络两省的主要商道。而两江上游之间的商道,则由崇山之间的山路

[1] 黄汴:《天下水陆路程》,山西人民出版社,1992年,第254页。
[2] 杨荣:《杨文敏公集》卷一二《送浦城陈大尹考满复任序》。
[3] 延陵处士:《新锲江湖秘传高贾买卖指南评释》下卷。
[4] 张应俞:《骗经》,大众文艺出版社,2002年,第341页。
[5] 骆日升:《骆日升文集》卷一。

构成。福建通往浙江的山路主要有两条，其一绕道江西铅山河口镇，是为当时主要的出闽大路；其二翻越仙霞岭，从浦城到浙江的江山县。武夷山没有阻挡住闽商走出闽地的步伐，只是路途曲折，中间环节较多，又无法发挥福船的效能。

明代后期，福建商人走海道的越来越多。万历年间的李光缙说："安平市贾行遍郡国，北贾燕，南贾吴，东贾粤，西贾巴蜀，或冲风突浪，争利于海岛绝夷之墟。"[1]海上航行成为陆路贸易的延续，挑战性更强，风险更大。但福建造船业早就达到了一个较高的水平，特别是倭寇的盛行，使造船技术在为寇与反寇的斗争中更加得到推进。俞大猷认为对付倭寇，"当以福建楼船破之"。[2]清代福建船统称为福船，分称则有四种，即东渡台湾的"横洋船"，航行于东南沿海一带的"贩艚船"，往温州、宁波、上海、登莱、锦州等处的"北艚"，往漳州、南澳、广州等处的"南艚"。此外，还有由台湾运糖到天津的"糖船"，体积较大。

在福建，民间造船业达到较大的规模，乃至远贩东西洋。"泉漳二郡商民，贩东西二洋，代农贾之利，比比然也……或假给东粤高州，闽省福州，及苏杭买货文引，载货物出外海。"[3]

闽南有一首歌谣唱道："泉州人稠山谷瘠，虽欲就耕无地辟，州南有海浩无穷，每岁造舟通异域。"[4]长期以来，闽南人形成了"以海为田"的生活方式。"东南滨海之地，以贩海为生，其来已久，而闽为甚。闽之福、兴、泉、漳，襟山带海。田不足耕，非市舶无以助衣食，其民恬波涛而轻生死，亦其习使然，而漳为甚。……然民情趋利，如水赴壑，决之甚易、塞之甚难。"[5]海洋环境造就了福建人尤其是闽南人冒险犯禁、勇于进取的精神。他们敢于与官府斗，亦不惜与其他宗族斗。何乔远的《闽书》说："闽中诸郡，惟漳为悍剽……族大丁繁之家，指或数十，类多入海贸夷。"[6]他们以族大丁多、宗族抱团、收养义子等手段对抗官府的海禁政策，必要时与其他宗族展开武装冲突，维护自己的利益。

二、明清时期政策因素对福建与江浙沪商品贸易的影响

清代以来，地区间的专业分工更加明显，这为商品贸易的发展创造了条件。海禁之时，人们可能走陆路贸易。"凡福之绸丝，漳之纱绢，泉之蓝，福、延之铁，福、漳之桔，福、兴之荔枝，泉、漳之糖，顺昌之纸，无日不走分水岭及浦城之小关，下吴越如流水。其航大海而去者，尤不可计。"[7]大量的物资运输当以海运为

[1]　李光缙：《景璧集》卷四《史母沈孺人寿序》。
[2]　阎湘蕙、张椿龄：《国朝鼎甲征信录》卷一。
[3]　顾炎武：《天下郡国利病书》，中华书局，1998年。
[4]　谢履：《双峰诗集》，《泉南歌》。
[5]　许孚远：《疏通海禁疏》，《明经世文编》卷四。
[6]　何乔远：《闽书》卷三八《风俗志》。
[7]　王世懋：《闽部疏》，《丛书集成初编》第3161册，中华书局，1985年，第12页。

更便捷且更经济。王在晋的《越镌·通番》载："照闽船不入浙，浙船不入闽，俱限温福分界沙埕地方换船，此向来通行之禁也。五月、六月，正发船通番之候，有违禁越界之船，即将其船入官，凡系闽中载木货大船，尽行收入定海，不许出洋，闽船不入，浙船不出。"[1]这样做的目的在于明确各省的管理责任。

福建与江浙沪面临东海，拥有众多的港口，较为著名的大港有上海、乍浦、宁波、温州、福州、泉州、厦门等港口。东海位于太平洋西北部，秋冬盛行东北风，春夏盛行东南风。帆船顺风而行，一年至少可以往返一趟。不过，明代由于倭寇入侵东南海疆，福闽浙三省都实行了严厉的海禁。虽然沿海运输不在禁止之列，但也受到多方面的限制。

清朝为了抑制郑成功海上力量的发展，曾经实行海禁政策，这一政策严重妨碍了福建与江南地区之间的贸易。但到了康熙二十三年（1684 年）统一台湾后，清廷取消海禁政策，开放沿海贸易。福建商船北上，重建了江南地区与福建之间的贸易航线。黄叔儆的《台海使槎录》记载了厦门港到北方的水路，"厦门至上海，四十七更；宁波近上海，十更，俱由厦门经料罗，在金门之南澳可泊数百船；沿海行至惠安之崇武澳，泊舡可数十；经湄洲至平海澳，可泊船数百；至南日澳，仅容数艘。南日至古屿门，从内港行；古屿至珠澳，复沿海行。二地皆小港。南日、古屿东，出没隐见，若近若远，则海坛环峙诸山也。白犬、官塘，亦可泊船。至定海，有大澳泊船百余。至三沙烽火门、北关澳亦如之。此为闽浙交界。至金香、凤凰、三弁、石童、双门、牛头门，尽沿海行；至石浦所、乱礁洋、崎头门、舟山、登厓澳，尽依内港。其登厓澳之东，大山迭出，即舟山地；赴上海、宁波，至此分口；从西由定海关进港数里即宁波。从北由羊山放大洋至吴淞，进港数里即上海。九月后，北风盛，尤利涉。自登厓澳从西北放小洋，四更至乍浦，海边俱石岸，北风可泊于羊山屿"。[2]其时，因多年海禁的原因，江南缺乏可以航海的大商船。于是，福建商船的到来，垄断了上海、乍浦等港口的海上运输业，在江南各城市形成了较大的商业势力。

1684 年，清政府在收复台湾及平息东南沿海的抗清势力后，"弛海禁"，允许商民出洋贸易。沿海商船纷纷进入上海，其中，福建泉州、漳州与广东潮州的商船最多。"邑小东门外，沿濠负廓，皆闽广人僦居。"[3]洋行街因多为闽粤商人的批发代理行即"洋行"而得名。那时，所谓"洋行"是指经营南洋进口货物的闽粤商号。凡由南洋贩运而来的胡椒、燕窝、海参、樟脑、檀香、苏木等，上海人称为"洋货"。乾嘉年间的《上洋竹枝词》中有"洋行街上持筹者，多学泉漳鸠舌声"的说法，闽商在这条街上的影响可见一斑。

与海商相伴而生的是海盗势力，明代的戚继光曾说："浙江台州人悍狡而黠

---

[1] 王在晋：《越镌》卷二一《通番》，《四库禁毁书丛刊》第 104 册，北京出版社，1997 年，第 495～496 页。

[2] 同上书，第 495～496 页。

[3] 毛祥麟：《墨余录》卷一五。

忍,抚之可利,与江苏丰、沛人相似。""溯古例今,殆犹俄之哥萨克也。然山地生产之人,多可为兵,亦即多可为盗。国初入关时,大岚砦主名震东南。大岚山即四明、天台山脉之内部平坦处。咸同间,天台、四明二山脉间,李锷聚众数万,雁荡、括苍二山脉间,亦多据山称主,盖皆浙东之盗薮也。"[1]戚继光等明代官方海上力量在剿灭海盗、清理海道方面做了积极的努力。

清代开海之后,海盗亦伴随海商而起。"嘉庆初,东南海上多盗,曰凤尾帮,曰水澳帮,曰蔡牵帮,闽盗也;曰箬横小帮,浙盗也;曰朱贲帮,粤盗也。续出者,有黄葵帮及和尚秋等小盗,则皆闽粤间人。"[2]清代官方的海上力量往往集中力量来剿灭海盗,蔡牵帮就是官方重点打击的对象,有时官方甚至可以采用"以盗制盗"的办法。"闽浙海盗之与蔡牵同时者有张保,甚猖獗,官军出征,力竭请降,授官至参将。有拟荐擢总兵以示羁縻者,桐城姚石甫观察莹言于大吏曰:'保无尺寸功,穷蹙乞降,官至三品,宽厚至焉。再迁擢,何以服奸宄?不如以海洋缉盗责之,有功则迁擢不为滥,有罪则谪降不为苛。'保卒以此奔走海上而死。"[3]海盗的敛迹显然有利于海商更便利地开展贸易。

三、两地经济的互补性

1. 福建与江浙沪经济的互补性与三角贸易的形成

福建与江浙沪分别位于不同的气候带上,自然环境亦颇多差异。这便决定了两地经济的差异性,相互间的贸易可以达到互补的效果。福建较早就是缺粮的地区,粮食可以从江浙沪运来,后来有很大部分来自台湾。福建的特产有烟草、糖、木材和纸张。具体说来,福建的蓝靛、鱼翅也是江浙特别需要的,布匹、纱缎、丝绸等又均为福建人所需。

福建拥有诸多良港和商品腹地,上海是江南区域市场的中心,同时又是襟江带海的枢纽。通过上海运往福建的粮、棉、丝,与福建输出的烟草、木材、纸张等,构成上海与福建帆船贸易的主要内容。清代,台湾经济兴起后,也加入了两地的贸易,一度形成了福建、台湾、上海的三角贸易,福建商帮是三角贸易的主要承担者。三角贸易的内容为:把台湾的糖、粮运至上海,又把从上海购得的棉花、棉布、生丝和粮食等运到福建,再从福建装运手工业品、土特产品到台湾。这样的三角贸易使福建与江浙沪的联系更加密切。

2. 福建输入与输出的商品

（1）输入商品:

1）粮食

---

[1]　《清稗类钞》第11册《盗贼类》,中华书局,2010年,第5312页。
[2]　同上书,5305页。
[3]　同上书,第5306页。

福建常常缺米,台湾、江南经常供给福建米粮。万历三十六年(1608年),福州大饥,巡抚徐学聚组织商人去江南运米,福州人说:"江、淮、苏、松之米浮海入闽,自徐公始也,民受其赐大矣。"[1]万历年间的泉州,"稻、米、菽、麦……由来皆仰资吴、浙"。[2]漳浦蔡世远的《请开米禁书》说:"福建之米,原不足以供福建之食,虽丰年必取资于江浙;亦犹江浙之米,辏集于苏州之枫桥;而枫桥之米,间由上海、乍浦运往福建。"[3]

2) 棉类商品

福建从江南进口的商品以棉纺织品为多。王沄的《闽游纪略》说:"闽中……不植木棉,布帛皆自吴越至。"[4]太仓县的棉花输出也是靠福建商人的采购,每年九月,"南方贩客至,城中男子多轧花生业"。[5]福建布商成为江南一带的财神。吴伟业《木棉吟序》说:"隆万中,闽商大至,州赖以饶。"清代初年,因海禁及战争的因素,海上运输线中断,对江南棉业经济产生巨大影响。"今累岁弗登,价贱如土,不足以供常赋矣。"《木棉吟》说:"眼见当初万历间,陈花富户积如山,福州青袜鸟言贾,腰下千金过百滩。看花人到花满屋,船板平铺装载足……薄熟今年市价低,收时珍重弃如泥。天边贾客无人到,门里妻孥相向啼。"[6]清代经济恢复之后,福建商贾涌进江南市场,如镇洋(太仓)县志称:"木棉,州境皆种,然惟邑产者佳。以杨林塘岸土沙埴得宜,故闽广人贩归其乡,市题必曰太仓鹤王市棉花。每秋航海来贾于市,亡虑数十万金,为邑首产。故先列焉。闽人曰:'鹤王市棉花,较他产柔韧而加白,每朵有朱砂斑一点,离市十数里外即无。'"[7]可见,当时的太仓棉花在福建市场上有很高的声誉。

由于海外贸易需要,福建还从江苏购买来棉花、蚕茧,开展起织布和生产丝绸的工业活动,因为福建更便利于海外贸易活动。因而带动了其手工业的兴盛。褚华《木棉谱》曰:"闽粤人于二三月,载糖霜来卖,秋则不买布,而止买花衣以归。楼船千百,皆装布囊累累,盖彼中自能纺织也,每晨至午,小东门外为市,乡农负担求售者,肩相磨,袂相接焉。"[8]福建人一方面直接买江南布,一方面又自织布匹,以求远销。清前期,昭文县支塘镇"居民善织作,闽贾至江南贩布,以赤沙所出为第一,远近牙行竞以布面钤'赤沙'字样焉"。[9]太仓州的沙头镇出产沙头布,"闽人到镇收买,寒暑无间……牙行获利者恒累数万"。[10]据《北关葛夏布商人报税成案碑》,康熙后期,福建商人与江西商人一起收买土产葛夏布匹,前

[1] 万历《福州府志》卷七五,海风出版社,2001年,第742~743页。
[2] 乾隆《泉州府志》卷二〇《风俗》。
[3] 道光《福建通志》卷五二。
[4] 王沄:《漫游纪略》卷一《闽游》。
[5] 崇祯《太仓县志》卷五。
[6] 吴梅村:《梅村家藏稿》卷一〇《木棉吟》,上海涵芬楼影印本。
[7] 乾隆《镇洋县志》。
[8] 褚华:《木棉谱》,《昭代丛书·庚集》卷四九。
[9] 乾隆《支溪小志》卷一《地理志》。
[10] 乾隆《沙头里志》卷二《物产》。

往杭州北新关报税入城,报牙发卖。北新关给发小票,明确税率,商人称便。宝山县江湾镇出产刷线布,雍正间销路畅达。嘉定黄渡镇,直到道光之季,"里中所产土布,衣被七闽者,皆由闽商在上海收买"。[1]

3) 丝类商品

既有丝绸成品,也有生丝的运输。《闽大记》云:"帛,蚕丝所经纬,有土绢、改机、丝布、线绢、草缎、帽缎之属,皆出于会城。漳绢、莆绢间有之。欲如吴纨、蜀锦之美好,无有也。以丝出湖蜀,此地所产,尽不佳矣。"[2]《闽部疏》说:"所仰给它省,独湖丝耳。红不逮京口,闽人货湖丝者往往染翠红而归织之。"[3]

福建丝织业的原料主要来自湖州,唐甄说:"吴丝衣天下,聚于双林,吴越闽番至于海岛,皆来市焉。五月载银而至,委积如瓦砾。吴南诸乡,岁有百十万之益。"[4]福建商人将这些原料制成成品,卖至海外,又赚回大量白银。

(2) 输出商品

贸易活动一般是双方的,有输入,就应有输出,否则船只就会放空。对江南产品的需求促使福建将大量土特产品输送出去。福建输往江南的商品有果品、糖、木材、纸张、蓝靛等项。

1) 果品类

水果类有荔枝、龙眼等。兴化荔枝品质优良,颗粒大,香气足。"闽种荔枝龙眼家,多不自采。吴越贾人春时即入赀,估计其园。吴越人曰断,闽人曰濮。有濮花者、濮孕者、濮青者。树主与濮者,倩惯估乡老为互人。互人环树指示曰,某树得干几许,某少些,某较胜。虽以见时之多寡言,而一日之风雨,之肥瘠,互人皆意而得之,他日摘掊,与所估不甚远。"[5]

龙眼又称桂圆,为江南人所喜爱。明代安海"乡人以荔枝、龙眼焙作干,谓之桂林、桂元,运往温、台、苏、杭、南京等处发卖牟利"。[6]

柑橘是又一重要输出品。《安海志》曰:柑橘"耐搬动,可久藏,乡人远商苏杭、临清、两京,或异域番国"。[7]叶大庄《阳崎杂事》的第二十首咏《橘》注曰:"江上人家,种橘者多,冬至节近,捆载至沪上鬻之。"[8]清代王胜时说:"柑桔一类,俗以黄者为柑,丹者为桔,闽产为天下最,清漳尤称佳。先朝盛时,闽桔之美,达于京师。岁时传柑,非此不乐。"[9]

2) 糖类

福建是重要的产糖地区,糖是重要输出品。明清时期,每年自闽广等地运沪

[1] 宣统《黄渡续志》卷五《人物》。
[2] 王应山:《闽大记》卷一《食货考》。
[3] 王世懋:《闽部疏》,《丛书集成初编》,第3161册。
[4] 唐甄:《潜书》,中华书局,1984年,第157页。
[5] 屈大均:《广东新语》卷一五《货语·葛布》。
[6] 王士性:《广志绎》卷四。
[7] 安海志修志小组:《新编安海志》卷一一,1983年自刊本,第105页。
[8] 叶大庄:《写经斋续集》,光绪玉屏山庄刻本。
[9] 王胜时:《漫游纪略·闽游》。

的糖霜约 50 万担。17 世纪上半叶,闽糖外运甚多。"当极盛时代,糖产不仅自给自足,且有巨量运输国外,近如南洋一带,远如欧美各国,莫不有华糖之踪迹。"[1]泉漳商人"或载糖、靛、鱼翅至上海,小艇拨运姑苏行市,船回则载布匹、纱缎、台绵、凉暖帽子、牛油、金腿、包酒、惠泉酒。至浙江则载绫罗、绵绸、绉纱、湖帕、绒线"[2]。

3)木材类

福建木材销往江南的也很多,清中叶后,福建成为江南输入木材的主要来路。"来自福建者什九,来自本省温州者十之一。来自福建者多佳,大率俱系杉木,其大料间有松木长至八九丈者,一律建货。惟松板则来自温州云。"[3]咸丰年间,上海设立木业公所,商人"领有牌照,赴闽采运来沪"。[4]

4)蓝靛

蓝靛堪称福建的优势产品。江南丝绸棉布的加工均需要蓝靛、苏木等作染料。蓝靛为福建所独优。在江南,汀州商人主要经营蓝靛。民国的《上杭县志》说:"前清嘉道以前,邑人出外经商,以靛青业为最著。据赵志物产云,本邑之种蓝者其利犹少,杭人往南浙作靛,获利难以枚数。此乾隆初年事也。"[5]同治以后,靛市十倍于昔,汀州商人联合各地同业建立靛业公所[6]。经营蓝靛的汀州商人(上杭商人),各地都有会馆。清前期上杭商人主要利用邻近的浙南山区出产靛青的有利条件,大力经营靛青业,活跃于全国重要都会城市,建有县级会馆。建汀帮中之汀州府长汀县、上杭县商人,在江南以经营靛青为主。上海靛业也以汀州商人主导,他们联合各地同业建立靛业公所。

5)纸张

福建纸多取竹为原料。万历年间,福建各地的竹纸制造技术普遍提高,在江南市场上十分走俏,价格节节上升。叶梦珠说:"竹纸如荆川、太史连、古筐、将乐纸,予幼时七十五张一刀,价银不过二分,后渐增长。至崇祯之季,顺治之初,每刀止七十张,价银一钱五分。"[7]地跨长汀、连城、清流和宁化四县的四堡,从明中叶起便以造纸刻书并负贩天下而闻名,他们沿闽江,下江西,到九江,沿江再下抵南京、无锡、湖州、苏杭等地,邹氏、马氏是其代表。福建《光泽乡土志》记载:"北乡白联纸,本境销不满万,余皆由陆路出云际关,运销河口、天津、湖广、上海等处,每岁约十余万担。"[8]

6)其他

茶叶是福建的拳头产品,万历以前,实行贡茶制度,商人不能贩茶。

---

[1] 《制糖工业报告书》,中国经济档案,卷号 04～149。
[2] 黄叔璥:《台海使槎录》卷一。
[3] 颜希琛:《闽政领要》卷中《各属特产》。
[4] 吴馨:《上海县续志》卷三《建置下》。
[5] 民国《上杭县志》卷一〇《实业志》。
[6] 《上海碑刻资料选辑》,上海人民出版社,1980 年,第 371 页。
[7] 叶梦珠:《阅世编》卷七《食货五》。
[8] 邱豫鼎:《光泽乡土志》,清刊本。

烟草在明中叶时被引进福建,在闽南、闽西推广,汀州商人独擅其利,"福烟独著天下,而汀(州)烟以(上)杭、永(定)为盛"。[1]龙岩烟商谢氏家族生意遍及台湾、上海、湖北诸地,烟销达 25 家之多,被乾隆皇帝赐号为"烟魁"的永定条烟丝更是享誉天下。光绪二十二年(1896 年),永定金峰烟商携带条烟由广东汕头到上海销售,从此在江南各大城市遍设烟庄,烟行达数百家,其中资金雄厚、营业较大的,仅在上海就有 30 余家。

福建兰花在江南特别受到推崇。"所谓建兰者,乃漳之蕙也,其值较兰何啻数十倍。"[2]嘉庆元年(1796 年),《第一香笔记》就说:"近今(闽兰)携贩至苏者,不过白花一二,及鱼魫、大叶白、大青等十数种而已。"[3]江南士人受制于供货不足,对"物以稀为贵"的建兰更充满了期求。

上海方面,据咸丰十年(1860 年)的《海陬冶游录》记载,花草滨、三牌楼一带多有花肆,"异蕊名葩,靡月不有",夏秋之交,"建兰素蕙,入座清芬"。[4]由于利润可观,有商人亲自到福建山区取采。光绪二年(1876 年),袁世俊的《兰言述略》谈到:"每年江浙有木头船至福建,水手上山搜掘,运至宁波、乍浦、上海等地沿街挑卖,此种称为'野建兰花',花小而不佳,价钱贱者仅需数百文钱。"[5]木船如何到福建,文中并没有明说。清末上海甚至出现建兰的专卖店。光绪十三年(1887 年)四月,《申报》上有三山主人的广告:"福建素心兰,向聚新开河福森春团记发售,现移小东门内四牌楼常合泰花园,诸君赐顾,惠临采择。"[6]这位福州客商专售福建的素心兰,因卖花的地点变动,故刊登广告通知顾客。泽泻、水仙等山林特产,也是江南所需要的重要商品。民国《建瓯县志》说:泽泻为吉阳特产,运往上海,岁出数十万元。康熙《漳浦县志》谈到水仙:"土产者亦能着花,然自江南来者特盛。"[7]建兰在扬州、安徽各地也均受到推崇,故上海成为进货的重要港口。

沿海北上的南船,向江南输出木材、糖、烟、靛青、纸张、胡椒、苏木、药材、笋干以及各种鲜果、海货、洋货等,运回丝绸、粮食、棉花、棉布、酒及各种工艺品。据《历代宝案》,自康熙四年(1665 年)至咸丰四年(1854 年),由福建各地到江南的失事船只有 5 只,装载红白糖、苏木、百货等;从江南到广东澄海和潮州的失事船只有 2 只,装载棉花、布匹、豆饼、米、豆等货。乾隆十四年(1749 年),福建兴化府船商吴永盛等在台湾装糖到上海,又装茶后往关东买瓜子等货物。同年泉州府船商陈得昌等 20 人前往辽东贸易。[8]

[1] 民国《上杭县志》卷一〇《实业志》。
[2] 吴雷发:《香天谈薮》,上海书店,1994 年,第 115 页。
[3] 朱克柔:《第一香笔记》卷四《附录》,1796 年刊本,第 23 页。
[4] 玉忧生撰,王缙尘校:《海陬冶游录》,世界书局,1936 年,第 4 页。
[5] 袁世俊:《兰言述略》卷三《杂说》,广文书局,1976 年,第 56 页。
[6] 《建兰发售》,《申报》1887 年 4 月 26 日。
[7] 康熙《漳浦县志》卷四《风俗下》。
[8] 《历代宝案》第 5 册,台湾大学印行本,第 2711~2722 页。

四、江南市场上的福建商人

江南市场是在各地商人汇聚于此的基础上而逐渐繁荣的,其中福建商人就是较为活跃的一支。明代,以泉州人为首的福建商人集团,一向将江浙沪作为自己的主要活动领域。

1. 上海地区的福建商人

上海作为中国的主要港口,约始于清代初年。清朝平定台湾之后,在东南沿海设立了四个海关,即云台山、宁波、厦门、广州。云台山即连云港,因其开放之初可供贸易的商品不多,后改为同属江苏省的上海。福建商人一向有经营北海贸易的传统,他们的船只来到上海,运载棉花、丝绸等商品南下,而给上海运去蔗糖、纸张、蜜饯、木材等各种南货,因而上海有了"南货店"之名。上海也是通向日本的贸易中心,福建商人多要到上海申请赴日本的许可证。由于以上理由,当上海开放之后,福建商人很早就来到这里。由于清朝的海禁,中国沿海各地的居民几乎"忘记"了航海技术,而福建人在郑成功、施琅时代一直是中国水师的主力,延续了中国人航海的传统文化。所以,上海一开放,福州海商、潮州海商一起进入上海,垄断了当地的海上事业。乾隆十八年(1753年)江南提督林升君的奏折云:"刘河、川沙、吴淞、上海各口,有闽粤糖船,肆伍月南风时候来江贸易;玖拾月间置买棉花回棹。"[1]这一条史料反映了福建商人在江南的活动规律,十分有价值。清代,福建、台湾与江南三地之间出现了三角贸易。

闽台商人以台湾的糖输至上海,又把从上海购得的江南棉花、棉布、生丝、粮食等商品运到福建;再把从福建购得的各种手工业商品运到台湾;同时,他们从台湾购得粮食运入福建。发达的三角贸易,使福建商团富了起来。康熙年间,上海的闽籍巨商张元隆被巡抚张伯行查处。张伯行说:"今见查出元隆自置船只皆百家姓为号,头号赵元发,二号钱两使,三号李四美,五号周五华之类,则其之意要洋船百只之说不虚矣。又经臣新华亭县经承,据开出元隆在该县冒领照票之船有杨日升等计廿八只,俱非华邑民人,一处如此,其在别县移甲换乙冒领照票当又不止百只矣。"[2]

上海东关外的闽商势力强大,"其地闽粤会馆六七所,类多宏敞壮丽"。[3]建于上海的福建会馆有:泉漳会馆,上海咸瓜街,泉州漳州三县商人建于乾隆二十二年(1757年);建汀会馆,原在上海董家渡,后移翠微庵,建州汀州二府商人建于道光五年(1825年);三山会馆,上海福州路,福州建宁二府商人,光绪二十三年(1897年);沪南果桔三山会馆,上海火车站旁,福州果桔商人,光绪末年;花

[1] 《宫中档乾隆朝奏折》第5辑,"台北故宫博物院",1988年影印本,第680～690页。
[2] 张伯行:《正谊堂文集》卷二《沥陈被诬始末疏》。
[3] 王韬:《瀛壖杂志》,《中国近代史料丛刊》第39辑,文海出版社,1966年,第33、34页。

糖洋货公所,上海豫园,汀泉漳三府花糖洋行商,道光初年。其中规模最大的是泉漳会馆,"上海泉漳会馆建自乾隆年间,其'规模之宏远,气象之堂皇,横览各帮,洵无多让'"。[1]道光十一年(1831年),上海县为泉漳会馆立地产不准盗卖告示碑,有协盛号等51座商号署名;道光十二年(1832年)的兴建泉漳会馆碑,上载48艘船以及42座商号捐款;咸丰七年(1857年)的重建泉漳会馆捐款碑,共载70艘船捐款,可见泉漳会馆实力非凡。

五口通商之后,福建与江南一带"船去棉花返"的贸易形式仍在继续。王韬的《瀛壖杂志》说:"黄浦之利,商贾主之。每岁番舶云集,闽粤之人居多。土著之远涉重漳者不过十之一二,皆于东城外列肆贮货,利最溥者为花糖行,当深秋时,木棉空野,碾去花核者曰花衣,行中代闽粤诸商贱值售之……闽粤大商多在东关外,粤则从汕头,闽则从台湾运糖至沪,所售动以百万金,于沪则收买木棉载回。"[2]

闽商是航商兼营的商帮,上海是闽商北洋和南洋航线上的重要据点。当时上海县城大小东门之间的咸瓜街(现为东门路到复兴东路)、洋行街、北门郑家木桥街一带(现为福建南路)为上海商业中心。咸瓜街为南市的商贸中心,后来发展起来的郑家木桥一带称北市。上海闽商所经营的糖商业、海味业、南北货、檀香桂圆等业,在南北市都有商铺。咸瓜街也是上海闽商的聚集地,泉漳会馆即建于此街。明清时期,泉漳来沪蔗糖、干果和海产均聚集于此,特别是海产,冷藏而来的称"冰鲜",腌制过的称"咸鲜"。

上海闽商在开埠前后,所从事的行业经历过一个变化。开埠前,主要经营食糖、豆米杂粮、棉花、棉布、丝、木材、烟草、纸张、靛青、花木、海味等。其中福州商人主要从事木材、花木、洋货南货、果橘等,是清代向江南输入木材特别是福建木材的主力;泉漳商人在上海与家乡之间主要从事生丝丝绸、棉花棉布、蔗糖等船运贸易,是向家乡输入棉花、绸布,而向江南输出蔗糖的主力;建汀商人特别是建宁商人以纸、棕二业为最大宗行业,汀州府商人在苏州乃至江南主要是上杭帮和永定帮,经营纸张书籍、烟业等,是向江南输入纸张特别是闽纸的主力,该帮商人在上海和乍浦海口也经营蓝靛,是向江南输入"福靛"的主力;兴化商人主要经营桂圆、荔枝、烟草、烟丝等业。沿海帆船贸易衰落后,上海闽商是上述这些商品批发代理的大帮。糖商业:上海闽商中的泉漳商人多以此起家,"糖去棉花还"。后来又有了进口的菲律宾黄糖,爪哇糖等。闽商凭借与南洋的密切关系,在糖的进口行业中一直占据主导地位。豆米杂粮业:三山会馆、泉漳会馆、晋惠会馆掌控着这一行业。三所会馆后来均加入上海杂粮油豆饼同业公会。纸商业:福建竹纸始于宋代,明代极盛,连边纸、毛边纸均受到人们喜爱。建宁、汀州二府商人主要经营纸与棕。民国初年,这部分业务急剧消失。棉布商业,土布、洋布,均由上海运出到福建。橡胶业,陈嘉庚、黄仲涵是其代表。闽商金融业,叶鸿英、黄奕住是其代表。

---

[1]《重修泉漳会馆碑》,《上海碑刻资料选辑》,第244页。

[2] 王韬:《瀛壖杂志》,第33、34页。

2. 苏州地区的福建商人

清代的苏州是江南最繁华的城市,也是福建商人麇集之地。例如安平的王氏商人,三代人贸易吴中,前两代有得有失,至第三代"贾大进,廓增溢羡,为安平巨家"。[1]再如"泉州府客人孙滔,为人诚实,有长者风。带银百余两,往南京买布。"[2]除了泉州商人外,各地福建人都到江浙城市贸易,连城人谢超"商于潮……又商于吴,时告逋不下千余缗,超取券焚之,卒无所责",[3]如"宁城一人,姓李名英,年二十余岁,聪明洒脱,惟耽酒色。常买夏布,往苏州阊门外,寓牙人陈四店,其店兼卖白酒"。[4]"富人左东溪,止生一子少山,常带千金财本,往南京买卖。"[5]江南的城市中常见福建商人,"经纪廖三号龙潭者,有女名淑姬,年方二八,尚未配人……客人张鲁,年二十余岁,磊落俊雅,颇谙诗书,浪迹江湖。一日,买闽笋数十担,在廖三店中发卖,不时遇风,都放账未收"。[6]

雍正年间,署江苏巡抚何天培说:"福建客商出疆贸易者,各省码头皆有,而苏州南濠一带,客商聚集尤多,历来如是。查系俱有行业之商。"[7]苏州织造胡凤翚也说:"阊门南濠一带,客商辐辏,大半福建人民,几及万有余人。"[8]清代朱仕琇说余氏商人出贾苏州:"吴俗奢丽,自阊门至枫桥多闽中海贾,各饰郡邸,时节张灯陈百戏,过从宴犒艳服,以财相炫。"[9]福建商人在南濠一带建了许多会馆:三山会馆,位于苏州万年桥大街,福州商人建于明万历年间;霞章会馆,位于苏州阊门外南濠街,漳州商人建于清康熙三十六年(1697年);邵武会馆,位于苏州阊门外南濠街,邵武商人建于清康熙五十六年(1716年);汀州会馆,位于苏州阊门外上塘街,汀州纸商建于清康熙五十七年(1717年);兴安会馆,位于苏州阊门外南濠街,兴化商人建于清康熙年间;泉州会馆,位于苏州阊门外张家花园南,泉州商人建于清康熙年间;延建会馆,位于苏州曹家巷,延平、建宁二府商人建于清雍正十一年(1733年)。

清道光十年(1830年)苏州重修三山会馆。捐款的福州商人有洋帮32人,干果帮16人,青果帮16人,丝帮29人,花帮20人,紫竹帮3人,共计116人。诸行领头人中,洋帮的林建盛捐光洋200元,干果帮生记号捐光洋50元,青果帮同发号捐光洋18元,丝帮方永耕捐光洋40元。苏州的汀州会馆是汀州纸商与烟商共建的会馆。碑刻记载:"苏垣汀州会馆,在吴阊门外,上津桥之东。康熙五十七年,吾乡上杭六串纸帮集资创建,取名汀州,意示大公。其实为上杭纸业之

---

[1] 王慎中:《王遵岩集》卷一二《处士易直王翁墓志铭》。
[2] 张应俞:《杜骗新书》第三类《换银骗》。
[3] 康熙《连城县志》卷七《人物》。
[4] 张应俞:《杜骗新书》第三类《换银骗》。
[5] 同上。
[6] 同上书,第十七类《奸情骗》。
[7] 《雍正朱批谕旨》,卷二〇〇,雍正元年五月四日何天培奏。
[8] 同上书,雍正元年五月四日胡凤翚奏。
[9] 朱仕琇:《梅崖居士文集》卷八。

一部分也。"[1]清末,上杭纸商遇到困难,"其时在苏上杭商业不振,纸商罕至。适永定皮丝烟帮议建龙冈会馆,观察乃聚杭、永两邑君子而谋曰:'永定本为上杭之分县,不如合而为一。恢复汀馆故址,借联乡谊。'从蒉其议。遂于光绪丁亥秋……约计工程所需达万金,于烟捐中筹拨两千二百元,杭永两帮各任一千三百元。凡旅居江浙之杭永等邑官商,咸各助金若干,工赖以成"。[2]

3. 浙北地区的福建商人

浙江北部的乍浦是清代江南的主要口岸之一。乍浦的发展主要在清代。当地人回顾说:"乍浦自前明倭警后,居民仅百余家,地甚荒落。海禁既弛以来,生齿人多,闽粤瓯越,诸商贾雁户云集,异时荒榛,宿奔之墟。今皆高檐邃宇,鳞次栉比。市中鱼盐蜃蛤,海物填委,犀珠香象,翠毛重绣之属,航深逾岭,自远而至。"[3]当时,闽浙之间的木材贸易极盛。乍浦"大约逐年进口税数,木当其五之二,糖及甬商所带洋货当其五之一,其余南来无数杂货当其五之二"。[4]乍浦是江南各口岸的木材批发中心。"木货,自吾浙嘉湖二郡并江南苏松常等郡,所在棺料、屋料,多取给焉。……大率俱系杉木,其大料间有松木长至八九丈者。一皆建货。惟松板则来自温州云。福省之南台镇为木植凑集总所,乍浦木商逐号请人坐庄彼处,陆续置办。另有办宁德、福安货者,为数无多,则就地输税出口,此为宁德福安帮。"[5]如其所云,福建出口浙江的木材主要来自闽北和闽东,其中闽北建州的木材最受推崇。

福建余正健的《三山会馆序》:"闽省之贸迁于乍浦者不一事,而业杉者十居二三。"[6]他们在乍浦建有会馆。"自海禁既弛以后,闽人之间于乍浦者,各建祀天后,用酬航海安澜之庇,亦称天后宫,在南门内者为三山会馆,即李确蠖园遗址,基广八亩九分九厘。康熙四十五年福州诸商江联公、张明敬、郑锡侯等建,置田延僧,永香火焉。"[7]"在南门外者,萧山街为莆阳会馆,乾隆十三年兴化诸商陈文芹、林大岳、吴云裕等建,基广一亩。"[8]此外,当地还有汀州人的鄞江会馆。

4. 浙南地区的福建商人

浙南是江南的延伸区域,这里是苎麻产地,福建商人常来采购。"(温州府永嘉县)本县呈详:商民林厚源、陈聚源、欧万和、吴孟利、苏万茂、吕瑞隆、黄永泰、俞立生、林文茂、郑泰元等呈请:身等航海贩运南海,来瓯贸易,转买苎麻到瓯,每于打捆之际,每件内藏麻顶、苎壳两条,名曰'尾步',约重三四斤不等,再每件外插青茅竹根一枝,名为'竹标',约重二斤不等。但苎麻每件仅重五十斤,内外遭此藏插标步,致俞加壹,甚则一五不等,以致身等屡亏资本,裹足不前,曾于乾隆

---

[1] 《汀州会馆碑记》,《江苏省明清以来碑刻资料选集》,三联书店,1959 年,第 358 页。
[2] 同上。
[3] 道光《乍浦备志》序一。
[4] 《乍浦备志》卷三《城池》。
[5] 同上书,卷六《关梁》。
[6] 乾隆《乍浦志》卷一《城市》。
[7] 同上。
[8] 同上。

十二年六月内,集同众立规。""乾隆二十三年十月日给闽省众商:林合兴、周源兴、吴泰武、吴恒顺、陈大盛、张顺益、侯兴源、林锦盛、李永发、刘大林、赵□□、黄日裕、郑源美、潘万茂、方恒聚、吴合利、陈协茂、戴永聚、彭集利、林厚源、吴万春等,公请勒石严禁,碑存天后宫内。"[1]这一通碑刻显示,闽商在浙南的活动已成气候。

五、福建市场上的江南商人

由于福建连接海内外,又是海禁政策相对宽松的区域,江南一带的商人有的便直接到福建境内经商。如"游天生,徽州府人。丰采俊雅,好装饰。尝同一仆徐丁携本银五百余两,往建宁府买铁"。[2]徽州人是江南诸府中最有名的商人,不论什么城市,几乎都少不了徽州商人。他们经营对福建贸易是经常的。又如"徽州人丁达,为人好善喜舍。一日,与友林泽往海澄买椒木,到临清等处发卖,货已卖迄"。[3]而泉州长市人做的假发,大都卖给徽商。何乔远《闽书》记载,崇安县有两位徽商各自负责一座桥梁的建造,"自万历庚子(1600年)岁五月兴工,九月而落成。既成,公名其二桥成于崇人者,曰聚善、曰会祥。徽之二贾,一姓程名希彦,一姓洪名良弼,公名其成于程者曰高程,成为洪者曰洪济。盖崇人糜白金二斤,徽二贾糜白金千有余"。[4]

他们之中不乏大商人,"张沛,徽州休宁人,大贾也。财本数千两,在瓜州买棉花三百余担。歙县刘兴,乃孤苦仄民,一向出外肩挑买卖,十余载未归家,苦积财本七十余两,亦到此店买棉花,二人同府异县,沛一相见,乡语相同,以为梓里,意气相投,有如兄弟焉。棉花各买毕,同在福建省城陈四店卖,房舍与沛内外。"[5]有的人还参加福建的海上贸易,徽州商人许本善"将服贾,资斧不具。伯予千金,乃贩缯航海而贾岛中,赢得百倍,舟薄浯屿,群盗悉掠之"。[6]这条史料表明,当时徽商还参加了漳州一带的对外贸易。其实,与倭寇活动密切相关的海盗商人汪直便自承:"臣直觅利商海,卖货浙福,与人同利。"[7]其他外省人也每每经营江浙与福建的贸易。如"罗四维,南京凤阳府临淮县人。同仆程三郎带银一百余两往松江买梭布,往福建建宁府贩卖,复往崇安买笋"。[8]这位商人往来于福建与松江之间,在福建出售江南的梭布,而在江南出售福建的笋干。再如"陆梦麟,江西进贤人,往福建海澄县买胡椒十余担,复往芜湖发卖,有一客

[1] 光绪《永嘉县志》卷一二《志文》。
[2] 张应俞:《杜骗新书》第八类《露财骗》。
[3] 同上书,第十九类《拐带骗》。
[4] 何乔远:《四桥记》,《崇安县志》卷二《津梁》。
[5] 张应俞:《杜骗新书》第九类《谋财骗》。
[6] 《重修骨歙东国许宗宗谱》卷九《许全善传》。
[7] 采九德:《倭变事略》,引汪直《自明疏》。
[8] 张应俞:《杜骗新书》第十二类《在船骗》。

伙,将硼砂一担对换,余者以银伐之。次日,叫店家写舵公陈涯四船,直到建宁"。[1]

王在晋的《越镌》记载:浙江人"先往福建收买杉木,在定海交卸"。浙江商人说:"吾浙与闽省连疆,而材木之用,半取给于闽,每岁乡人以海舶载木出五虎门,由海道连运者,遍于两浙。故台江之中洲,吾乡人之为木商者咸集焉。"[2]

在当时的闽浙商道上,有不少商人往来,他们将福建的货物运到江南,也将江南的货物运到福建。这些商人,不仅有福建商人,也有江南的徽州商人,并且不断有其他各地商人加入这条贸易线路,他们的共同努力,使两地间的贸易兴盛起来。由此可见,明末的福建与江浙两地已经结成紧密的贸易关系,双方经济的发展,都有赖于对方的市场、原料和资本。在正常的经济条件下,闽浙之间的贸易促进了双方的繁荣。换句话说,明末江浙与福建的繁荣,在很大程度上依赖于双方的贸易。而其依赖程度之深,不言而喻。

明清江南城市的奢华风气,对全国各地的城市都产生了巨大的影响,福建自不例外。李世熊的《宁化县志》说:"往承平时,白下、阊门之贾,岁再往还,里巷衣冠。必曰京式,器御酒果,非吴下不珍。"[3]江浙习俗,大大改变了闽人的习俗。泰宁县人说:"泰之产只苎布耳,苎布之外,一丝一絮,必易于外。而今之富民子弟,服必罗绮,色必红紫,长袖大带,自为得意。一人倡之,十人效之,浮侈志淫,可为太息。"[4]漳州"中人家才自存,伶聘环堵,亦自强自修饰,为乡里颜面焉。人无贵贱,多衣绮绣"。[5]这就造成了社会消费水平的普遍上升,而江南的商品在福建极为流行。以服装原料为例,过去闽人冬夏不过一件苎布衣裳,而到了明清,闽人在夏天穿丝绸和苎布,冬天穿棉布衣服,并用丝绵及棉絮做夹袄,这都造成了丝绸与棉布、棉花消费的增加。福建本土生产的生丝不如江南的质量好,而多雨的气候不适合广泛种植棉花,因此,闽人对丝绸、棉类商品的消费,导致了江南丝绸与棉布的大量输入。

六、福建江浙沪航线的延展

康熙二十三年(1683 年)"展海令"颁布后,闽越江浙分别设立了海关。上海成为连接南北贸易的枢纽,由上海向北行驶北洋航线的大多是沙船,称北船;向南行驶南洋航线的大多是鸟船,称南船。开关之初,江南与南北洋的贸易,通过刘家港、上海、乍浦三个口岸进行。由于刘家港出水量减少,港口逐渐淤塞,大型船只靠泊日益困难,乾隆初年开始即有商船不遵旧制越收上海。乾隆末年,浏河

[1] 张应俞:《杜骗新书》第十二类《在船骗》。
[2] 王在晋:《越镌》卷二一《通番》,《四库禁毁书丛刊》第 104 册,第 495～496 页。
[3] 康熙《宁化县志》卷一《风俗志》。
[4] 万历《邵武府志》卷一〇《风俗》。
[5] 万历《彰州府志》卷二六《风土志》。

国家航海　第五辑

National
Maritime Research

明清福建与江浙沪的海上商
品贸易互动

071

口淤塞严重,在商人们一再呼吁下,嘉庆十三年(1808 年)改泊上海,从此浏河口不再有船停泊。嘉道年间,"沙船聚于上海,约三千五六百号。其船大者载官斛三千石,小者千五六百石"。[1] 成书于日本明和年间的《长崎实录大全》称,在上海、乍浦两地,各地唐船集于其地,互成交易所运载的织物、药材、粗货、各种器物等形成数百行。江南、浙江、福建等商民携银购物由此输出,尤以从宁波、普陀山、福州、厦门、广东来的船为最多。乾嘉时期,"南北物资交流,悉借沙船,南市十六铺以内,帆樯如林,蔚为奇观。每日满载东北、闽广各地土货而来,易取上海所有百货而去"。[2] 上海取代浏河港之后,与乍浦港展开竞争,其优越的地理位置,使它很快战胜了竞争对手,成为江南最大出海口。上海成长为全国市场的中心地,"凡北方所产粮、豆、枣、梨运来江浙,每年不下一千万石"。由上海运往北方的主要有丝织品、茶叶、棉花、棉布等。苏松地区所产的棉花、棉布,经由上海转销浙江、福建、广东等地,而这些地方出产的糖、纸、茶、胡椒、海产等,亦经由上海转销长江各埠。鸦片战争前,欧洲来的船舶主要集中于广州,从南洋来的商船集中于厦门,商品再由闽广转运到上海。上海也有国外航线,主要是华侨经营的船舶,往来于上海、日本、朝鲜和东南亚诸国。这样,福建与江苏都只是南北航线上的重要节点,而非端点。通过福建和江苏,南北贸易不断向外延展。

清代南北贸易的重要发展是沿海北洋航线的开通。北洋航线由上海绕山东半岛到天津,辟于元代,但基本上是官漕;明代废海漕,航道几乎湮灭。清代重辟北洋航线,并由天津延至营口,与辽河联运。每年沙船运北方豆、麦、枣等到江浙;运布、茶、糖等南货去华北、东北。北洋航线成为南北大干线,直到铁路兴建才发生变化。

上海开埠之初,列强是把上海作为进入苏州的门户来开发的。出乎意料的是,由于运河的不畅通,苏州越来越丧失江南中心城市的地位,而上海的发展非常迅速,很快取代了苏州的中心地位,并迅速成长为全国市场的中心地。尽管福建商人在国内贸易中以江南贸易为重点,但就上海的南北洋航线和繁忙程度来看,北洋航线又甚于南洋航线,说明江南对外的经济联系与华北、东北地区较之闽粤地区更为重要。

福建海洋贸易传统依赖于"以海为田"的习俗、丰富的自然资源以及过硬的航海技术。福建与江浙的贸易受到政府政策、国际贸易大势的影响。江浙、上海的经济起飞与福建商人的积极努力密不可分。其他地区的商人参与了福建与江浙间的贸易活动,驱动了两地的经济发展。

[1]　齐彦槐:《海运南漕议》,《清经世文编》卷四八。
[2]　中国人民银行上海市分行:《上海钱庄史料》,上海人民出版社,1960 年,第 6 页。

Maritime Commerce between Fujian and Jiangzhehu during the Ming and Qing Dynasties

Abstract: Under the policy of ban on maritime trade , Fujian maritime merchants chosen a road to exploit toward northern coastal areas. Jiangzhehu region was much developed area in hand – industry, cotton textile and silk textile were most developed ones, Fujian province is prolific zone of semitropical fruits. Fujian and Jiangzhehu need change each other, and Maritime commerce road is a economical road. People working in those boats came from different regions and different orders . This was an important road in relieving commodity in the Qing dynasty, and the same time this road linked up the international trade roads and exert its function of China and other nations. It adapted the trend of world economic integration.

Keywords: The Ming and Qing Dynasties, Fujian Maritime Merchants, Jiangzhehu Region

南京静海寺残碑与郑和宝船

席龙飞*

（武汉　武汉理工大学造船史研究中心　430063）

摘　要： 南京静海寺残碑于 1936 年为郑鹤声教授发现，碑文仅存 145 字。从文字风格、书法水平、镌刻精度方面分析，其与郑和所立娄东《通番事迹之记》碑、长乐《天妃灵应之记》碑相差较大。很难认定立碑人就是郑和。即使说此碑为郑和所立，也不能将碑中所记的二千料海船视为宝船。郑鹤声教授认为：二千料海船是将领官军所乘驾的战座船，宝船与之有别。

关键词： 静海寺　残碑　郑和　宝船

一、南京静海寺残碑

　　清康熙《江宁府志》记载："静海寺在仪凤门外卢龙山之麓。明永乐间，命使海外，风波无警，因建寺。赐命静海。"

　　南京静海寺自永乐中创建后，正德、万历、乾隆间三次重修，于道光十二年（1832 年）被火焚毁，嗣后再经重修。道光二十二年（1842 年）第一次鸦片战争失败后，曾在此寺签订中英《南京条约》。在太平天国战争中，静海寺再度被毁，事后由静海寺和尚再行募修。

　　1936 年，兼职于南京中央大学的郑鹤声教授，曾数度往游静海寺并发现残碑。因其残破，故寺僧不知何时嵌之于寺西侧厨房壁间。1937 年冬，日军进攻南京，此寺于是年 12 月 10 日大半被毁。1945 年抗战胜利后，郑鹤声旧地重访遗碑，遍觅不得，深为惋惜。据南京静海寺残碑的拓片记载（图一）：

　　　　……帝敕建弘仁普济天妃之宫于都城外龙江之上，以……帝复建静海禅寺，用显法门，诚千古之佳胜，岂偶然之……

　　　　永乐三年（1405 年），将领官军乘驾二千料海船并八橹船……清海道……

* 作者简介：席龙飞，男，吉林梅口市人，教授，研究方向为船舶设计、中国造船史。

永乐四年(1406 年)，大宗海船驻于旧港海口，即古之三佛齐……
首陈祖义、金志名等，于永乐五年(1407 年)七月内回京。由是……
永乐七年(1409 年)，将领官军乘驾一千五百料海船并八橹船。……其
国王阿烈苦奈儿谋劫钱粮船只，事……阿烈苦奈儿并家……[1]

以上不计标点和括号内注记的公历年份，共 145 字。

图一　南京静海寺残碑照片(采自《郑和史诗》)

[1]　郑鹤声、郑一钧编：《郑和下西洋资料汇编》(中)，海洋出版社，2003 年，第 1047 页。

二、残碑与娄东《通番事迹之记》碑及
长乐《天妃灵应之记》碑的比较

（一）静海寺残碑残留的字数太少

宣德六年（1431 年）由正使太监郑和、王景弘以及副使太监朱良等在娄东刘家港天妃行宫所立的《通番事迹之记》[1]碑，碑文 1100 多字（图二）；宣德六年由正使太监郑和、王景弘，以及副使太监李兴、朱良等在福建长乐南山天妃行宫所立的《天妃灵应之记》[2]碑，碑文 1700 多字（图三）。而南京静海寺残碑，仅存碑文 145 字，约为另两块碑字数的 1/8 和 1/12。

（二）静海寺残碑书法拙劣、镌刻粗糙

从拓片看，长乐《天妃灵应之记》碑书法秀美、镌刻精湛。娄东《通番事迹之记》碑，目前看到的是 1985 年仿原碑重刻的，也是书法秀美、镌刻精湛。两碑因为是同年所立的，文字均简练通畅、气势恢弘。

长乐《天妃灵应之记》碑，对此事则记为：

> 永乐三年，统领舟师至古里等国。时海寇陈祖义聚众三佛齐国，劫掠番商，亦来犯我舟师。即有神兵阴助，一鼓而殄灭之，至五年回。

娄东《通番事迹之记》碑中在讲到永乐三年时写道：

> 永乐三年，统领舟师往古里等国。时海寇陈祖义等，聚众于三佛齐国，抄掠番商，生擒厥魁，至五年回还。

静海寺残碑字句繁琐，将"至五年回"、"至五年回还"写成"于永乐五年七月内回京"；通番、灵应两碑只写"海寇陈祖义"，而南京静海寺碑还加"金志名等"。

讲到永乐七年谋害舟师时，两碑都是"其王亚烈苦奈儿，负固不恭，谋害舟师"，而南京静海寺碑则是"其国王阿烈苦奈儿谋劫钱粮船只"。这里将"王"写成"国王"，将"亚"字写成"阿"字。

（三）娄东和长乐两碑气势恢弘

长乐《天妃灵应之记》碑写道：

---

[1]　周文林等编著：《郑和史诗》，云南晨光出版社等，2005 年，第 125 页。
[2]　同上书，第 13 页。

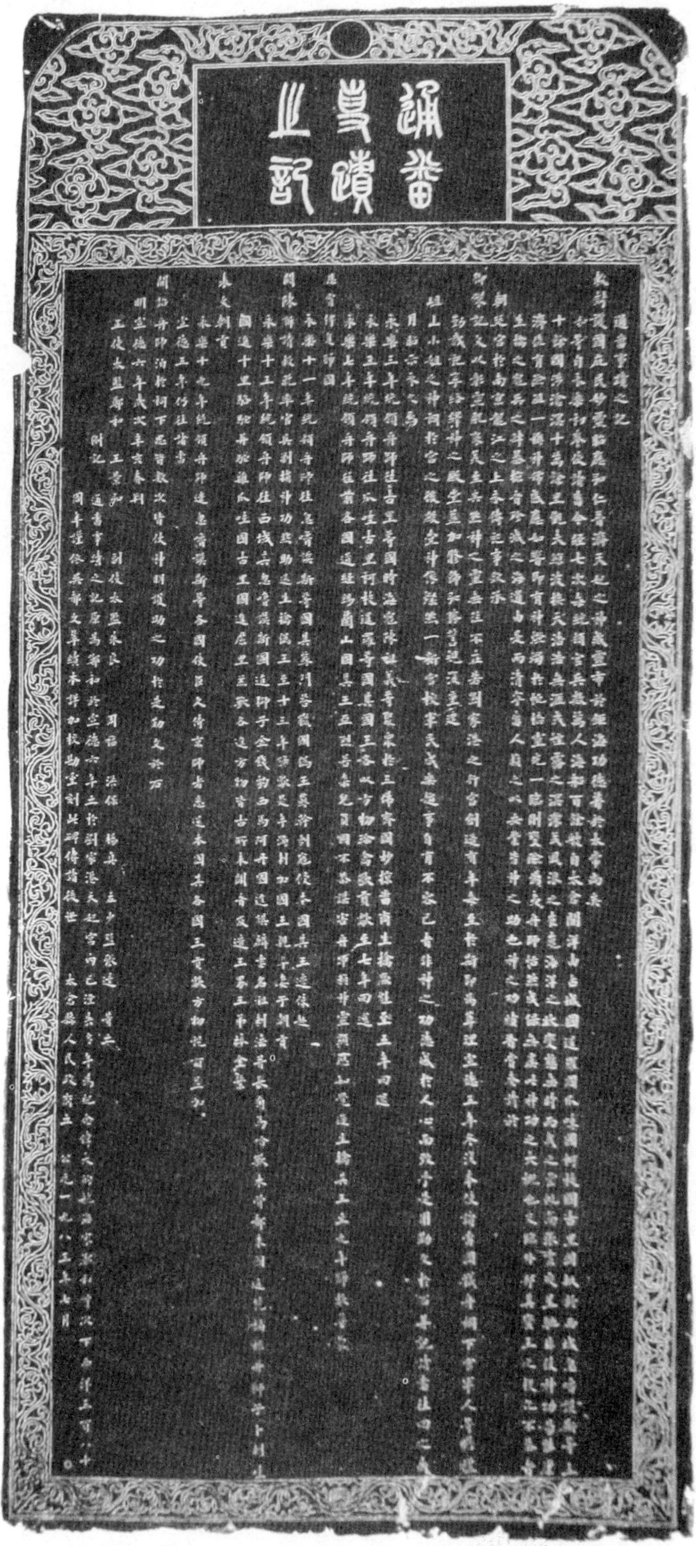

图二　《通番事迹之记》碑（采自《郑和史诗》）

图三　《天妃灵应之记》碑（采自《郑和史诗》）

观夫海洋，洪涛接天，巨浪如山，视诸异域，迥（同迴）隔于烟霞缥缈之间，而我之云帆高张，昼夜星驰，涉彼狂澜，若履通衢者，诚荷朝廷威福之致，尤赖天妃之神护佑之德也。

娄东《通番事迹之记》碑写道：

观夫鲸波接天，浩浩无涯，或烟雾之溟蒙，或风浪之崔嵬。海洋之状，变态无时，而我之云帆高张，昼夜星驰，非仗神助，曷能康济？

（四）唯有南京静海寺残碑记有"将领官军"和三种船型

《通番事迹之记》碑和《天妃灵应之记》碑虽然有 1100 和 1700 多字，但是既没有"将领官军"字样，也没有提到任何船型；既没有说"宝船"，也没有写"二千料海船"和"八橹船"。

《明永乐实录》卷五五，有永乐六年正月十八日命工部造宝船 48 艘的记载。如果说到下西洋的船舶，该两碑或应提到各种船型，但是没有。唯有静海寺残碑，虽然只有 145 字，但是却两次提到"将领官军"，更提到"二千料海船"、"一千五百料海船"，还两次提到"八橹船"。

国内部分学者认为南京静海寺碑为郑和所立，碑中提到的"二千料海船"就是宝船。对此应该如何认定呢？

三、南京静海寺碑究竟是谁立的

鉴于静海寺残碑中写有"永乐三年"、"永乐五年"、"永乐七年"等字样，这正是郑和第一、二、三次奉令出使西洋之年；所记海盗陈祖义也是郑和舟师所捕获的；锡兰国王亚烈苦奈儿也曾被郑和舟师所擒，这很自然地会让人认为此碑为正使太监郑和等所立。静海寺残碑的发现者郑鹤声教授也认为其是郑和所立的，并将南京静海寺残碑拓片的文字收入《郑和下西洋资料汇编》。

但是也有人提出质疑。文尚光研究员指出，此碑既无立碑年月，也无立碑人。碑中"提到的永乐三年、五年、七年，正是郑和第一、二、三次奉使西洋之年，但在这几年内奉使出洋者，除郑和外还有十余起之多"。[1]

鉴于郑和在娄东刘家港所立《通番事迹之记》碑以及在福建长乐所立《天妃

---

[1]　文尚光：《郑和宝船尺度考辨》，原载《武汉水运工程学院学报》1984 年第 4 期；收入《郑和下西洋研究文选（1905～2005）》，海洋出版社，2005 年，第 650～658 页。

灵应之记》碑，书法秀美、镌刻精湛，文字气势恢弘，而南京静海寺碑则书法拙劣、镌刻粗糙，文字也较为繁琐；南京静海寺碑现在看得见的虽只有145字，但讲的是"将领官军"和具体的船型。笔者以为文尚光的质疑不无道理。

即使退一步说，此南京静海寺碑确为郑和等人所立，那么，能将"二千料海船"当作"宝船"吗？

四、南京静海寺残碑与郑和宝船

南京静海寺残碑的发现者郑鹤声教授，对"二千料海船"和"一千五百料海船"有精当的分析。

郑鹤声、郑一钧在《略论郑和下西洋的船》一文中写道："我们认为南京静海寺残碑中所记一千五百料、二千料海船，应为由'将领官军乘驾'的军舰，是一种以运载广大的下洋'将领官军'为主，兼有作战性能的海船。……可以统称之为'战座船'，是郑和船队中的主要船型之一，却不是最大的宝船。""郑和宝船，与此有别，应为郑和、王景弘等领导成员乘坐的旗舰，或为使团重要成员、外国使节、一般行政官员和技术人员等非军事人员所乘坐的以及装载大宗'宝货'的船只。"[1]

文尚光研究员针对有些学者拿静海寺残碑说事，他在分析了"静海寺残碑"与郑和所立两碑几处差别之后写道："一个尚难论定的'残碑'，怎么能将七种明白载有宝船尺度的历史文献一笔勾销呢？"文先生在文章中还写道："明白载有宝船尺度的历史文献有明钞说集本《瀛涯胜览》、《三宝征彝集》、《郑和家谱》、《客座赘语》、《西洋通俗演义》、《国榷》、《明史·郑和传》等七种。"

笔者也不确认南京静海寺碑为郑和所立，更不赞成"二千料海船"就是郑和宝船的观点。笔者在《大型郑和宝船的存在及其出现的年代探析》[2]一文中，以确凿的资料分析证明：长四十四丈四尺的大型宝船是存在的，不过在第一、第二和第三次出洋时却并没有出现。在永乐六年"命工部建造宝船四十八艘"的上谕中才首次出现"宝船"字样，此宝船当由工部在南京宝船厂建造。在永乐六年下诏后开始建造的宝船当来不及用于永乐七年的第三次出洋，其在永乐十一年第四次下西洋时才第一次出现，并为同年随船出洋的通事马欢所看见和经历，并记录在他的《瀛涯胜览》之中。

笔者在《郑和宝船研究的进展》[3]一文中提到，国际知名学者如法国学者伯希和、英国学者李约瑟、日本学者寺田隆信和美国学者李露晔等，都对大型的

[1] 郑鹤声、郑一钧：《略论郑和下西洋的船》，原载《文史哲》1984年第3期；收入《郑和下西洋论文集》第一集，人民交通出版社，1985年。
[2] 席龙飞：《大型郑和宝船的存在及其出现的年代探析》，2009年9月20日在首届世界华人郑和论坛（台北）上宣读，载于《海交史研究》2010年第1期，第55~65页。
[3] 席龙飞：《郑和宝船研究的进展》，《中国航海文化之地位与使命》，上海书店出版社，2011年，第220~228页。

郑和宝船有肯定性评价。

　　文中特别提到：经国家文物局批准，南京市博物馆于 2003 年 8 月起对南京宝船厂遗址的第六作塘（泥船坞）进行了考古发掘，出土文物极丰。《宝船厂遗址——南京明宝船厂六作塘考古报告》[1]已由文物出版社出版。这是对研究郑和下西洋及其宝船带有突破性、有重要学术价值的考古成果。笔者以为，由于南京宝船厂遗址考古发掘成果的存在，再想否定郑和宝船就会变得十分困难了。

　　在 2010 年马六甲郑和下西洋国际学术会议上，南京的赵志刚先生披露：新近在南京发掘的副使太监洪保的墓志铭中，有"五千料"大福号船的信息。那么，今后是否会有人要拿"五千料"大福号船来充当大型宝船呢？我们将拭目以待。

---

[1]　南京市博物馆：《宝船厂遗址——南京明宝船厂六作塘考古报告》，文物出版社，2006 年。

The Residual Tablet of Jinghai Temple in Nanjing and Zheng He's Treasure Ships

Abstract: The residual tablet of Jinghai temple in Nanjing was found by Professor Zheng Hesheng with only 145 words reserved on it. Through analysis on the literary style, Calligraphy level and engraving accuracy of the inscriptions, substantial differences were found between the residualtablet of Jinghai temple and other two tablets set by Zheng He, which are "story of trading with foreign countries" in Loudong and "story of goddess' effective respond" in Changle. So the conclusion that the Jinghai tablet was set by Zheng He cannot be drawn. Presume it was set by Zheng He, the mentioned 2000 liao (an ancient Chinese unit represents weight or deadweight of ship) ship can not be regarded as Zheng He's treasure ship. Professor Zheng suggested that 2000 liao ship was a warship rode by generals and it differed from Zheng He's treasure ships.

Keywords: Jinghai Temple, Residual Tablet, Zheng He, Treasure Ship

康熙朝漕粮未能实现海运原因探析

易惠莉*

（上海 华东师范大学 200000）

摘 要："清承明制"固为定论，然而清代相对于明代有政制方面的创新，亦无可否认，而且其政制创新基本上底定于康熙一朝。康熙在平定郑氏据台割据势力的次年，即1684年，实施全面解除海禁的政策；再在1700年创始八旗"生息银两"制度，即政府低息贷款于满洲八旗和汉军八旗人员从事经营活动，并将之首先推广于中日长崎洋铜贸易的领域。康熙此两项举措的动机，在很大程度上源自钱制改革，以解决满清建国以来持续恶化的钱制危机。但是在与钱制危机同样严峻的河、漕两大内政困境问题上，却完全不见康熙有以海上交通寻求解决之途的任何决策动向的踪影。本文拟在档案史料的基础上，兼及具体人和事两方面，追踪康熙在河、漕两大内政困境问题上的立场和处置方式，探析漕粮海运未能在康熙朝实现的原因。

关键词：康熙 海洋事务 漕粮海运 河工

"清承明制"固为定论，然而清代相对于明代有政制方面的创新，亦无可否认，其政制创新基本上底定于康熙一朝。其中包括事关构建清代国家的政治意识形态者，如康熙九年(1670年)颁布的《圣谕十六条》，康熙十八年(1679年)启动的修《明史》工程；又有事关清代外交以及边疆政策者，如康熙二十八年(1689年)签订对俄的《尼布楚条约》，以及以长崎中日贸易为窗口的对日关系格局政策的确立等等。维持以长崎贸易为窗口的对日关系格局，虽然有清代建国之初低调处置对日关系问题的既定国策的延续性，但对于康熙一朝的朝政而言，却因其事涉海上事务而意义非常。首先，康熙在二十三年(1684年)即平定郑氏据台割据势力的次年，实施全面解除海禁的政策；康熙三十九年(1700年)创始八旗"生息银两"制度，即政府低息贷款于满洲八旗和汉军八旗人员从事经营活动，并将之首先推广于中日长崎洋铜贸易的领域。康熙此两项举措的动机，在很大程度

---

* 作者简介：易惠莉，女，四川乐山人，历史学博士，华东师范大学中国现代思想文化研究所暨历史系教授，研究方向主要为中国晚清史。

上源自钱制改革,目的在于解决满清建国以来持续恶化的钱制危机。[1]

但是在与钱制危机同样严峻的河、漕两大内政困境问题上,却完全不见康熙有以海上交通寻求解决之途的踪影。本文拟在档案史料的基础上,兼及具体的人和事两方面,追踪康熙在河、漕两大内政困境问题上的立场和处置方式,探析漕粮海运未能在康熙朝实现的原因。

一、元、清两代处置海洋事务的比较

在中国历史中,元、清两代均系崛起于北地,是由少数民族靠马上征伐创立的封建王朝。但元、清两代的政权在事关海洋事务的决策意向上却大相径庭。[2]

其一,政权初立时,元朝在海外岛国日本朝贡问题的处置立场为:"自宋中叶历久无贡。元世祖遣使诏谕之,不从,乃命范文虎率兵十万征之,至五龙山暴风破舟败绩,终元之世,使竟不至。"[3]而在清代,崇德二年(1637年)皇太极亲自率军征朝,朝鲜国王李倧出降。在皇太极签署的招降书中,除明确清取代明为朝鲜宗主国的地位外,还专就朝鲜对日本的关系问题提出条件:"日本贸易,听尔如旧,但当导其使者赴朝,朕亦将遣使至彼。"[4]其表明清政权创立伊始,就心怀让日本派使者"赴朝",即赴清廷朝贡的愿望。而在此后,清政权却又坦然接受朝鲜方面婉拒履行转达此意于日本的结果。这意味着清政权非但轻易地放弃了将日本纳入中华朝贡体系的愿望,而且还默认了日本德川幕府在中华朝贡体系外,构建以日本为中心,囊括朝鲜、琉球在内的东亚国际关系秩序。[5]

其二,在关系国计民生的漕政问题上,元代在漕粮河运遭遇困境的情况下,顺

---

[1] 由于为内政需要而促动的海上事务开放政策,持续的时间有限;基于钱制改革的计划,又因日本德川幕府实施限制铜出口政策而落空;再兼清政府与西方天主教在华传教事业的冲突日趋加剧,康熙在五十五年(1716年)以"现今海防为要"的名义,出台了"内地商船东洋行走犹可,南洋不许行走"的局部禁止海外贸易令。随之而来的,还有开发滇铜的内政决策出台。终于延至乾隆十年(1745年)前后,滇铜运京渐具规模,致中日长崎铜贸易的地位进一步下降,海上事务淡出清代朝政则又更进一层。云南省政府于乾隆十年前后打通滇铜运抵四川泸州的运输通道,形成了经由长江及大运河水路运京的路线,就此滇铜规模化运京成为可能。

[2] 历史地理学家谭其骧称:"中国是一个大陆国家,在物质生活上,在社会经济结构上,基本无所求于海外,这就决定了历史上中国的海上交通不会很发达。"谭其骧:《求索时空》,百花文艺出版社,2000年,第295页。

[3] 李言恭、郝杰:《日本考》,中华书局,1983年,第63页。

[4] 《朝鲜李朝实录中的中国史料》,中华书局,1980年,第3593~3594页。

[5] 1637年春清军撤出朝鲜后,朝鲜国王李倧与主持对清交涉的大臣崔鸣杰之间,有如下对话:"李:彼有通信日本之言,何以为答耶?崔:此则决不可许也。李:彼欲必通于日本,则事极难处矣。"当年崔鸣杰使清,成功地延缓了清廷要求朝鲜出兵参与对明战争的压力,而"通信日本"之事则未再提及。之后的1638年3月,朝鲜派赴沈阳的使节向清廷递呈"倭情咨文",其中以"至于请改流来(求)拜庭之礼,本国于是不能无疑"为说,婉拒清廷要求其于对日交涉中传达琉球派员赴清廷朝贡愿望的指令。以上摘自《朝鲜李朝实录中的中国史料》,第3602、3621页。

利地转向了海运。从而清代人在回顾漕运的历史时,以"元主海运,明初亦专督海运"为说。[1] 清代早在康熙朝中期,漕粮河运即已凸显严重困境,却直到道光朝末,亦未能转向海运的常态化。道光五年(1825年)漕粮河运难以为继,清廷仍坚执旧案不变。清代漕粮河运转海运之难,令当时人包世臣有不可思议之叹。所谓:

> 河、漕、盐三事,非天下之大政也,又非政之难举者也。而人人以为大,人人以为难。余是以不能已于言也。漕难于盐,河难于漕。事难宜言之宜详,余是以不能已于言,而于河言之尤多者也。[2]

包世臣之叹,表达了在清代三大朝政中,河工之困甚于漕运,漕运之困又甚于盐务的见解,而其更深的内涵,则在河工之困实乃漕运之困牵累所致。因漕运之困在运河航道条件之退化,要害处在航道水深不足,为此河工在满足解决水患目标的同时,还须兼顾漕运蓄水之需求。[3] 包氏认为,河工解困首先在摆脱其受漕运牵累之被动局面,根本途径则在漕运要摆脱对运河航道的依赖,即以海运替代河运,这是河工与漕运之困一举得以解决的有效途径。[4] 当政者对现有解困途径——海运替代河运的视而不见,坐视河工、漕运二政困境日趋险难而不顾的立场,令包世臣深感困惑。

关于漕运解困,包氏在海运替代河运的见解外,还有更激进的解困方案,即废止漕运,以采办方式解决京畿粮食之需。因为他在主张海运替代河运的同时,还有如下之说:"国家除南粮之外,百货皆由采办,采办者官与民为市也。间岁有采买米粮以民船运通之事。"[5] 尽管如此,终道光朝亦仅有道光六年(1826年)和道光二十七年(1847年)两度为应对河运危机,执行苏南漕粮海运赴津的海漕个案。此后,苏南漕粮海运于咸丰朝逐渐步入常态化,其原因在于太平军据有南京地区,从根本上断绝了继续实施运河漕运的可能性。

据包世臣有关清代统治者愚顽地坚执河漕不改的感想,不难推断排斥海漕的朝政决策有来自清朝祖训的束缚。以满洲八旗陆地征伐创立政权基业的清朝政权,缺乏应对来自海上挑战的自信。[6] 以下将通过回溯康熙处置河工、漕运之立场和方式的过程,探析清代中前期政府坚执河漕不改海运的原因。

[1] 任源祥:《漕运议》,《皇朝经世文编》卷四六,第1页。
[2] 包世臣:《中衢一勺》,《安吴四种》,清同治十一年(1872年)刻本,第2页。
[3] 钱泳(1759～1844年,江苏金匮人)在题名《水利》一文中,有"国家修治黄河,费无所惜,修治运河,费无所惜者,为转漕故也"。载于钱泳的《履园丛话》,中华书局,1979年,第97页。
[4] 包世臣于嘉庆九年(1804年)在苏州著《海运南漕议》,称:"嘉庆癸亥(1803年)河南衡家楼决口,穿山东张秋运河,粮艘不能行,中外颇忧漕事。上以谏臣言,饬有漕督抚议海运。"载于《安吴四种》,第41页。
[5] 包世臣:《海运南漕议》,《安吴四种》,第44页。
[6] 如顺治皇帝面对郑成功据台的反清势力实施"迁海令",而康熙皇帝则在平定郑氏据台势力后曾一度持弃台论,均属具体例证。又如清政府长期在海上交通包括治安防卫领域缺乏财政投入,只能不时以出台管制措施来应对海上治安恶化的挑战。这也极大地制约了民间发展海上交通及贸易的可能性。

二、康熙朝受漕运牵掣而陷困境的河工

以中日长崎贸易为解决钱制改革困境的尝试，仅是康熙务实立场的体现，而丝毫不代表其有自内陆向海洋扩展的政治视野。康熙朝期间，致力于维持保障运河航行条件的河工指导原则，并在这一方向上取得了非凡业绩，可为此说提供证明。

早在明代中期，黄河下游河道已成经徐州在宿迁汇入运河借道南下，再于清江浦汇淮河水出运河，流经苏北入海的局面。[1]造成这一结果的原因，虽是黄河溃堤自然造势在先，然而其后引黄济运的人工造势则有维持之功。清初黄、淮两河水患并重，河工之重心在向北起宿迁，南至清江浦段（该段运河在清代习惯称作黄河）运河，以及黄、淮两河与运河交汇地区集中。顺治朝出任河道总督长达十四年之久的杨方兴（？～1665年），曾如此道及其主持河工的经验：

> 黄河古今同患，而治河古今异宜。宋以前治河，但令入海有路，可南亦可北。元、明以迄我朝，东南漕运，由清口至董口二百余里，必借黄为转输，是治河即所以治漕，可以南不可以北。若顺水北行，无论漕运不通，转恐决出之水东西奔荡，不可收拾。[2]

河工导黄"可以南不可以北"的原则，系基于满足引黄济运之需。[3]清初，因为郑成功据守台湾并与东南地方的反清势力相联系，政府实行包括"迁海令"在内的严格海禁政策，漕运全无以海运替代河运的可能性，河工必须固守引黄济运的原则。康熙朝前期，该原则不能有任何改变，因为有海禁状态未变的合理性。然而，河工规划违背自然规律而积累起的危害，则已到了不能不予以正视的程度。康熙朝河工之重臣靳辅于康熙十六年（1677年）始任河道总督一职时，作如下之说：

> 治河当审全局，必合河道、运道为一体，而后治河可无弊。河道之变迁，总由议治河者多尽力于漕艘经行之处，其他决口，则以为无关运道而缓视

[1] 参见黄仁宇《十六世纪明代中国之财政与税收》中"大运河（漕河），1610年左右"一图。载于《十六世纪明代中国之财政与税收》，三联书店，2001年，第64页。

[2] 赵尔巽等：《清史稿》，中华书局，1998年，第3716～3717页。"清口"地属今淮安市淮阴区，意指淮河（包括洪泽湖）和南段运河入黄河口门。"董口"地属今宿迁市沭阳县。所谓"由清口至董口二百余里，必借黄为转输"，指黄河南下自宿迁董口至淮阴清口一段，即现今的"中运河"段。

[3] 魏源在《筹河篇中》说："河岁决。然自来决北岸者，其挽复之难，皆事倍功半，是河势利北不利南，明如星日。河之北决，必冲张秋，贯运河，归大清河入海，是大清河足容纳全河，又明如星日。……则曰'治河无善策，治河兼治运，尤无善策。'"载于《魏源集》，中华书局，1976年，第371页。

之，以致河道日坏，运道因之日梗。河水裹沙而行，全赖各处清水并力助刷，始能奔趋归海。……河淤运亦淤，今淮安城堞卑于河底矣。运淤，清江与烂泥浅尽淤，今洪泽湖底渐成平陆矣。河身既垫高若此，而黄流裹沙之水自西北来，昼夜不息，一至徐、邳、宿、桃，即缓弱散漫。臣目见河沙无日不积，河身无日不加高，若不大修治，不特洪泽湖渐成陆地，将南而运河，东而清江浦以下，淤沙日甚，行见三面壅遏，而河无去路，势必冲突内溃，河南、山东俱有沦胥沉溺之忧，彼时虽费千万金钱，亦难克期补救。[1]

尽管靳辅认识到运河以及包括洪泽湖在内的淮河水系普遍淤积的严重现实，但鉴于引黄济运河工原则的不可变，他只能以减灾、维持漕运为目标，致力于黄、淮、运河道的疏浚清淤。靳辅制定的河工规划大修事宜有：其一，"取土筑堤，使河宽深"，目的在改善清江浦至宿迁段黄河，亦即运河的航道条件；其二，"开清口及烂泥浅引河，使得引淮刷黄"，目的在黄、淮、运（运河南段）三河交汇处的清淤，以利运河通航，并提高淮河泄洪的能力；[2]其三，"加筑高家堰堤岸"，目的在加大洪泽湖蓄积淮河的水量，以强化引淮刷黄的能力。[3]康熙十八年（1679年）河工仍未见成效，靳辅遭"部议削去加级，不准带尚书衔"的处分，但在廷议中由于康熙的维护，"着仍留尚书衔"。[4]

三、康熙二十一年的河工、漕运危机与朝廷政争

康熙二十年（1681年），靳辅大举河工已三年，而黄河仍"未尽复故道，辅（靳辅）自劾，部议褫职，上命留任"。康熙二十一年（1682年）春，黄河在宿迁境内两度决堤，清廷内罢免惩处靳辅之声再起，[5]该年五月十八日（6月23日）廷议的记录如下：

---

[1] 赵尔巽等：《清史稿》，第3720页。

[2] 长期黄河倒灌，在黄、淮、运（南段运河）三河交汇处形成南北宽约20里的"烂泥浅"地带。靳辅执行清淤工程，于康熙十六、十七年（1677年、1678年）各成一条烂泥浅引河，至康熙二十三年（1684年）达四条。

[3] 赵尔巽等：《清史稿》，第3720页。"高家堰"地属今淮安市淮阴区。明万历六年（1578年），潘季驯为综合解决黄、淮、运三河交汇地区的水利、水患问题，创修洪泽湖水库，高家堰作为水库主坝直抵运河。靳辅的工程在加高原坝的同时，高家堰坝身向南延伸。计东的《淮扬水利考序》称："向恃高堰翟坝周桥一带之堤障，遏淮泗使不得阑入内河，而借全淮之水力，注清口，合黄河，刷其沙以入于海者。"载于《皇朝经世文编》卷一一二，第1页。

[4] 中国第一历史档案馆整理：《康熙起居注》，中华书局，1984年，第449、455、460页。

[5] "二十一年（1682年），决宿迁徐家湾，随塞，又决萧家渡。先是河身仅一线，辅（靳辅）尽堵杨家庄，欲束水刷之，而引河浅窄，淤刷鼎沸，遇徐家湾堤卑则决，萧家渡土松则又决。"载于《清史稿》，第3721页。萧家渡地属宿迁，杨家庄地属今淮安市淮阴区。"尽堵杨家庄"指堵黄河溃堤，预防黄河倒灌，以利清口烂泥浅实施清淤，然不幸诱发了黄河上游溃坝。而康熙二十年（1681年）运抵京仓后的漕船，于十月遭冻阻而滞留北方。载于《康熙起居注》，第758、759页。

大学士、学士随捧折本面奏请旨：为崔维雅条奏修理河工事。上问大学士等曰："尔等观其条奏何如？"明珠等奏曰："其所奏坚筑石堤，开浚海口，似可依行修理。但言之虽属可行，恐至彼地有不便行之处，亦未可定。"上曰："然。治河之道必顺水性以治之，易于成功。古之治黄河者，惟在去其害而止，今则不特去其害，并欲资其力，以挽运漕粮，较古更难。"……上曰："着差往勘阅河工大臣带崔维雅前往，其条奏事宜会同总河靳辅确议具奏。"[1]

廷议的上述情节，以户部满尚书伊桑阿和刚接手刑部的汉左侍郎宋文运南下处置当年黄河两度溃坝事件启程在即为背景。作为同行者之一的崔维雅，自康熙十八年（1679 年）因遭人"挟仇"究参，而失去湖南布政使任命后长期赋闲。康熙二十一年春河工危机事发，崔氏基于早年有豫河道任职的经历，乃"上《河防刍议》，条列二十四事，请尽变辅（靳辅）前法"。[2] 康熙的表态，毫无否定靳辅河工计划的意思，派员南下查勘，则多出于平息众臣舆情之考虑。[3] 鉴于此背景，伊桑阿一行南下后，靳辅以"工将次第告竣，不宜有所更张"为立场，坚拒崔维雅《河防刍议》的见解和主张。[4]

在河工问题毫无定论的情况下，该年漕运的问题则又刻不容缓地被提上议事日程。七月十六日（8 月 18 日）廷议"户部题，差遣催儹漕船"官员事，康熙作出"催儹漕船事属紧要"的郑重表态。[5] 八月二十九日（9 月 30 日）的廷议，再涉漕运的议题如下：

上谕户部尚书梁清标、侍郎额库礼等曰："朕闻先由水路出征大兵，因昼夜趱行，以致纤夫死者甚多，深轸朕怀。今尔部差去催趱粮船官员，恐欲粮船速抵，致纤夫死毙，着行文申饬晓谕差去之官。"

所谓"闻先由水路出征大兵"，指三藩之乱期间载兵之船由运河南下赶程紧

---

[1] 中国第一历史档案馆整理：《康熙起居注》，第 843 页。
[2] 赵尔巽等：《清史稿》，第 3721 页。崔维雅，字大醇，直隶大名人。顺治三年（1646 年）举人，康熙十二年（1673 年）十一月由豫河道迁苏按，再于康熙十八年六月迁湘北。《康熙起居注》康熙十八年十月十三日记载："刑部侍郎禅塔海奉差察审原任江南按察使崔维雅，请旨起行。上谕之曰：'凡察审事情，务宜详慎，不可徇私纵脱，亦不可苛刻失平。'"载于《康熙起居注》，第 444、504、527 页。以此为背景，当年十一月湘北一职即另委他人。
[3] 康熙二十一年五月二十二、二十三日（6 月 27、28 日），康熙两度接见即将启程的伊桑阿、宋文运及崔维雅，其间面谕："黄河溃决，关系运道民生，深切朕怀。……未可轻言河工之易也。若以为易，恐难刻期成功，即收实效。若以为难，由杨家庄至清口一百二十余里，系漕艘往来必由之要路，修筑堤堰，岂容稍忽。"载于《康熙起居注》，第 846、747 页。康熙此说，意在告诫伊桑阿诸人，勿干扰此时正实施中的清口烂泥浅清淤工程，并含支持靳辅"尽堵杨家庄"河工举措的表态。
[4] 赵尔巽等：《清史稿》，第 3721 页。
[5] 康熙二十一年七月十五日（8 月 17 日）廷议："又为题补广东布政使员缺，以候补崔维雅拟正，江南按察使金镇拟陪。上曰：'应以崔维雅补授布政使，但目今差往勘视河工，此缺着九卿会同另推具奏。'"载于《康熙起居注》，第 867 页。此说表明其时崔维雅尚在淮安。

迫，而"致纤夫死者甚多"。此间旧事重提，缘于清廷紧急"差遣催儹漕船"的官员加大了督运的力度，政坛骤生将"致纤夫死毙"的情况重演之议。为维持河运漕粮，而主张继续靳辅河工计划的康熙，不能不因此而感到压力，其上述表态应不出这样的动因范围。

有关"差遣催儹漕船"的官员其督运举措有"致纤夫死毙"之险的警示性言论，就康熙而言，对其压力尚属有限。因为康熙二十一年（1682年）秋，一种对康熙更具挑战性的政治主张，即以漕粮海运替代河运之议正悄然抬头。八月十五日（9月16日）的廷议记录如下：

> 大学士、学士随捧折本面奏请旨：为原任山东登莱道今革职周昌疏辨冤及条陈开海运等事。上曰："周昌乃一狂妄不肖之人。其条奏诸款尔等以为何如？"大学士明珠奏曰："周昌素行不肖，今不过借条奏以为辨复地耳。所言皆不足采也。"上曰："周昌条奏二本着发还。其辨本着交该部严察议处。"[1]

周昌在参与平定三藩之乱期间，有策反前陕西提督王辅臣重新归顺之功，而以此获官，[2]但后在登莱道任上缘事遭革。正逢康熙二十一年朝政河工、漕运危机双至，似与崔维雅有"豫河道"任职经历而上《河防刍议》相仿，周昌当因其任职登莱道了解北洋海运现状而"条陈开海运"，二者皆有朝政舆情的大背景，亦均有借上书建言以利复出的私心。从上述康熙指斥"周昌乃一狂妄不肖之人"的语意来看，周昌此番用心适得其反。康熙的恼怒与其说是缘于周昌"辨冤"的荒谬，不如说是缘于其"条陈开海运"之举的"狂妄不肖"。

在康熙二十一年河工、漕运危机双至的背景下，海运漕粮之议的兴起还另有动因。自康熙二十年（1681年）郑经（郑成功子）去世，郑克塽嗣为延平王后，台湾郑氏集团进一步涣散。为此，驻闽清军已处待命征台之状态，清廷结束海禁亦在预期之中。解除海禁有望不再成为政治之禁忌，可一举解决河工、漕政双重危机的海运漕粮主张，由是应运而生。鉴于二十一年秋，康熙处于无法阻止海运主张将上清廷议事日程的被动状态，八月十五日廷议时他对周昌"条陈开海运"之反应过激，不乏借题发挥的因素。

关于漕粮海运之说于康熙二十一年秋在政坛全面抬头的状况，可以从该年科举殿试的拟题倾向上获得辅证。清初，科举殿试即用时务策一道为题。康熙二十一年九月初一日（10月1日）殿试，初三日康熙参与确定三甲名次意见时，他与近臣间有一对谈：

---

[1]　以上引言载于《康熙起居注》，第889、882页。
[2]　周昌（1632～1701年），字培公，湖北荆门人。从康熙二十一年仍以周昌招抚王辅臣案为依据处置相近案例看，可见当年周昌之功的重要意义。载于《康熙起居注》，第896、901页。

上御批本房,殿试读卷官大学士勒德洪等,将策试天下贡士卷,选择十卷进呈,面奏请旨定夺。上阅第一卷毕,曰:"此卷文义尽优,但所论治河未能悉中肯綮。字迹秀润,而工力未到。"大学士明珠奏曰:"臣等遍阅一百七十余卷,其中亦无甚超绝者。此卷较诸人最优,故拟第一。"……上阅第二卷毕,曰:"此卷与前卷相等,难分上下。"明珠奏曰:"诚如圣谕。臣等亦曾将此二卷再三商酌,因前卷字迹较胜,故置第一。"上阅第三卷毕,曰:"此卷便觉与前二卷稍逊,似皆南人。"因曰:"从前海运之事若何?"王熙奏曰:"元时招抚海上盗魁张瑄、朱清为万户府,令其转运,故明初亦曾行之。因海洋风涛险恶,运艘每致漂没,人米俱失,故而停止,别开运河,以通转输。"上曰:"海运从何处出洋?从何处入口?用何样船只输运?"王熙奏曰:"用海船装载,从太仓出洋,至天津入口。"张玉书奏曰:"由安东出洋,海道风涛险恶,往往失事,不独漕粮有误,且伤人甚多,所以故明时行之未久,旋即议停。"[1]

康熙朝殿试的策题"长至五六百字,分列四项。策问条目向由内阁预拟,恭候选定"。[2]康熙二十一年河工、漕政均成危机的局面,治河、漕运顺理成章地当入该年殿试策题之选项。对于康熙而言,无论其愿意与否,亦难以将治河、漕运排除在策题之外。上述在确定三甲名次时,康熙与近臣间交换意见的对话,正体现了此间状况的微妙性。康熙评价被预选为第一卷者"所论治河未能悉中肯綮",以及阅毕列第二、第三卷后称"似皆南人"的感想,并进而将议题转向漕粮海运之来历和具体实施情况的征询,从中不难见康熙对各策论卷就治河、漕运发表见解的不以为然。而近臣以否定海运为立场谨慎作答,则缘于对康熙在事关河工、漕政的政争中表态意向的了解。王熙所谓"太仓出洋",指地属太仓县的浏河口;而张玉书所谓"安东出洋",则指山东安东卫。[3]鉴于清初长期海禁,王、张二氏关于东南地方北洋航运海口的知识,仍是明代的文字记录。朝廷官员缺乏对近期实际状况的了解,恰反映了康熙二十一年秋海漕之说的兴起,纯粹是因当年河工和漕运之双重危机所致而引发的。

海漕之说的实施,有致清廷现行的河工、漕运政策规划,甚至相关体制遭颠覆的可能性,这样的前景是康熙皇帝不愿看到的。以南下勘察河工的户部满尚书伊桑阿返京为背景,在十月十七日(11月15日)的廷议中,康熙表现出欲一举终结持续数月的河工、漕政政争的强烈意愿,见该日廷议的相关记录:

> 又谕大学士等曰:"今九卿等议复河工事,尔等且留此,共相商榷。"九卿、詹事、科、道官员进奏河工事。上曰:"河工关系国计民生,甚为紧要,朕时时在念。今尔等所议若何?"工部尚书萨木哈等奏曰:"总河靳辅已经革

[1]　中国第一历史档案馆:《康熙起居注》,第892页。
[2]　商衍鎏:《清代科举考试述录及有关著作》,百花文艺出版社,2004年,第134页。
[3]　"安东卫"系明代所置海防机构,延至清乾隆年间方废止,其地在今山东日照市。

职,本内各款应行处分者,俱无容议。其萧家渡决口,应令靳辅赔修。"上曰:"修治河工所需钱粮甚多,靳辅果能赔修耶? 如必令赔修,万一贻误漕运奈何? 朕思河工一事,治淮尚易,黄河身高于岸,施工甚难。先是崔维雅条奏二十四款,朕初览时,似有可取,及览靳辅回奏,则崔维雅所奏事宜甚属难行。尔等可有定见良策否?"户部尚书伊桑阿奏曰:"靳辅身任河工已经五六年,必有确见,似宜令其来京面奏,再行详议定夺。"大学士明珠等奏曰:"靳辅历任既久,所见必真,来京往返不过月余,自可不误河工。"上曰:"然。这本姑留内阁,俟靳辅来京,尔等会同再行确议具奏。"

相比于九月初三日确定殿试三甲名次时,康熙尚故作姿态地征询海运相关的问题,十月十七日的廷议,他则不加掩饰地表达了支持靳辅的河工计划的立场。所谓"河工一事,治淮尚易,黄河身高于岸,施工甚难"之说,除有继续靳辅"开清口及烂泥浅引河,使得引淮刷黄"工程之意外,更含河工须以保障漕粮河运为枢纽,即拒绝海运的坚定意志。而户部满尚书伊桑阿建议河督靳辅进京游说其河工的计划,则表明当日康熙的立场并未获得众臣的认同。

四、二十一年初冬的河工、漕运两政双双失控

尽管康熙可以强势地固执己见,然而他却又不能不正视该年几近绝望的漕运现实。十月十九日(11月17日)康熙于赴谒孝陵途中,接见了通州总督等与漕运相关的官员。该批官员又于十一月初九日(12月7日)进京觐见,此中透露出了康熙对漕船尚未抵通的焦虑不安。

十一月初十日(12月8日)的廷议,康熙一改其数日前消极于仓场管理系统人事调整的表态,在就"题补总督仓场侍郎缺"之事作出明确指示的同时,以"仓场衙门事虽不多,是一弊薮"一说,认同了政坛对于仓场系统的非议。而大学士明珠的相关回应,则道出了康熙态度骤变的原因。明珠所谓:"仓场、座粮厅是众弊之窟,必得操守清白、实心办事者,方免留难侵克诸弊,使粮米一到即收,速令回空,不致迟误漕运。"[1]漕船抵通已经严重误期,康熙不想漕粮收兑环节的弊政再生事端,而致漕船误期的危机进一步加剧。正因有康熙高度关注的背景,在终获漕船抵通确信的十一月十二日(12月10日)的廷议上,他表现了颇具戏剧性的一幕。据廷议的纪录:

> 户部官员进奏毕,上问差往催偿漕船郎中色克、鄂齐礼曰:"漕船已至何地方?"色克等奏曰:"头帮船只已抵通州,有已经交米者,有未经交米者,尾船亦抵杨村。"上问曰:"漕船行无误否?"色克等奏曰:"前,初三夜风起河冻,

---

[1] 以上引言载于《康熙起居注》,第912、913、917、916、918页。

凿冰行船,稍觉危险。"上曰:"初九日朕自通州渡河,并未见河冻。向来小雪时,河始冻,大雪时冰方坚。今年天气和暖,尔等系部中拣选委任之官,诳称河冻何也?"奏毕,叩头至再。上曰:"朕言果不然耶?尔堂官三人即驰往察看。如虚,立行纠参。"谕毕,户部官员出。……上又顾大学士勒德洪等谕曰:"适据催偿漕船户部司官色克等称,通州运河冰冻。昨尔等扈从亦自通州回,河曾冻否?此与运丁伙同作弊,相沿积习,明属欺诳。如是则回空船只,无日可回也。学士阿蓝泰,尔与户部堂官前往公同察看。此等必加重惩,庶回空无误,而民生不至困累矣。"[1]

康熙对户部督运官员声称运河出现结冰状况,而致漕船误期的反应明显过激。[2]其后反复纠缠于"河冻"问题,一方面表明康熙意识到自己的失态,但更重要者在"河冻"问题乃导致康熙失态的原因,即所谓"如是则回空船只,无日可回也"一说。头帮漕船在运河通州段"河冻"的状态下抵达京仓,意味着该批漕船于卸粮后南归无望,滞留北方度冬之势既成。康熙此说还未涉及"河冻"危机的另一层后果,即通州段既已进入"河冻"状态,还在北上途中的后继漕船即陷进退两难的困境,其结局也难摆脱滞留北方度冬的局面。如此的严重性,不但令康熙二十一年、二十二年的漕运计划落空,还有大量漕运工役滞留运河上度冬诱发动乱的危险性。

尽管康熙对该年的漕运危机已有所预想,但竟至如此失控的境地还是出乎其意料之外的。经此打击,次日康熙在有河督靳辅出席的河工问题的廷议中,改变了以往的强势姿态,见该日廷议记录:

内阁大学士、学士、九卿、詹事、科、道会议总河靳辅河工事宜,覆旨。上命靳辅口奏。靳辅奏云:"……今萧家渡工程,至来岁正月必可告竣。其余河堤,估计银两若得一百二十万,逐处修筑,可以完工。"上曰:"尔从前所筑,决口,杨家庄报完,复有徐家沟;徐家沟报完,复有萧家渡。河道冲决,尔总不能预料,今萧家渡既筑之后,他处尔能保其不决乎?前此既不足凭,将来岂复可信?河工事理重大,乃民生运道所关,自当通盘打算,备收成效,不可恃一己之见。"靳辅奏云:"总之,人事未尽。若人事既尽,则天事亦或可回。"上曰:"前崔维雅条奏等事,亦有可行者否?"靳辅奏云:"所奏起夫挑浚,每日用夫四十万,自各省远来,尤为不便,必不可行。"又称:"河堤以十二丈为率,亦不便行。河堤须因地势高下,有应十五丈者,有应七八丈者,岂能一概定其丈尺?"上曰:"崔维雅所奏无可行者。"九卿、科、道各官同靳辅俱退。又顾

[1]　中国第一历史档案馆:《康熙起居注》,第919页。
[2]　《康熙起居注》二十一年十二月初三日(12月31日)载:"大学士、学士随捧折本面奏请旨:为吏部议,郎中色克、鄂其里捏奏河冻,俱应革职交刑部事。上曰:'此二人办事皆有才,河道虽可通舟,亦有已冻者。所议革职交刑部,特从宽免,着降二级留用。'"载于《康熙起居注》,第928页。

大学士等日："靳辅胸无成算，仅以口辩取给，且执一己之见，所见甚小，其何能底绩？"大学士勒德洪等奏云："诚如圣谕。"上日："海运可行与否？再着九卿、科、道议奏。"[1]

很显然，康熙对靳辅河工计划的评价已变，且不再明显地为因徐家沟、萧家渡溃堤事件遭众臣追责的靳辅提供庇护。与此同时，对海漕之说，康熙作出了可予筹议的让步姿态。

对于康熙而言，他在十一月十三日廷议中的表态，均属出于策略性考虑的性质。因为数日后有关海漕筹议的结论即告明朗，见十一月十七日（12 月 15 日）廷议的相关记录：

> 事毕，大学士、学士复同查看河工户部尚书伊桑阿启奏海运事。伊桑阿奏日："黄河运道非独有济漕粮，即商贾百货皆赖此通行，实国家急务，在所必治。至海运先须造船，所需钱粮不赀。而胶莱诸河停运年久，谅已淤塞。若从事海运，又当兴工开浚，其费益大。据臣等之议，似属难行。"上是之。[2]

伊桑阿先以"黄河运道非独有济漕粮，即商贾百货皆赖此通行，实国家急务，在所必治"一说，继续为不合自然规律的旧有河工原则，即导黄"可以南不可以北"作辩护；而后所谓"胶莱诸河停运年久，谅已淤塞。若从事海运，又当兴工开浚，其费益大"一说，则意在为拒绝海漕主张提供依据。若前说尚有为坚持河漕主张张目的价值，而后说则因其意义所及仅限导黄回归北路在山东出洋的问题，实不足成为反对海漕主张的依据。抑或伊桑阿有意搪塞，抑或起居注官有意改变相关的记录，以迎合康熙的政治需要所致。总之，十一月十七日廷议的上述记录，可视为河工、漕政政争暂时告结的标志，它也意味着河工将继续按靳辅既有的计划执行。

五、康熙二十二年后康熙海洋政策的明朗化

康熙二十一年底漕运危机无可挽回地滑向谷底，见十二月初八日（1683 年 1 月 5 日）的廷议记录：

> 大学士、学士随捧折本面奏请旨：为江宁巡抚余国柱题，请令江北回空

---

[1] 中国第一历史档案馆：《康熙起居注》，第 920 页。尽管崔维雅《河防刍议》的主张继续被全盘否定，但当月二十六日（12 月 24 日）清廷仍然下达了崔氏获广西布政使职的任命。

[2] 中国第一历史档案馆：《康熙起居注》，第 921 页。

漕船,于九月内抵河次;江南回空漕船,于十月内抵河次。户部咨行该督、抚会同总漕、总河确议具奏。上曰:"回空漕船九月、十月起程,若及河冻,将之如何?"大学士明珠奏曰:"圣谕极当。该部因此议令会同总漕、总河确议。"上曰:"漕船关系紧要,着户部堂官一员前往会同该督、抚并总督、总河确议,务使漕船永远通运,不致迟误,具奏以闻。"

江苏巡抚余国柱就该年江苏省的漕船未能如期南下,以致来年开春即将启动的新一届漕运难以执行启奏,所谓"请令江北回空漕船,于九月内抵河次;江南回空漕船,于十月内抵河次",表明该年头帮江北漕船和紧接其后的第二帮江南漕船滞留北方过冬已成事实。而康熙所谓"回空漕船九月、十月起程,若及河冻,将之如何"的征询,有含按往届出现漕船滞留北方情况的应对之案,以解决当下危机之意。值得重视的是,该日廷议时康熙的表态中还包含坚持漕粮河运,不以海运为解困途径的旨意,即所谓"务使漕船永远通运,不致迟误"一说。

鉴于对新一届漕运无法如期施行的认识,二十二年(1683)春,康熙及早启动了"晋省太原等处采买米石"案,且亲自"从内遣官""往察时价定估"。二月初五日(3月2日),康熙按例接见各地有晋升机会的地方高官。在接见江苏布政使丁思孔时,康熙以漕船返回误期,地方如何应对新一届漕运问题向其征询,得丁氏回复:"漕船回空,每岁不能如期,部文令雇觅民船装运,至中途交卸。今不若直运至通仓,令漕船早回本地修理,庶次年不致迟误。"可见,漕船不得如期返回在当时已成常态,地方不得不按户部指令雇民船按时启动新一届漕运,而后于半途中再将漕粮从民船转驳至官船属性的漕船继续运通。显然,康熙二十二年春的滞留情况严重,致失去于适宜河段实现转驳的可能性,抑或上年航行条件恶劣使漕船受损严重,因此丁思孔主张本年河漕由民船直运通州。其时,萧家渡工程如期按靳辅的承诺于正月内告竣之信已经抵京。因此康熙在接见官员时,甚至以"萧家渡堵塞之后,遂可永无河患否"作问,而丁氏则规避性地以"臣驻扎苏州,河务未能悉知"作答。[1] 康熙在征询官员时透露出的忧心,表明其固然有固执己见坚持河漕的权势地位,但他亦清醒地意识到必须为问题继续恶化承担风险。

康熙二十二年春,黄河汛情继续险峻,清廷河工、漕运之政争继续暗流涌动,见四月初四日(5月1日)的廷议记录:

又总河靳辅题请直隶及江南等四省,每年应征应蠲河银十八万两,俱于三月内照数抵解。上曰:"观靳辅此奏,河工似难就绪。"明珠奏曰:"皇上所见极是。"上曰:"黄河险处甚多,河银应作速给与。汉大学士以为何如?"吴正治奏曰:"每年河工银内有蠲灾缺额银八万两,应将现银拨给。其蠲灾缺额银两,令布政司另行奏销。"又问学士胡简敬:"近日黄河水势如何?"简敬奏曰:"黄河险处七里沟离清口约有三四里,玉皇阁离清口亦有三四里。今

---

[1] 以上引文载于《康熙起居注》,第930、953、954、952页。

河水险溜，冲塌河涯，止剩四五丈不等。"上曰："今萧家渡决口堵塞，黄河大溜直下，七里沟等处遂坍塌，玉皇阁一带急溜约有二三十处。总之，河口从下流冲决，为力尚易，若决在上流，则难施工。所关最为紧要，靳辅治河之事，成与不成在此一举。着照伊所请钱粮速行解给，倘幸而成功，均属有益。如俟直隶各省解往，恐致迟误，应将彼处钱粮不拘何项，暂行动用，务令堤岸坚固，不致再有冲决。待协济钱粮到日，即补还原项。其各省蠲灾缺额银两作何拨补，着速行议奏。"[1]

从简敬奏对该年"黄河险处"七里沟、玉皇阁邻近"清口"问题的过度强调，可知七里沟、玉皇阁两处决堤，将致靳辅正在施工中的黄、淮、运三河交汇处"清口"邻近区域的河工工程付诸流水。而康熙所谓"河口从下流冲决，为力尚易，若决在上流，则难施工，所关最为紧要"，则以下游决堤易于堵塞为说，淡化臣僚们上述的担忧。但最终康熙还是作出"所关最为紧要，靳辅治河之事，成与不成在此一举"这般决绝性的表态。

十余日后的四月十六日（5月12日）廷议"漕运事宜"。具体议题在上年滞留北方度冬漕船南下过"清口"的事宜。所谓："一应过淮回空船只，应俱着总漕亲身催督，有违限者，该部题参处分。"可见此次黄河汛情有惊无险，漕船平安而过。五月，靳辅响应康熙所谓"河口决在下流为力尚易，决在上流修筑甚难"之谕旨，奏请"下流筑塞已有头绪，故欲将上流堤岸修筑坚固，俾无冲决"，即将黄河河南段堤岸加固提上日程。靳辅此举大获康熙之欢心，而作出"治河关系运道民生，甚属紧要"的批谕。

闰六月十八日（8月10日），福建水师施琅"进剿台湾，克取澎湖"之信传抵北京，二十六日（8月18日）即筹议台湾克复后"应作何设兵"的问题。康熙在大力表彰施琅战功卓著的同时，对海上事务发表感想："自用兵以来，凡陆地关山阻隘，相度形势以为进止，朕往往能悬揣而决，海上风涛不测，涉险可虞，是以朕不强之使进，数降明旨，言其难克。"[2]康熙之感想，与其说他道出了此前在处置据台郑氏割据势力时，长期在征伐与招抚政策间举棋不定的原委，还不如说他是在为此间拒绝漕粮海运主张而进行必要的辩护。

施琅军队占领澎湖之后，征台立即转向非军事解决的进程。七月中旬，郑克塽遣使递降表于施琅军前；七月二十八日（9月18日），康熙决定接受郑氏集团来降，就此台湾纳入了清政权的版图。十月，众臣"以海寇底定，天下升平，请加上尊号"。在此背景下，康熙再次就征台问题阐发其海上事务观。先是十月初十日（11月27日）所谓："加上尊号典礼甚大，台湾属海外地方，无甚关系，因向未

---

[1] 中国第一历史档案馆：《康熙起居注》，第981页。"七里沟"在淮安府桃源县境，现地属宿迁市泗阳县。"玉皇阁"所在地待考，但据引文内容可知，其地在黄河接近淮阴"清口"处。

[2] 以上引言载于《康熙起居注》，第990、1009～1010、1024、1207页。据康熙之感想可知，清廷平定据台郑氏集团的成功，实际上是该割据集团衰败瓦解的自然结果。

向化，肆行骚扰，滨海居民迄无宁日，故尔兴师进剿。即台湾未顺，亦不足为治道之缺。"再是次日所谓："海贼乃疥癣之疾，台湾仅弹丸之地，得之无所加，不得无所损。"连番如此作说，其中虽不乏矫情的成分，但亦吐露出康熙对海上事务淡漠无视的固有心态。

征台行动的胜利，无疑增加了康熙在决策包括河工、漕运在内的日常政务时的从容和自信。先是七月三十日（9 月 20 日）廷议河工经费的报销案，在该案顺利通过之后，康熙与近臣间对话，见记载：

> 上曰："今河道若何？"李霨等奏曰："闻河水皆归故道，可无冲决之患。"上又顾学士胡简敬曰："尔所闻若何？"胡简敬奏曰："今河道水深流急，往来船只无阻遏之处，与前河道疏通时相较无异。"……上曰："河道关系国计民生，最为紧要。前见靳辅为人似乎轻躁，恐其难以成功。今闻河流得归故道，良可喜也。"

康熙二十二年河工的顺利，令康熙拒绝漕粮海运的主张更有依据。因此，他面对海漕主张的挑战亦趋于强硬，见十月二十八日（12 月 15 日）的廷议记录：

> 上问："近日河道如何？"学士胡简敬奏曰："闻河道疏浚极深，黄流俱由故道入海。"上问："深有几丈？"简敬奏曰："但闻河道深阔，未悉知其丈尺也。"上又问："历代漕运如何？"李霨、王熙奏曰："前代皆不由黄河，黄河转运自明时始耳。"上曰："专讲治河则顺水之性，谁不知之。正因用河济漕，逆黄水之性，故治河为难也。"

这一段廷议记录可理解为，上年河工、漕运危机以来清廷相关之政争终于画上了句号，河工将继续贯彻引黄济运原则不变。鉴于这样的结论倾向，引文中"黄流俱由故道入海"之说，所指为黄河与淮河汇流后经苏北入海，所谓"故道"，不是断流久远的山东境内黄河故道。而康熙的最后一语表明，七月末河工经费报销案后，清廷内反对引黄济运者继续以导黄宜"顺水北行"为主张据理力争，康熙则表达了无意与反对意见者对话的立场。这意味着漕粮海运替代河运，已失去任何希望。

六、康熙鼓励海外贸易，但仍坚持河漕政策不变

康熙二十三年（1684 年）春，在筹议驻防台湾经费来源时，"通洋助饷"之说应运而生。[1] 上年十一月派赴粤、闽二省督察地方政府执行展界迁民情况的

---

[1]　以上引言载于《康熙起居注》，第 1076、1078、1037、1094、1101 页。

吏部侍郎杜臻、内阁学士石柱,由是亦另负有就宁波、漳州、澳门诸口岸"各通市舶,行贾外洋"一事与督抚"酌其可行与否"的使命。[1]

在杜臻、石柱尚未作出返京计划的情况下,康熙接见新任台湾总兵杨文魁,专就海上贸易有所指示,所谓:"海洋为丛利之薮,海舶商贩必多,尔须严缉,不得因以为利,致生事端,有负委托。"六月初五日(7月16日),"给事中孙蕙条奏请令海洋贸易,宜设专官收税,九卿会议准行"。康熙则又批谕:"令海洋贸易,实有益于生民,但创收税课,若不定例,恐为商贾累。当照官差例,差部院贤能司官前往酌定则例。此事著写与大学士等商酌。"这一系列举措表明,康熙全面开放海禁的决策既定,且其中包含有对其决策意向遭地方政府拦阻情况而进行强劲反弹的因素。关于这一点,在七月石柱返京后康熙与之对话中有明确体现,见七月十一日(8月21日)的廷议记录:

> 上曰:"百姓乐于沿海居住者,原因可以海上贸易捕鱼之故。尔等明知其故,海上贸易何以不议准行?"石柱奏曰:"海上贸易自明季以来,原未曾开,故议不准行。"上曰:"先因海寇,故海禁未开为是。今海寇既已投诚,更何所待!"石柱奏曰:"据彼处总督、巡抚、提督云,台湾、金门、厦门等处虽设官兵防守,但系新得之地,应俟一二年后,相其机宜,然后再开。"上曰:"边疆大臣当以国计民生为念,今虽禁海,其私自贸易者何尝断绝? 今议海上贸易不行者,皆由总督、巡抚自图便利故也。"[2]

上说中康熙在华商出洋贸易问题上表现出来的热情,已远远超越了"通洋助饷"的范围。

鼓励民间贸易,承认海上贸易有益于国计民生,国家宜因势利导而非一味防堵。康熙有如此高水准的自由贸易认知是不足为怪的,他身边的西洋传教士完全具备向其传授盛行于17世纪欧洲的"重商主义"经济理论的资质。而"重商主义"中中国因贸易顺差而令贵金属入境量上升——这一中外贸易利好中国的见解及客观现实,足以导致康熙务实地选择接纳自由贸易的主张,[3]尤其是在当时清政权正因缺铜之困而陷入钱制危机的背景下。

不过在远洋贸易上的完全开放立场,丝毫未影响康熙在近海运输问题上的保守立场,再见七月十一日廷议中康熙与石柱之间有关河工问题的问答记录:

> 上问曰:"总河靳辅曾见否? 河道近日如何?"石柱奏曰:"曾见靳辅,颜

---

[1] 杜臻:《粤闽巡视纪略》卷上,转引自王利器《李士祯李煦父子年谱》,北京出版社,1983年,第180页。

[2] 以上引言载于《康熙起居注》,第1186、1188、1200页。

[3] 17世纪"重商主义"的经济理论,基于中国在当时的中西方贸易中处在出超的优势地位,而"批评东印度公司导致英格兰国库空虚"。参见麦劲生《中英贸易与18世纪政治经济学者的自由贸易论争》,《清史研究》1996年第2期,第53页。

色甚瘦。河道颇好,往来无阻。臣来时,见宿迁地方将水均排筑堤,共计五堤。其二堤已完,三堤正在修筑。水若大时,开闸可以杀其势,令其循堤四散分流,已无冲决之患。"上曰:"凡人有所见不若本处之人知之最切,其本处者民云何?"石柱奏曰:"臣亦曾向本处附近耆民访问,皆云修理坚固,今可不畏水患。"上曰:"河道关系参与,甚为紧要。前召靳辅来京时,众议皆以为宜另行更换。朕思若另用一人,则旧官离任,新官推诿旧官,必致坏事,所以严饬靳辅,令其留任,限期修筑。今河工已成,水归故道,尚可望有裨漕运商民。使轻易他人,其事必致后悔矣。"石柱曰:"臣观河道自非靳辅不能。靳辅历任年久,素谙水性,又蒙皇上面谕,严切谆恳委任,在伊无可推诿,日夜惧罪,尽心修筑,以底于成。此后虽有大水,想可无虞矣。"图纳奏曰:"臣曾数至南省,亦稍识河道形势,必顺水性修理,始能有益,若逆其性,则不能治矣。"上曰:"顺水性而治,此自古之常谈也。今治河则不然,黄河不循故道,涣散流决,今倒转一百八十里,令其复故道,所以为难。今古不同,若但顺水性修治,又何难哉?"[1]

石柱为取悦康熙而大力肯定靳辅的河工计划,竟作出"此后虽有大水,想可无虞矣"之说。在这样的情况下,时与石柱同任内阁学士的图纳情不自禁对石柱此说提出严厉质疑。[2] 显然,康熙无意该日的廷议由此演变成河工政策之争的局面,立即表态以制止继续争论,然其说并无指斥图纳之意。康熙感叹现今黄河治理"所以为难",传达出他对石柱所谓"此后虽有大水,想可无虞矣"虚妄之说的不以为然;而"今古不同,若但顺水性修治,又何难哉?"则道出河工不能不兼顾引黄济运的苦衷,其中隐含有指斥图纳"顺水性修理,始能有益"主张的不切实际。总之,康熙在力主全面开放海禁,鼓励民间出洋贸易的同时,不可思议地拒绝以漕粮海运作为解决河工、漕运双重困境的应对之策。其实靳辅的河工计划日见庞大的经费支出,已经令康熙感到政治上的压力。[3]

---

[1] 中国第一历史档案馆:《康熙起居注》,第1201页。
[2] 图纳于二十四年(1685年)后历任山西巡抚、川陕总督及刑部尚书。
[3] 七月十一日廷议中,就"工部题,总河靳辅奏请奏销香河县搬罾口筑修堤岸共用银两数目,议准行"事,康熙表示异议,所谓"此修筑价值过多,着工部贤能司官一员前去详察具奏"。大运河通县至天津段称"北运河",天津至山东临清段称"南运河",香河县在北运河近天津处。康熙对官场贪污问题的监察固然严,但处置从来却持宽容理解的立场,事涉满族官员尤其如此。如他对赴地方任官者曾有所谓"人至察而无鱼"的教诲。此间康熙对香河县堤工报销案故作严厉,则是以河工经费支出整体性的日见庞大而引发政治异议为背景的。另外,在四月二十一日(5月17日)的廷议上,"题请饬下直隶、河南巡抚严行责成所属官员,堵塞水口,勿使卫河之水旁泄,以济漕运。俟漕船过完后,照常听其分流"。康熙对该案予以否决。载于《康熙起居注》,第1172、1199页。

七、康熙南巡与清代河工引黄济运的基本国策

康熙二十三年九月初,该年度漕运局势已趋明朗,在该月初八日(10 月 27 日)的廷议中,康熙与近臣在漕粮议题下一番空前乐观的对话当缘于此,具体见记载:

> 户部题二十二年兴平仓多出米二千七百余石,应候新任御史查题之日再议。上曰:"近见粮米充积,仓内不能容,是以俸粮于六月支放。来年米到无处收贮,何以料理得宜?"明珠奏曰:"京城积米甚为有益,若来年米到无收贮之处,或可增建仓廪。"上曰:"米在仓内太久,浥烂必多。数年以来,百姓、旗丁亦属困苦,今应酌量裁减漕粮,以苏民力。日后或有须米之处,给发钱粮置买运送,亦或不致迟误。尔等会同户部确议具奏。"[1]

该年清查京仓各库存量,朝中上下竟有"兴平仓多出米二千七百余石"的意外之喜。而康熙的乐观主要还是缘于康熙二十三年漕粮河运的顺畅,因为这一成果从实践上证明了他坚执引黄济运河工原则决策的正确性。[2] 在言辞间,康熙毫无显示漕粮河运之说战胜海运之说取得胜利的意向,反而是提出了相比海运之说更显激进的漕政改革方向,即所谓:"今应酌量裁减漕粮,以苏民力。日后或有须米之处,给发钱粮置买运送,亦或不致迟误。"此说表明康熙有意尝试以更市场化的"采买"方式逐渐替代漕运,这样的漕政改革思路,与他此间在海外贸易问题上表现出来的自由贸易主张是相一致的。

康熙有关漕政改革的激进言论,为探究他何以坚拒漕粮海运主张提供了有价值的线索。回溯康熙二十一年秋海漕之议出台以来康熙针对海漕说的相关言论,不难感受到问题的要害并不在康熙反对海漕的主张,而在他坚持既定河工计划的意志。三藩之乱和据台郑氏势力相继被平定后,康熙实现其成为"有史以来最伟大君主"的愿望指日可待,他不想这一伟大的成就因河工失利而被蒙上阴影。因为靳辅主持的耗资庞大的河工计划,是康熙亲自决策的。

康熙二十三年九月,该年的漕运成功在望,康熙通向加冕为"有史以来最伟

---

[1] 中国第一历史档案馆:《康熙起居注》,第 1225 页。"兴平仓多出米二千七百余石"情节的背后,有涉官场黑幕亦不无可能。

[2] 其实康熙二十三年春漕运局势亦一度相当紧张,见四月二十一日廷议记录:"又题请饬下直隶、河南巡抚严行责成所属官员,堵塞水口,勿使卫河之水旁泄,以济漕运。俟漕船过完后,照常听其分流。上曰:'漕运关系至要,但直隶、河南之民资借卫河水利亦多,若水口尽行堵塞,不使稍济田亩,一遇干旱,则沿居之民必致艰苦。又部议俟漕船过完,方听照常通流等语。耕种自有定时,如漕船过完方始入田,于田禾究竟无济,其可乎? 该部但期不误漕运,于民之生计未尝少虑及也。此事作何措置,尔等确求至当具奏。'"载于《康熙起居注》,第 1172 页。

大君主"道路上的最后一块基石落定。九月十一日（10 月 19 日），众大学士、学士联名"以折本请旨：九卿会议皇上东巡，宜乘便致祭泰山之神及阙里孔庙。上曰：'这所议似可行'"。无论众臣是否有视察河工的建议，但康熙此时当已将此列入计划范围。康熙于泰山之行后，未赴曲阜而转道南下"察视河工"应该不是临时决定的。在这次以苏州为最后抵达地的南巡往返行程中，康熙"乘舆自宿迁至清河"视察该段黄河各险要处堤工，并重点对以"清口"为枢纽的河工工程作出指示：其一，黄、淮汇流后"入海故道浚治疏通"；其二，关于洪泽湖高家堰堤工。后者具体内容见记载：

> 朕观高家堰地势高于宝应、高邮诸水数倍，前人于此筑石堤障水，实为淮、扬屏蔽。且使洪泽湖与淮水并力敌黄，冲刷淤沙，关系最重。今高堰旧口及周桥、翟坝修筑虽久，仍须岁岁防护，不可轻视，以隳前功。

值得指出的是，上述两项指示均系康熙在返程中作出的。

康熙显然能了解黄河淤沙问题非人力所能解决，减小其危害范围的最佳方案则在导黄自山东故道入海。然而，康熙在东巡、南巡的途中，沉溺于近臣诸如"自古帝王实未闻有专志笃好若此者"等称颂氛围中，在治河现场视察后其"人定胜天"的自信陡增。[1] 如若说此前康熙对于靳辅的河工计划尚有骑虎难下的被动感，此度南巡则将其一扫而空。与康熙从此以"千古一帝"自居一样，主宰清代的河工引黄济运的基本国策，亦就此底定。康熙在世期间难有自我修正的勇气，其继任者更难有变更被尊为"圣祖"的康熙生前定下的祖宗之法的勇气。尽管以后几代皇帝都深知，此祖宗之法是错误的。

---

[1]　以上引言载于《康熙起居注》，第 1226、1241、1243、1250、1251、1250 页。

The Reason Why the Caoyun System Failed to Use Sea Based Transportation during Kangxi's Reign

Abstract: The fact that the Qing Dynasty inherited the system of the Ming Dynasty has arrived at a firm conclusion, however, there is no denying that the Qing Dynasty had political aspects of innovation with respect to the Ming Dynasty, and the innovation was basically settled during Kangxi's reign, even including the matter of building the country's political ideology. In addition, following the year that The Kangxi Emperor pacified the Taiwan separatist forces, that is in the year 1684, the policy of opening the maritime trade was fully implemented. And in the year 1700, the act of Interest Bearing Silver was issued, which means the government would lend the business loans with low interest rates to the Manchu bannermen and Han Chinese bannermen for business activities, and the act was first promoted in the field of Sino-Japanese Nagasaki copper trade. The motivation of Kangxi's two measures was due in large part to the monetary reform to solve the problem of continuing deterioration of monetary crisis since the founding of the Qing Dynasty. `Nevertheless, regarding to the two domestic dilemmas of the Caoyun system (grain transporting) and river engineering, there was no evidence that Kangxi had attempted to use sea based transportation to solve these two dilemmas. This paper is based on historical archives, taking account of both historical events and people involved to discuss the position and actions that Kangxi had taken facing the two domestic dilemmas of the river engineering and Caoyun system, as well as to explore the reason why the Caoyun system failed to use sea based transportation during Kangxi's reign.

Keywords: The Kangxi Emperor, Marine Affairs, Caoyun System Using Sea Based Transportation, River Engineering

妈祖对中国海洋文明的影响

周金琰*

（莆田 中华妈祖文化交流协会）

摘 要：妈祖信仰自宋代发祥之后，经过了宋元明清不同时期的演绎传播，以及各朝各代不同人士的推崇，也经历了无数次国家重大事件的发生。这些历史的变迁与变革，都与妈祖之间结下了不解之缘。先民们在从事海洋生产、生活活动过程中，留下了许多妈祖信仰的足迹，并写下浓重的一笔，使妈祖成为海内外海洋文明的先驱。

关键词：妈祖 传播 海洋文明

妈祖，是北宋建隆元年（960 年）出生在福建莆田湄洲岛上的一位聪明贤惠的女子，她因出生后一个月内都不啼不哭，人们称之为"林默娘"。[1] 历代朝廷封她为夫人、天妃、天后、天上圣母，南方信众则亲切地称她为妈祖、娘妈、阿婆，北方信众习惯尊称她为娘娘、老娘娘、海神娘娘。[2] 妈祖生前刻苦学习，努力掌握各项本领，尤其是亲近大海，研究航海，热心于航海活动。宋雍熙四年（987年），年仅 28 岁的妈祖，因在海难中救人而英勇献身，最终把生命"贡献"给了大海，但老百姓们则坚信妈祖是"羽化升天"了，她没有死，而是进入了不生不死的"仙界"，永远在护佑着芸芸众生。

2009 年 9 月 30 日，受海内外华侨华人尤其台湾同胞推崇并"深深扎根在台湾人民精神生活"中的"妈祖信俗"[3]，被联合国教科文组织列入《人类非物质文化遗产名录》，成为中国首个信俗类的"人类非物质文化遗产"。它标志着妈祖信仰已由以华人为主要信众的一种民间信仰，变成为一份人类共同拥有的文化遗产。妈祖生前献身大海，羽化后成为海神，为实践海洋文明做出了巨大贡献。

---

　* 作者简介：周金琰，中华妈祖文化交流协会副秘书长。

［1］ 僧照乘：《天妃显圣录》。

［2］ 刘福铸：《妈祖及其宫庙称呼考述》，《中华妈祖》2011 年第 12 期。

［3］ 2009 年 9 月 30 日，在阿拉伯联合酋长国首都阿布扎比召开的联合国教科文组织政府间保护非物质文化遗产委员会第四次会议审议，决定将"妈祖信俗"列入世界非物质文化遗产，成为中国首个信俗类世界遗产，也是莆田市第一次获得世界级遗产，使湄洲获得了一张世界名片。

一、妈祖与历史上国家重大海事活动

　　发祥于莆田的妈祖信仰，以大海为原动力，与海洋文明息息相关。妈祖信仰发祥地福建莆田地区，依山傍海，先民们靠山吃山、靠水吃水。沿海人民大部分人以垦海捕鱼为生，大海是他们赖以生存的最重要的生产、生活依靠。因此，以海上护航救难为己任的妈祖，最先被以海为生的渔民所敬奉。因海河相通，妈祖信仰便由沿海进一步传播到了与水相关的有漕运和河运的地方。妈祖信仰者的群体，也由渔民扩大到与海河有关的船工和商贾，最终传播到朝廷和官府。妈祖随着信仰功能以及信仰传播区域不断扩大，神格不断提高，最终确立了其神圣崇高的海神地位。

　　妈祖与海洋活动结缘的事例很多，其中有许多与国家重大海事活动有关。如北宋宣和年间，以给事中路允迪为首的宋朝使团奉诏出使高丽[1]，按照传统惯例，临行时祭拜四海龙王祈求平安，保佑船队赴高丽时一帆风顺。结果在出行途中遇到大风，船队"八舟七溺"，似乎是在关键时刻，路允迪没有得到龙王的保佑。路允迪无奈之下，只好听从随从的莆田人李振[2]的建议，尝试祈求妈祖来救助海难。说来也怪，当他们跪下焚香叩头时，一盏红灯从天空出现，紧接着红衣女子一挥手，不久海上就风平浪静。路允迪平安回来后，奏请皇帝，于宣和五年（1123年）赐妈祖庙额"顺济"，以赞颂妈祖能"顺利济度"使舟的神功。妈祖成为海神，就是由类似的一个个神奇传说故事造就的。

　　"元代福建对外贸易的发展表现在：第一，和福建往来的国家与地区越来越多，将元代汪达渊的《岛夷志略》和南宋赵汝适的《诸蕃志》作比较：《岛夷志略》所载和中国贸易的国家和地区有九十多个，比《诸蕃志》多五十多个。一些遥远的国家与地区也与福建有了来往。"[3]元朝建都大都（今北京），以北京为中心的人口迅速膨胀，北方的粮食和生活物资缺乏，必须通过"漕运"（通过河道和海道运粮食）从南方调运粮食和其他物资。当时，海上漕运是最有效率的运输方式。但海上险象环生，当漕船船队进入大海后，船员、水师必须与大风大浪进行搏斗。这时，他们往往通过祈求妈祖保佑获得精神支柱，以使船只顺利到达京津。海上漕运的整个历史，就是一部厚实的妈祖护佑征战海洋的历史。元代，朝廷封妈祖为"天妃"，也是与国家海洋活动密切相关的。

　　明代，三宝太监郑和七下西洋，妈祖与国家海事活动再次结下了不解之缘。郑和庞大的船队经福建停留候风时，都要补充船只和征集大量的福建船工。明代福建造船工业十分发达，是全国著名的造船中心，"福船"是中国"四大古船"之

---

[1]　僧照乘：《天妃显圣录》。
[2]　莆田人李富兄弟。
[3]　徐晓望：《妈祖的子民：闽台海洋文化研究》，学林出版社，1999年，第221页。

一,也是郑和船队最重要的海船船型之一。福建人笃信妈祖,航海技术更是一流,福建的妈祖信仰氛围和船员的精神归依需要,使原本信奉回教的郑和也成了妈祖信仰的忠实传播者。郑和信奉妈祖,使下西洋的整个过程与妈祖信仰紧密相关。郑和七下西洋历时 20 多年,跨越几大洲,在海上与大风大浪不断搏斗,战胜艰难险阻,妈祖信仰也一路随从,给了使团无尽的精神力量,留下了许多妈祖海上救难的故事,为海洋文明谱写了一曲曲动人的篇章。

到清代,因国家统一、两岸关系问题,两岸往来又为世人留下很多妈祖与海洋活动相关的史料。

二、妈祖是中国人开发南海的见证

我国的南海占整个中国海洋的半壁江山,南海中的南沙群岛,在海南岛边缘近 400 公里的大陆架上,旧时称"七洲洋"。南沙群岛的东北部,由永兴、和五、石岛、南岛、北岛等众多岛屿组成;南沙群岛的西南部由珊瑚、甘泉、金银、琛航、中建等诸多岛屿组成。这些岛屿,都是中华先民们最早发现和从事生产、生活的地方。历代渔民、船工、海员、客商,他们都敬奉妈祖,因此,在从事生产、生活的过程中,每每祈求妈祖的保佑,于是在南海诸多岛屿上建有敬奉妈祖的场所,留下了许多妈祖在南海的印记。据了解,我国西沙群岛的永兴岛,当地渔民称其为"猫注",是"锚屿"的谐音,上面就建有妈祖庙,供奉妈祖,渔民们称岛上的妈祖为"猫注娘娘"[1]。这个敬奉妈祖的场所,曾经还挂有"海不扬波"的匾额,与一百零八"兄弟公"等神共同守卫着辽阔的南海,护佑着海上航行的船员和作业的渔民。除永兴岛上的妈祖庙以外,三脚岛(琛航)、甘泉岛、北岛、黄山马(今平岛)、太平岛,都有过大小规模不一的娘娘庙。这些岛屿上所建的妈祖娘娘宫庙,有些是中国渔民用从大陆运来各种建筑材料建成的,其经历可以谱写一曲妈祖护佑渔民,实践探索海洋文明的颂歌;有些是就地取材用珊瑚石砌成的,也是先民与妈祖一起探索海洋文明具体行动的见证。

以海南岛为中心的南海海洋中,留下了众多的妈祖文化遗迹。这表明,南海诸岛留下了中国先民开发、生产、生活的足迹。从文物考古方面,也可以查询到南海诸岛中各种妈祖遗迹。如 20 世纪 20 年代,海南琼海渔民从西沙捞到一尊妈祖石雕像,它是古代中国沿海船只留下的遗物。在西沙琛航岛娘娘庙中有被当地认为是"妈祖化身"的观音像。在永兴岛渔民中流传有神咒,神咒内容大意是:当人们遇到危险之时,只要默念"……天上圣母元君,左千里眼神将,右顺风耳守海将军……"[2]就会逢凶化吉,遇难呈祥。在西沙群岛第二大岛东岛(和五岛)西南角的一座古庙庙门上,刻有对联:"前向双帆孤魂庙,后座一井兄弟

---

[1] 《海南特区报》2012 年 07 月 16 日 。
[2] 《侨乡时报》2007 年 12 月 14 日。

安。"这些都是妈祖信俗在南海的见证。

除了在南海小岛屿上有众多妈祖庙外,在海南岛上的妈祖庙,更是历史悠久。明正德《琼台志》记载,在琼山(今海口)、万州(今万宁)、崖州(今三亚)、感恩(今东分),元代就建有天妃庙。[1] 日本人小叶田淳的《海南史》中就写道:"海南岛最初的天后庙,是元朝时代建在白沙津和海口的。"据不完全统计,海南岛元代的天妃宫有5座,明清的有42座。其中琼州13座,万宁7座。[2] 现在有人说海南岛上的妈祖庙可能达近百座。这些妈祖庙文化底蕴深厚,如海口市海甸北白沙门上村天后宫,对联云:"万派回澜依后德,千秋血食颂神功";白沙门中村天后宫有对联云:"素沐鸿恩光福境,同歌仁里艳阳春。"[3]

在南海,妈祖不但傲立西沙群岛,还挺进环南海沿岸诸多国家。

三、妈祖是实践海洋文明的先驱

"普天之下,莫非王土",这是中国历代帝王的思想意识,但他们往往忽视了海洋也应该属于"王土"。人们都知道,21世纪人类最大的竞争,一是人类的信仰;二是海洋的可控性。我国幅员辽阔,其中海洋是重要的组成部分。在探索实践海洋文明的过程中,伟大女神——妈祖,为实践海洋文明率先作出了伟大的贡献。

妈祖升天后,成为与海洋为伴的保护神。随着社会的不断发展,经过元、明、清不断演绎,妈祖的神通不断壮大。妈祖是一种信仰,女神是一个符号,我们说妈祖为实践海洋文明率先作出了贡献,实际是中华民族为实践海洋文明作出了贡献。

妈祖是一种精神力量,她鼓励着人们去奋斗、去开拓,去探索海洋文明。华人的足迹遍布世界各地,从太平洋沿岸到大西洋之滨,从北到芬兰、冰岛,南至澳大利亚、新西兰。有海的地方就会有华人,有华人的地方就会有妈祖。妈祖信俗的传播过程也是妈祖探索和实践海洋文明的过程。

从闽粤先民东渡台湾到华侨南下南洋,从华侨东进日本,再到西赴西亚,一路上妈祖都伴随着这些先民的足迹,在世界各地落地生根。从宋代到清代,妈祖保佑华人华侨漂洋过海,他们又在世界各地建造了众多的妈祖宫庙。这其中几乎都有一段妈祖灵验的传说故事,这些妈祖在海上或与海有关的灵验传说故事,都是妈祖实践海洋文明的例证。妈祖的声名早在明代就引起了外国人的关注,如明嘉靖二十八年(1549年),葡萄牙人沙忽略[4]写给教友的信中提及妈祖:

---

[1] 蒋维锬、朱合浦主编,莆田湄洲妈祖祖庙董事会编:《湄洲妈祖志》,方志出版社,2011年,第180页。

[2] 《中华妈祖》,2012年第4期。

[3] 徐玉福编著:《妈祖庙宇对联》,江西人民出版社,2004年,第252页。

[4] 沙忽略,葡萄牙耶稣会传教士。

"人们船上供奉妈祖,遇着非常的事故,还要用一种占卜的方法,请求她指示。"西班牙人德·拉达[1]在《大明的中国事物》中也写道:"航海家偏爱另一个女人叫娘妈,生在福建兴化……居住在湄洲岛上。"西班牙人门多萨[2]在《大中华帝国史》中写道:"他们把她尊为圣人,在船尾带上她的神像,入海船行者向她致祭。"这些都是外国人士留下的妈祖与海洋文明的历史记载。从他们对妈祖的描写中,可以看到妈祖于海洋文明探索和实践中的一些轨迹。

综上,妈祖因海洋而生,也因海洋而灵,更因千年保佑从事海事活动的人们而闻名于世。在妈祖信仰传播史上,到处显示出妈祖与海洋文明结下的不解之缘。妈祖足迹如今分布于世界五大洲 30 多个国家,有上万座的妈祖宫庙。妈祖信仰的传播,与海洋文明是分不开的。因此可以说,妈祖为人类的海洋文明探索立下了汗马功劳,妈祖是实践探索海洋文明的先驱。

---

[1]　德·拉达,西班牙奥斯定会驻马尼拉主教。
[2]　门多萨,冈萨里斯·德·门多萨,西班牙传教士,著有《中华大帝国史》。

Mazu's Impact on the Chinese Ocean Civilization

Abstract: Since Mazu belief prosper from song dynasty, and spred through Song Dynasty, Yuan Dynasty, Ming Dynasty and Qing Dynasty, towarded by different generations, then went through countless national reformation events. All the historical changes and transformations had indissoluble bound with Mazu, especially during the Marine production and living activities, it provided many Mazu's belief footprint for historical data of Chinese and foreigners, made Mazu became Marine civilization pioneer at home and abroad.

Keywords: Mazu, Spread Marine, Ocean Civilization

明清两朝中国海洋意识与实践的研究
——以海权论为视角

赵雅丹*

（上海　上海政法学院　201701）

摘　要：本文以海权论、海军战略为视角，分析了由于中国明清两朝和欧洲各国在治国思想、经济格局、外部环境、国家能力上的不同，因此中国在近代化的过程中，在海洋意识、海军战略、海军建设的发展上出现了许多不足，其表现为：海防思想以陆权思维为根，以技术提高为主；高度集权的海军战略决策机制，决策者缺乏海权思维和海战经验；海军战略以"防"为主，忽视海军的机动性和进攻性；海军部署上分而治之缺乏合作；由于缺少得益于海洋的阶层的持续推进和海军战略局限于战时战略的特点，决策缺乏连贯性。

关键词：明清　海洋意识　海军战略

15世纪末16世纪初，随着人类航运技术的提升、对黄金白银的渴求以及探险活动的推动，引起了全球航运的大发展。之前的全球货品经过意大利、阿拉伯、拜占庭和波斯一段一段的中继运输，慢慢演变成了欧洲各国商船遍布全球的直接运输。包乐史认为1567～1620年世界进入东西洋制度时期，欧洲的船队已经到达了万丹、巴达维亚，并与华商贸易网络在东南亚进行衔接。中西方文明开始频繁密切的接触和碰撞，期间亦战亦和、且敌且友。

一、东西方海洋思想与实践的基础差异

在进入东西洋制度之前，中国和欧洲两大文明虽有交流，但不是全面地、直接地接触，而是各自沿着各自的发展轨迹向前迈进，各自体现着不同的文明特点。

---

* 作者简介：赵雅丹，女，博士，讲师，上海政法学院国际事务与公共管理学院、上海政法学院海权战略与国防政策研究所。

（一）治国思想的不同

中国的每一次朝代更替，大多是因为农民不堪忍受税负而起义所导致的。于是，明朝的开国者、明代土地政策和赋役政策的奠基者朱元璋，为了政权稳定，认为治国的第一要务就是"减少税负"，并为了减少税负而遏制政府的开销，于是又削弱了政府的职能。朱元璋遵循道家"小国寡民"和儒家的治国思想对社会进行简单化的管理，希望化繁为简，延续老子理想的农耕社会。明朝以农业为本，"给足衣食，为治之先务，立国之根本"。[1] 商业因其复杂性而被朱元璋鄙夷，陆商已是末等，更遑论越出国境、难以管理的海商。朱元璋一直期望海洋能够成为中国的海上长城，能够阻碍其他势力进入中原，也阻止中原人士脱离政府管辖前往海外，因而实行海禁政策。

中国明清两朝的海禁与开海政策均取决于皇帝对政权稳定的判断。永乐帝虽派出郑和七下西洋，部分原因也是有传言说惠文帝漂流海外，因而派郑和携巨舰重兵寻访、剿灭。此外，下西洋也是为了"扬我国威"，展示国力于海外，不服者皆以武力震慑甚至收服。这可以说是美国威慑理论的明代版本。清朝为维护其合法性，也多沿用明制及治国思想。康熙朝早年为打击郑氏家族，而采取了严格的海禁和迁界政策，在其晚年收复台湾之后，才考虑开海进行海外贸易。

由于中国海盗起源于不服政府统治的人士，所以海盗一直处于政府的对立面。中国的海盗自诞生起就有高度组织性，不像西方只是由几条船组成并到处游历劫掠，而是组成船队，具有一定的势力。即使后来海盗的性质向走私商人进行了转换，政府仍将他们视为不服管辖的潜在威胁。虽然经历了反国家、官盗勾结、亦官亦盗的阶段，海盗自身的组织性，一直都是指令性结构的冲击或潜在冲击力量，被传统体制所不信任，并渴望消灭之。虽然后世海盗的发展，可能已经体现出中国在现代化、全球化和海权上的发展，但是终究由于对体制外权威的不信任、体制内外权威结合的不力而胎死腹中。大一统国家不允许体制外权威的存在，国家必然会对海盗进行坚决镇压，或者是以盗制盗。

明清两朝的弱政府由于将政权稳定视为决策的最高目标，所以对于发展工商业、海外贸易、开征关税并不热衷。明朝的财政管理是消极的，对社会发展的反应相当滞后，没有重视通过工商业发展来增加收入的策略，拒绝考虑民间、私人方面的帮助。明朝政府只关心政府的稳定，拒绝变化。因而，明清两朝的政府都陷入了一种恶性循环——为了政权稳定而削弱政府，削弱政府之后又无力应付政治环境的变化。

而欧洲各国政府则实行重商主义，从王室到平民都追求发财致富。资本主义发展的早期阶段，企业家们常常是和封建势力合伙投资的。比如荷兰、英国，甚至德川时代的日本。"封建领主控制农业生产，商人管理市场。在这种情形下，农业盈余能够逐渐地投资于工商业。由于封建领主本身就是商业合伙人，他

---

[1]《明太祖实录》卷一九，元至正二十六年正月辛卯条。

们为了发展商业不得不放松对贸易的控制,使商业贸易法规逐渐符合商业习惯。"[1]为追求更多的利益,封建领主推动商人进行海外扩张,商业成为了国家的支柱产业。在荷兰扬帆远航之前,葡萄牙、西班牙已经成为了前往东方的贸易先锋。好望角航道开通后,14 个私人公司在荷兰各城市成立,比如远地公司、老公司,[2]从事东方的海外贸易,主要是运载胡椒和香料。1595 至 1602 年间,荷兰各省共派出了 15 支船队共 65 艘船前往亚洲,一下子超过了葡萄牙跃居第一位,而葡萄牙在 1591 至 1601 年间,只派出了 46 艘船。[3]英国也随之大力发展亚洲航运,并于 1600 年成立英国东印度公司。欧洲各国为了尽量垄断亚洲的直接贸易而展开了残酷的竞争。荷兰政府运用力量,把各省的东印度公司集结起来,控制当地市场的低价,以对抗葡萄牙、英国在东方的贸易垄断。

(二) 经济格局的不同

田汝康、韩振华、林仁川的研究显示,近代早期华人海外商务扩张的原动力是"当地经济的商业化和超乡村的贸易领域"。[4]闽人以海为田,唐宋时期就有刺桐(今泉州)等世界性大港从事远洋贸易,后月港(今漳州)慢慢崛起。商业在经济结构中的比重越来越大,对财政的贡献也愈加重要。至宋元时期,商贸税收收入在财政收入中的比例已经十分可观。仅泉州市舶司的番舶收入,就占到全国财政收入的 10%。明代是一个内敛、封闭的朝代,也是个政府职能缩减至最小的朝代。自给自足完成后,便放弃了宋元的海外贸易传统,不再拓殖海外。将农民固定在土地上正是简化管理的体现。明代海禁造成了福建外向型经济面临被扼杀的危险。多亏当地士绅的支持和提供资金,福建航海者才能维持着已经非法的海外经营。明嘉靖年间,"士绅的敲诈和朝廷官员的迫害,海商们不得不揭竿而起,海上贸易不久也由走私方式急转直下,成为赤裸裸的海盗活动"。[5]

由于小农经济自给自足,对海外物产的需求并不多,而且大部分商品的产地并不遥远。无论是开海时的海商,还是海禁时的海盗;无论是其他私商,还是郑氏集团,进出口贸易和转口贸易的范围都未跨出东亚、东南亚,甚至只要在舟山群岛即可。日本学者滨下武志指出,自 14、15 世纪以来,亚洲区域内的贸易在逐渐扩大,存在着一个以中国为中心的东亚贸易圈、以印度为中心的南亚贸易圈、及以此两个贸易圈为两轴、中间夹以几个贸易中转港的亚洲区域内的亚洲贸易圈。[6]由于中国处于东亚的经济中心,区域内的贸易已经能够满足本国的需

---

[1] 黄仁宇:《十六世纪明代中国之财政与税收》,生活·读书·新知三联书店,2011 年,第 465 页。

[2] 为了区别这些公司和 1602 年成立的荷兰东印度公司,将 1602 年前成立的这些公司称为早期公司。

[3] [荷]费莫·西蒙·伽士特拉:《荷兰东印度公司》,东方出版中心,2011 年,第 7 页。

[4] [荷]包乐史:《巴达维亚华人与中荷贸易》,广西人民出版社,第 10~11 页。

[5] 同上书,第 11 页。

[6] [日]滨下武志著,朱荫贵、欧阳菲译:《近代中国的国际契机:朝贡贸易体系与近代亚洲经济圈》,中国社会科学出版社,1999 年,第 56 页。

要。荷兰、英国等为追求商业利润,跨越大西洋、印度洋,深入远东,补给线过长,不如闽商、浙商的以逸待劳有优势。闽商或浙商据地利优势,属于区域性强商,但都未跨出此区域。汤因比在《历史研究》中也指出,明清两代政府都没有在西方经纪人的贸易活动中看到那种刺激起日本人的贪欲的巨大商业利润前景。[1]

(三) 国家外部环境的不同

在欧洲人进入亚洲之前,中国在政治和文化上一直是一个区域性的强国。中国一直是区域的中心,建立起朝贡体系,使万邦来朝、成为藩属,并学习中国的政治制度和文化。中国一直扮演着制度输出和文化输出的角色。由于中国在欧洲工业革命前鲜有威胁主权的强大竞争者的出现,因此缺少竞争意识和发展、革新的动力。而欧洲各国一直处在竞争之中,生存的压力使得各国不断地发展技术、制度。在欧洲这片试验田上,各国在竞争中优胜劣汰,再相互学习促进,整体水平都有了提高。

(四) 国家能力的不同

中国的海盗在经历了反国家、反社会的阶段之后,经过宋元繁荣的海上贸易的培育和发展,在明代受到海外贸易的经济驱动,形成了海上商业和军事的复合体,进入了官盗勾结、亦官亦盗的阶段。这一阶段与西欧或日本进入资本主义的阶段类似,正是处于突破封建势力、进入资本主义萌芽的关键时期。明朝政府由于削减中央财政造成了国家能力的不足,不能提供有效的水上军事力量剿灭海盗,为海上军事复合体的发展提供了空间。明朝政府不能适应社会的发展,对海盗性质的变化认识不清、反应不力,不能提供足够的海关管理将其行为合法化、国家化,也不利于国家能力的提升和发展。

明朝初期,劝农、开垦政策和里甲制的实施稳定了社会。但是,自15世纪初,由于诸多社会矛盾,曾是明朝国家基础的里甲制秩序开始解体,[2]于是各地农村出现了社会分解、农民流散的现象。自15世纪中叶,中央和地方政府的控制力开始削弱,加上官吏的腐败,政府不但不能完全掌握土地和户口的变化,国家能力也日渐衰微。自洪武时期建立起的应急性财政体制,财政征收手段简单生硬、无任何科学性,总是在出现问题时采取拖延政策,直到问题严重得不能不解决时,才想办法解决。当时,军队要自己生产粮食,村落要实行自治以减少政府的职能,通过减少人手以节约管理经费。

倭患横行将明朝应急性财政体制的缺点暴露无遗。16世纪的明朝,政府几乎没有任何可以用来支配的结余。政府实际掌握的财政资源零碎分散,不注重

---

[1] [英]阿诺德·汤因比著,刘北成、郭小凌译,《历史研究》,上海人民出版社,2000年,第358页。

[2] 吴金成:《国法与社会惯性——明清时代社会经济史研究》,知识产业社,2007年,吴金成:《矛、盾的共存——明清时代江西社会研究》,知识产业社,2007年。

军事组织的后勤工作,仅靠少量部队保卫国家,致使军备提升不力,卫所废弛,连年倭患无力解决,连战船都是租借的。加之,沿海官盗勾结、商盗结合、商人武装化,使倭寇、海贼等力量越来越炽。明朝政府一方面加强对沿海官员的配备和调换,另一方面又借助客兵兴剿,或竭力招抚,但都没有肃清海盗。在自身水师力量较弱,无力剿匪的情况下,一方面以盗制盗,再兔死狗烹。中国大部分的有名海盗,最后的下场要么是被招安,要么是被已招安的海盗歼灭。另一方面,实行海禁政策,因噎废食,对于新出现的事物不是引导、规范而是杀灭新事物,以退回到新事物出现之前。明隆武朝,郑成功的亦商亦官亦盗的确类似于资本主义早期商人和封建领主的结合,而且郑氏集团的诸多决策都进行过利益的衡量和分析。这本是中国内生资本主义的一个机遇,却因为内战而扭转了方向。"中国的大统一是由地主阶级来实现的,地主阶级的强烈保守、因袭思想和庞大的官僚机构相结合,使得这个统一国家的前途,只能是专制和愚昧。"[1]

而这一时期的欧洲国家的能力却在提升。欧洲历史上存在着多种不同的海盗,比如冒险海盗和私掠船海盗。冒险海盗是 17 世纪劫掠西班牙人的英国、荷兰或法国海盗,他们会袭击西班牙属地的城市和公海上的船只。欧洲人在本国海军力量不强时,利用本国海盗打击别国海盗,即西方特有的私掠船海盗。政府与之签订契约,允许其在战争期间攻击对方舰船和商船,政府从劫掠到的财物中分红。由于有契约的存在,私掠船海盗不会攻击本国的民众和商船,政府也不会因为其在战争中的劫掠行为而追究其罪责,反倒视为国家的功臣。私掠船海盗只在大航海时代盛行了一段时光,随着各国海军实力不断提升,海盗的日子越来越难熬,最终被消灭。1650 年至 1674 年,英国和荷兰进行了三次海上战争,成为了现代海军的起源。欧洲各国在拓展海外贸易、发展现代海军的同时,建立了宪政、现代财政体系和金融体系,完成了现代化的华丽转型。

二、东西方海洋意识与实践的轨迹差异

中欧两个地区迈上了不同的发展轨迹,沿着不同的发展维度、以不同的速度前进,出现了巨大的差异。上述不同,也带来了中西海防思想、海军战略和海军建设的诸多不同。

(一) 明清海防思想以陆权思维为根,以技术提高为主

由于中国的敌人总是出现在内部,比如王位传承,或者北方游牧民族入侵;由于中国一直是陆权国家,受技术所限以及经济结构的制约缺乏海洋实践,特别是远洋实践,所以海洋一直被视为天然屏障,而非海洋国家认为的可以到达远方市场的广阔通路。明朝由于倭寇、海盗横行,陆权官员主张以海禁制敌,而主张

---

[1] 傅衣凌:《从中国历史的早熟性论明清时代》,《史学集刊》1982 年第 1 期,第 31 页。

开海的官员均为地方官员，难以左右国家的大政方针。直到鸦片战争发生，才有了晚清第一次关乎国运的、全国高官参与的海防策略大讨论，这一次主要讨论的是战争为何失利。与英军亲身交战的军政官员如林则徐、奕山、怡良、吴建勋、梁宝常等人面对西方的船坚炮利，提出"以夷制夷"的政策，主张学习西方先进技术、加强海防建设；另一批有过实战经验的官员，则从心理上排斥，主张放弃海洋，放弃战船，继续与英军在陆上进行较量；未有与英军交战经历的官员，如纳尔经额、托浑布、玉明、璧昌和孙宝善等人，盲目无知地认为失败是将帅指挥无能和士兵缺乏训练造成的，认为只要加强训练、撤换将帅就能战胜。

而随后的多次战败，才让清廷明白双方海军的实力差距。直到太平天国运动时，清廷才有了购买西洋船镇压内乱的动力。对于海军建设，最初也简单地等同于购买军舰。自19世纪60年代起，清政府历经20多年的惨淡经营，始建成一支具有相当规模的海军。这只近代海军是购买组建的，而不是由自行建造的军舰组建的。从19世纪60年代开始，中国成为欧洲海军技术的主要进口国，至1882年中国已经拥有了近50艘舰船。虽然有一半数量的舰船是在外国帮助下在中国国内的上海或福建船厂自行建造的，但是吨位最大、最现代化的军舰均购自国外，特别是英国和德国。19世纪晚期，中国舰队最重要的舰船是两艘德国建造的战舰——定远号和镇远号，排水量达到7430吨。由于装备了14英寸的装甲和4门12英寸口径的克虏伯大炮，它们被认为是不可战胜的。

这一时期的中国海军"掌握着维多利亚时代的尖端技术"。技术虽有提高，但是战术的变化，即战场上的运用和部署的变化却不能一蹴而就，需要克服整个保守阶层的习惯势力。于是晚清的海军和水师同时存在，铁甲舰和大帆船混用，由于机动能力、火力的不同，对于制定作战计划是一个严峻考验。在制定作战计划前，必须考虑清楚：海军在战争中的确切职能，海军的目标，在哪里集中，后勤保障，以及航线的交通畅通等等。特别是海军的目标和战争职能必须放在国际关系中，结合国家的发展目标进行考量。但是清政府最初仅满足于器物的提高，追求"中体西用"，对于新器物带来的管理方式的变化认识不足。中法战争后，清朝政府才开始注重海军制度的建设，1888年颁布了《北洋海军章程》，建立起了统一的近代海军制度，清朝为管理技术密集型的海军而设立了海军组织体系、海军财政体系、人员管理体系和后勤保障体系。与传统水师制度相比，清朝近代海军制度出现了结构和功能专门化的现代性特征。但是，这时的海军制度受传统政治制度、陆权思维的制约，仅仅维持着一支制度化水平较低的近代海军舰队。

（二）中国缺乏高层次的海军战略

学界在分析清末多次战争失利的原因时，总是集中在技术、战术和制度层面。比如，马尾海战中福建水师覆灭的原因：武器装备落后于法军，战机选择失败，海陆配合失当；北洋海军战败的直接军事原因：指挥无能（丁汝昌出身陆军，缺乏海战经验），编队变阵错误（以单横编队迎战日本单纵队），"济远"、"广甲"等舰临阵脱逃，军舰航速落后和弹药不足，避战保舰、贻误战机等等。台湾师范大学教授王家俭在其著的《李鸿章与北洋舰队》中认为："中国近代化仅从军事方面着手,而日本则从政治、经济、教育等全面地展开;中国近代化不知建立法规制度,从根本处做起,而日本则反之。中国消极被动,没有远大的理想,仅思抱残守缺为已足;而日本则积极主动,力求向外扩展,而使其国日趋强大。是知中国近代化的成败,国家的强弱,绝非偶然。"军事术语中的战略是指军事将领对一个或多个的战场进行全局筹划的军事谋略、方案和对策。海军战略是对海军使用的全局筹划。明清中央政府也缺乏对海军战略的思考和高规格的应用。

1. 高度集权的海军战略决策机制

中国是一个中央集权的国家,任何国家大战略的最终决定者都是封建君主。也就是说专职的沿海军政官员可以进言,但是所进言的策略是否被采纳和推广,还要看上层的态度。而决策人的经历、眼界和个人偏好决定了决策的质量。这种集权决策体制,使民间关注的问题难以进入政府议程,而进入政府议程的决策难以保证其质量和科学性。

封建军制的核心是与君主专制政治制度相配合的军事集权制。清朝军队的最高领导权属于皇帝,他一般亲掌军队的组建、调动、任将与指挥权。辅佐皇帝执掌军权的中枢机构,主要有议政王大臣会议、军机处、兵部。所有用兵大事均由皇帝亲裁,由议政王大臣及军机大臣参议谋略,钦命统兵大臣直接指挥。兵部名为中央军事领导机构,仅管理绿营兵籍和武职升转之类事宜,并不能统驭军队。"从成立时起,清朝水师就是一支编制无统一规定,也无全国统一指挥机构,分别隶属于各地区将军、总督、巡抚指挥的辅助兵种,职责是防守海口、缉私捕盗。装备是旧式木帆船和旧式火炮。"[1]

集权体制虽然有能力(但不一定)依靠其征税能力高效的组建海军,但是"民主制和立宪君主制被证明能更好地维持海军力量,因为这些国家的政策往往反映了许多从海军力量中获益的群体的利益:商人、沿海城镇、殖民投机商和投资人……毕竟这些群体是海军资金的提供者,在保持哪种类型的海军以及怎样使用海军等问题上,他们拥有决定权"[2]。

西方资本主义国家在全世界范围内依靠自己的海军保障海外贸易、抢占殖民地。为管理海军,欧洲各国都建立了自己的海军制度。英国依靠工业革命积累的技术优势建立了优秀的造船厂,使得自己的海军造舰吨位和火炮技术傲视欧洲;总结多年的海战经验,率先将从劳动力市场征集船员的制度变更为战舰水兵的长期服役制度;不断完善食品加工厂等后勤设施等的管理制度;改革了战费筹措制度,"1693～1694年,英国国债的发行以及英格兰银行的建立,使得英国当局支持战争的财力剧增",[3]国债部门将制约英国皇家海军发展的旧式短期

[1] 姜鸣:《龙旗飘扬的舰队——中国近代海军兴衰史》,生活·读书·新知三联书店,2002年,第15页。

[2] 安德鲁·兰伯特著,郑振清等译:《风帆时代的海上战争》,上海人民出版社,2005年,第25页。

[3] 同上书,第87页。

王室债券,改换为长期的国家投资,英格兰银行则顺利地给海军提供足够的资金,为海军财政的长期运作打下了基础。这些明确的海军制度,保证了英国海军的发展,推进了英国从海上岛国发展成全球帝国的进程。而法国海军在整个路易十五统治时期,缺少王室或国家的有力领导,再加上海军债务严重、人力有限、缺少演习、技术相对落后,所以法国海军一直居于二流。1758 年法国海军战败还导致了政府的破产,海军的军事行动也因为缺钱而停止。所以说,任何忽视海军及其制度建设的国家都付出了惨痛的代价。

中国发展近代海军的动力一是战败,二是镇压内乱。可见,最高决策者的最优偏好依旧是政权稳定。两次鸦片战争失利带来的晚清国际、国内环境的变化,使晚清政治系统承受着巨大的生存压力。清政府需要建立近代海军及其制度确保其统治。为此清朝将资源划拨给海军,支持海军的发展。

在做具体决策时,决策者的局限性依旧体现的十分明显。第一次鸦片战争后,浙江巡抚刘韵珂对各地战况进行了坦白的反省:"夫厦门、定海、镇海三处守御事宜,皆聚全省之精华,殚年余之心力,方能成就,实非易事。而该逆夷乃直如破竹,盖其炮火器械无不猛烈精巧,为中国所必不能及。又该逆漂泊于数万里之外,其众皆以必死为期,万夫一心,有进无退。"[1]道光皇帝看后,在"其众皆以必死为期"处批示"可恶之处,实在于此"。决策者依照其个人偏好,认为英军士气才是胜利的关键,而忽略了英军的炮火器械。后续也希望提升中国官兵的士气,以士气取胜,显然是贻误了发展海军的时机。

1885 年中法战争结束后,光绪十一年九月(1885 年 10 月),慈禧太后发布懿旨,指定了办理海军事务的人选:"着派醇亲王奕譞总理海军事务,所有沿海水师悉归节制调遣;并派庆郡王奕劻、大学士直隶总督李鸿章会同办理;正红旗汉军都统善庆、兵部左侍郎曾纪泽帮同办理。现当北洋练军伊始,即责成李鸿章专司其事。其应行创设筹议各事宜,统由该王大臣等详慎规画,拟立章程,奏明次第兴办。"[2]清廷设立了总理海军事务衙门, 简称海军衙门,管理全国海军,统一海军的指挥权。海军衙门实行满汉双轨制,但又仿总理衙门,以王大臣为统领,设总理 1 人, 会办、帮办各 2 人,额员 4～6 人。海军衙门大臣分为总理大臣、会同办理大臣、帮同办理大臣,但没有明确规定三者之间的关系。这些大臣全部由部臣疆臣兼职,没有专门负责海军衙门事务的。虽然海军事务交由海军衙门统一管理,但是海军衙门的官员设置仍然是泛功能化的,并没有明确的职能划分。而且"从理论上讲,海军衙门有负责海军建设和海军调度的军政军令大权,但在实际上,它的权限仍然限制在军政方面"。[3]从事海军事务的人,难进高层,没有决定权,而有决定权的人又缺少海军战略思维。

2. 决策内容的重点在于"防",忽视了海军的机动性和进攻性

(1)以守为战

[1] 刘韵珂:《奏报浙江战况折》,《筹办夷务始末》(道光朝)卷三五,第 5～6 页。
[2] 《清德宗实录》卷二一五,光绪十一年九月庚子条。
[3] 姜鸣:《龙旗飘扬的舰队——中国近代海军兴衰史》,第 220 页。

　　海军能否承担起维护国家利益的任务不仅取决于武器装备,也取决于作战理论。

　　威廉·庞德古的《难忘的东印度旅行记》,记载了1618~1625年荷兰舰船与中国战船的多次交火。总的来说,荷兰人依靠炮利,胜率较大,到处滋扰东南沿海各村落;有记载的中国的胜利多是依靠火攻,而且是诱使敌船泊入港内再以火船烧之,成功几率比较大。郑成功收复台湾的江门之战,也是在鹿耳门内海利用人海战术击沉“赫克托”号,而后吃水深的荷兰舰只逃亡外海,并取得了机动优势。可见,明朝时的中外海战均发生在海岸、港口附近。清朝海禁后,海防思想上主要是“重防其出”,禁止片帆入海。清朝初期,沿海各省水师的职能仅为防守海口、缉捕海盗之用。“用今天的标准来衡量,清朝水师算不上是一支正式的海军,大体相当于海岸警卫队。”它的对手仅仅是海盗,而不是其他国家正规的舰队。[1] 第一次鸦片战争中,林则徐提出“以守为战”的战时战略:放弃海洋、保卫海口,以守为战,以逸待劳,诱敌深入,聚而歼之。[2] 道光皇帝采用了该项战略,后谕令沿海提督照此实行。第一次鸦片战争后,转向“重防其入”。之后,李鸿章提出了“近海防御”战略。清政府始终是以防为主,被动的发展海军,只求能满足维护清政府统治的需要。理查德·赖特的《中国的蒸汽海军(1862~1945)》强调了由于中国是个陆权帝国,所以贯穿中国历史的主要外交政策目标一直是保证其他大国远离其陆地边界——他的海军只是防御性的。“清军不是一支纯粹的国防军,而是同时兼有警察、内卫部队、国防军三种职能。其中国防军色彩最淡,警察色彩最浓。”[3] 倪乐雄教授也认为农耕国家依赖土地而生存,安全范围不出国境线,国防军军种自然以陆军为主。在此基础上建立的海军,为陆上边界服务,负责防卫海岸,特别是港口。

　　海岸防御主要有两种工具——炮台和海军,海岸炮台和舰船的比较:前者的特点在于以其笨重来发挥巨大的守势力量;而后者的特点则在于灵活机动。防卫任务应由陆军与海军共同承担。反击、骚扰,即攻势防御,应该由海军承担;而直接击退登岸的攻击,则主要由陆军负责,这种防御的准备规划基本上也属于陆军。防卫港口,如果放弃攻势防御,就是放弃了海军的机动性和进攻性,以己之弱势迎战对方的强势。马汉明确指出:(1)以同等攻击能力而论,浮动炮台或机动能力很小的船只在抗击海军攻击方面的防御能力不如陆上工事那样强而有力。(2)将身强力壮以航海为业的人员用于防御港口,就等于将攻势力量禁锢在低级的,即防御的岗位上。(3)使海军人员从事防御并脱离海洋,将损伤其士气和技艺,这在过去的历史上已不乏其例。(4)使海军放弃进攻,就等于使其放弃正当的、也是最为有效的技能。[4] 掩护海岸要塞要海陆协调,并且海军要能灵

[1]　茅海建:《天朝的崩溃》,生活·读书·新知三联书店,2005年,第39页。
[2]　王宏斌:《晚清海防:思想与制度研究》,商务印书馆,2005年,第12页。
[3]　茅海建:《天朝的崩溃》,第53页。
[4]　马汉:《海军战略》,商务印书馆,2003年,第146页。

活机动,不能作为单纯消极防御的工具。第一次鸦片战争时,"以守为战"正是看到双方的实力差距的无奈之举,但对于英军海军机动能力的低估和对清军陆战能力的高估,使得中方丧失了战场主动权,分兵把守、处处设防、陆上往返调兵,被英军的机动能力拖垮。

甲午战争的威海卫保卫战,正好是海岸防御需要陆军、海军协调的最好战例。旅顺失守,朝中震动。李鸿章给威海守将丁汝昌、戴宗骞、刘超佩、张文宣发电:"旅失威益吃紧,湾、旅敌船必来窥扑……闻酋首向西船主言,甚畏'定'、'镇'两舰及威台大炮利害。有警时,丁提督应率船出,傍台炮线内合击,不得出大洋浪战,致有损失。戴道欲率行队往岸远处迎缴,若不能截其半渡,势必败逃,将效湾、旅覆辙耶?汝等但个固守大小炮台,效死勿去。"[1]此安排甚合马汉的经验总结。可是陆上的战前动员不够,措施无力,再加上党争、派系之争的纷扰,对日军登陆竟无动作。海军使用上,丁汝昌决定使用依附炮台、港口防御的方针,对日军登陆置之不理,意图在港口死守,显然违背了李鸿章的意图,将海军完全当成单纯消极防御的工具。在威海防御炮台两天之内全线崩溃,大量守军闻风而逃时,港内处于劣势和被重创的北洋舰队也走到了末日。

（2）分而治之

鸦片战争时期,清军的外海水师主要部署在福建和广东两地。水师以营为基本战斗单位。营以下的部队没有集中驻扎,而是分散在当时的市镇要冲等地。之后建立的近代海军依旧沿用旧制。四支水师:一支位于广东;一支位于福建福州,当时的福建区划包含台湾;一支南洋水师,主要部署在上海周边;还有一只北洋水师,主要停泊在旅顺口。每一支水师各自负责一定地理区域的防御。

海战的胜利取决于战场的舰船数量、火炮火力。为此,分散的海军部署也分散了火力,在战场中难以取得绝对数量的优势。所以马汉认为海军必须持续不断地进行集中,这是海上战略不同于路上战略的又一特征。陆军的平时配置必须直接参酌战时的需要,但由于另一方动员困难,故陆上允许分散兵力。一旦即将发生战争,陆军先进行战斗动员然后再进行集中。但是海军具有陆军无法比拟的机动能力,而且海上运输队实际上同战舰具有同样的机动能力。对于海军来说,集中是首要的,至少应抢在战争爆发之前,才能保证战场上获得压倒敌人的火力而取胜。"所有这些在机动能力上的有利条件在时间上便意味着快速;而这种运动所需时间的减少则意味着所行距离的增大,这就便于压倒兵力分散或毫无戒备之敌。"[2]所以陆权思维指导下的海军兵力分散实为失策。

虽然分散的中国海军的力量可以帮助帝国统治者镇压叛乱、维护皇权,但这项政策在海战中却是灾难性的。例如,在19世纪80年代中国北洋水师拒绝帮助南洋水师抵御法国人,结果中国失去了藩属国安南(今越南)。10年后的中日

[1]　李鸿章:《寄威海丁提督戴道刘镇张镇》(光绪二十年十一月初一日西刻),《李鸿章全集》
　　　第三册,安徽教育出版社,2008年,第219页。
[2]　马汉:《海军战略》,第121页。

甲午海战中,南洋水师同样拒绝了北洋水师的支援要求,结果中国失去了对藩属国朝鲜和台湾岛的辖治。正如赖特指出的,即使在战争中南北各部的武器进行简单的再分配都会使"舰队的射击性能得到极大改善"。

3. 决策缺乏连贯性

海军战略不同于陆军战略之处在于,无论是在和平时期还是在战争时期都需要海军战略。海军战略不仅战时要考虑,在和平时期也要有意识地为战争做准备。一是要注意周边均势。这种国与国之间的关系虽然主要是政治家考虑的内容,国际政治学者研究的内容,但是海军和陆军的战略家也必须将这种关系列为必须予以考虑的资料,因为这些关系同其他要素一起决定着本国舰队的建立和规模。"一只胜任的海军……并不单单依赖于现存的实力均势……还必须考虑到妄图打乱这种均势的富有明显威胁性的政策。"[1]清朝最高决策者建立海军的动力,仅仅是保卫国土(陆权思维),没有持久的动力。在买成全球水平第六的北洋水师后,对暂时和平的国际形势开始麻木,未能及时注意到日本意图打破东亚均势的意图和行为,七年未添一舰,以至于"吉野"成为日军打垮北洋水师的王牌。二是要培育可能在战时获得的潜在好处,特别是以和平手段获得战略据点。"海军战略在和平时期可以通过购买和缔约在一个国家内取得在战争时可能难以获得的优势位置,而赢得决定性的胜利。它善于利用一切机会于岸上选点立足,由最初暂驻成为最后的占领。"[2]

战略据点有两类,一类位于自己国家的海岸沿岸,一类位于国境之外的海上贸易线上。对第二类战略据点的关注,正是因为海军的远航能力,海军能够到达遥远的领属关系未定或境外政治力量薄弱的地区。假如一个国家要想对这种领属关系未定的地区施加政治影响,它必须占有位置合适的基地。而和平时期,应该有意识地、在合适的时机、以和平的方式获得这些基地。它对维护海上贸易线、运输线至关重要。一旦你先取得了该战略据点,在战时就获得了比你的敌人更加有利的位置,掌握战场的主动。你的舰队在背后既有可靠的位置可供依托,又有防护严密的交通线可同本土紧密相连,于是贸易、运输和补给等各种活动均可自由进行。当敌对双方兵力大约相等时,对方不会冒险进入这样的海域。正如约米尼说的,假如你没有把握控制整个战场,那么最好占据能使你控制战场大部的那些据点。应当依靠已经取得的各个战略据点或由陆、海军强行占领的位置,由你能够坚守得住的位置向敌人的方向推进,愈深入愈好。但在推进中延伸你的交通线时,应保证你在前进位置上的兵力不致遭到危险。[3]显然,中国由于其内敛性,从未认识到境外的战略据点的重要性。因此,明朝对葡萄牙人占领马六甲,清朝对日本虎视眈眈地谋求琉球、台湾,都未能有效应对,特别是在军事上的应对。

---

[1]　马汉:《海军战略》,第103～104页。
[2]　同上书,第117页。
[3]　同上书,第122页。

中国也未能有效保护自己海岸的战略据点。一个好的战略据点要具备一定的攻势力量。马汉认为攻势力量包括"(1)能够集结并掌握一只既有战舰又有运输舰船的庞大兵力。(2)能够将这只兵力安全而顺利地投送到深海。(3)能够给这只兵力以不间断地支援直至战役结束。这类支援中,提供坞修方便总是被视为最为重要的支援"。[1] 清末近代海军依靠旅顺和威海戍卫京津门户,而能够修理定镇两舰的只有旅顺的船坞。一旦中国失去其在旅顺口的码头,也就对修复外国造的受损军舰束手无策了。中日战争即将结束之际,定远舰最终被凿沉,而镇远舰被日本完整带回并加入到日本舰队中。

---

[1]　马汉:《海军战略》,第146～147页。

The Research of Ming and Qing's Maritime Awareness and Practice: The Perspective of Sea Power

Abstract: This article's perspective is theory of sea power and naval strategy. The Ming and Qing dynasties and Europe's have been deferent ruling ideology, economic structure, the external environment, the ability of different countries, so Chinese navy have been a deferent modernization process and many different ideas in the ocean awareness, naval strategy, the development of naval construction, such as, establishing navy for Coast guard within land power, just improving naval technology and equipment, highly centralized decision-making mechanism of naval strategy, policymakers lacking of sea power thinking and naval experience, naval strategy ignoring the Navy's mobility and offensive, dispersed deployments, lack of cooperation, and decision-making lack of coherence.

Keywords: Ming and Qing, Maritime Awareness, Naval Strategy

近代上海港与长江流域经济变迁

戴鞍钢[*]

（上海　复旦大学　200433）

　　唐宋以来，长江流域一直是中国经济的重心所在。改革开放后，其仍是举足轻重的地区。2012年12月28日，时任中共中央政治局常委、国务院副总理的李克强在江西省九江市，主持召开由长江沿线部分省份及城市负责人参加的区域发展与改革座谈会。他指出，要保持我国经济持续健康发展，出路在转方式、调结构，而最大的结构调整就是扩大内需。内需潜力东部有，中西部回旋余地和发展空间更大，沿江地带是重要的战略支点。先沿海兴旺起来、再沿江加快发展，梯度推进，这符合经济发展规律。他强调，市场力量是行政力量难以替代的，经济区域不等于行政区域，长江流域可先行探索统一市场。[1]

　　回顾长江流域近代经济发展的历史，位于长江入海口的上海港，作为全流域的内外贸易枢纽港，一直发挥着十分重要的客货集散吐纳功能。追溯上海港这种地位和功能形成确立的历史进程，有助于我们加深对历史、现实和未来相关问题的认识。

　　为什么讲这个题目？有两个方面的原因：一是结合航海博物馆的业务特点。港口，当然是海港，特别是上海港，一百多年来一直是中国最大的海港，这个地位从来没有动摇过。这里有历史的原因，也是一个现实的问题。二是与现实的关系。"一切历史都是当代史"，严格来讲，所谓回到历史的真实现场是很困难的，任何历史都是相对真实的。对历史的认识都要受到一些主观、客观条件的限制。人的主观认识有一定的限制，客观资料也有一定的限制。通过探讨一些历史的问题，可以增进对一些当代问题的认识，这一点则是没有疑问的。当今的上海，在中国现代化的过程当中，所具有的独特的作用和地位是有目共睹的。其中，港口担负着非常重要的作用。

　　上海和长江流域并不是自古以来就像现在这么重要。一般认为，这种地位的形成是唐宋以来才开始的。随着大运河的开掘，中国经济重心从黄河流域向

　　＊　作者简介：戴鞍钢，男，上海青浦人，复旦大学历史学系教授，侧重研究中国近现代社会经济史和航运交通史。

［1］《东方早报》2012年12月30日，第7版。

长江流域转移。这一点,学术界是认同的。当然,现在的考古发现认为黄河流域是中华民族的摇篮,同时又与相关地域有密切关系。

上海在长江流域崛起的历史则更晚。一般认为,1843 年的开埠(今年正好是 170 周年)是上海在中国经济社会中脱颖而出的一个重要分水岭。分水岭的意义即在从传统经济向市场经济的过渡。我们过去强调 1840 年的鸦片战争是中国近代史的开端,多是从半殖民地半封建的角度强调的。撇开政治,中国经济的转型是和鸦片战争混合在一起的。中国历代的封建政府,一直是把维护自己的统治放在首位,经济是其次的,也就是说经济永远服务于政治。在这样的情况下,上海一直被边缘化。但是到鸦片战争后,这种局面就改变了。很长一段时间内,在由欧美国家主导的对华政策和对华贸易关系中,追求贸易利益、追求市场扩大是他们的主要目标。这一目标的实现,客观上推动了中国传统经济向市场经济的转型。原来由中国政府主导的经济局面,让位给由列强主导的经济局面。这种局面对中国到底是有利还是有弊? 长期以来是有争议的。

鸦片战争前,中国一直是传统经济;鸦片战争后,开始融入市场经济,但它是一个由列强主导的市场经济。列强理所当然的从中得到了最大的好处。从这个角度来说,对中华民族来讲并不是一件好事。但是,这种市场经济相对于传统经济毕竟迈出了一大步,摆脱了传统政治对经济的束缚。新中国建立后,由列强主导的市场重新回到了人民的手中,回到了中国自己政府的手中。但由于受到当时国内、国际因素的影响,中国不得不走上了计划经济的道路。这种历史的选择,有其深刻的历史背景。它结束了由列强主导中国经济的局面,中国政府已经有可能按照自己的意愿,选择对自己有利的方式制定经济政策。但由于计划经济的自主性不够,其带来的弊端也有目共睹。1978 年改革开放以后,中国又回到了市场经济。当然,这不是简单的历史轮回。现在的市场经济是有中国特色的社会主义市场经济。可以说,上海是一个风向标,在几个关键点都是开风气之先的。党的十八大之后,李克强在江西九江强调,现在最大的结构调整就是要扩大内需。所谓扩大内需,就是要培育市场,而市场潜力最大的区域就在长江流域。长江流域的抓手就是以上海为龙头,跨越行政区划的一种市场体系。上海四个中心的建设要与国家的整体战略相契合。

以上是一个前言,尽管探讨的是上海港口历史,但还是有很强现实关怀的。第二点,上海之所以与长江流域紧密地联系在一起,是有其历史发展脉络的。以下,分几个阶段予以阐述。

一、开埠前的上海与长江流域

(一) 内向型经济格局的制约

1843 年开埠前的上海,因为航运繁忙而闻名于东海之滨。上海地区最早的海港,当数唐宋时期的青龙港(今属上海市青浦区白鹤镇)。它位于当时上海地区主要干流吴淞江的入海口。

南宋中叶以后,随着海岸线的东移和吴淞江的淤浅,青龙港逐渐衰落。海船多从吴淞江南岸支流宋家浜入泊上海浦,渐次形成市镇。至南宋末叶,青龙港的地位已由上海港取代。

明永乐元年(1403年),户部尚书夏元吉主持太湖流域的治水工程,下令疏浚源于淀山湖的吴淞江支流等河道,形成了一条黄浦江水道,上接泖湖诸水,下径达海。后又经过多次整治,终成河道宽深、水量丰沛的出海航路,取代了吴淞江的干流地位。黄浦江的后来居上,一是由于它的水量丰沛,它的上游即是淀山湖;二是由于它依托上海县城。

黄浦江的形成,奠定了上海港的发展基础。因为有港口、城市、河道,商业的发展顺理成章。商业发展到一定程度,政府的相关行政建置、管理机构就会跟进。制度的规范有利于港口的发展,港口的发展又促进了城市的繁荣,政府税收也随之增加,税收增加又促使政府更加重视这一地区。整个环节是一个互促互进的关系。

有几个时间节点对上海的发展至关重要:元至元二十九年(1292年),上海正式设县,从只是华亭县的一部分,升格为县;明嘉靖三十二年(1553年),上海筑城墙,筑城的直接动因是防御倭寇;清康熙二十四年(1685年),江海关在上海设立。江海关的设立表明,上海港已经发展到相当成熟的阶段。此后,上海港以货物进出频繁扬名于东海之滨。但是,开埠前上海港的发展受到了人为的束缚,其中有清乾隆二十二年(1757年)颁行的广州一口通商禁令。1843年的上海开埠,打破了广州一口通商的禁令。

这一阶段,上海地区港口的发展基本处在内向型的与海外市场基本隔绝的状态。

(二)长江三角洲的主要出海港

开埠前上海港的形成与发展,既得力于先天的独特优势,也是后天人们努力进取的结果。

当时上海港所在的太湖平原,各港口间有一个盛衰兴替的过程。在清代前期,堪与上海港比肩的曾有江苏太仓州的浏河港(曾有六国码头之称,它是江南通往海外的一个重要港口)。上海港的南端,浙江嘉兴府平湖县的乍浦港一度也颇为兴旺(孙中山晚年的《实业计划》中设想的东方大港即在乍浦港)。这两个港口先后被边缘化,究其原因有二:港口是与腹地密切相连的,长江三角洲最发达的地方在苏松二府,苏松的核心在上海,从港口腹地物质基础支持的角度看,上海港居另外两港之上;从水文状况看,潮汐对浏河港和乍浦港的影响要超过上海港。上海因是内河型海港,虽然也受潮汐的影响,但缓冲的余地比较大。就当时的木帆船时代而言,泥沙的淤积并没有对上海港造成太大的冲击。而浏河港和乍浦港因潮汐带来的泥沙淤积,在当时技术条件下是很难克服的。至清嘉道年间,浏河港、乍浦港日益衰退,使上海作为长江三角洲主要出海港的地位愈发突出。

然而,当时朝廷的内外政策束缚了中国海运业的发展,也束缚了上海港的发展。这种政策的典型即是广州一口通商禁令。几乎所有的进出口商品都要经过广州一口对外,外国商人与中国的商品交易都要经过政府特许的十三行来进行。这一外贸禁令严重束缚了上海港的发展。当时,中国外销的商品主要是丝和茶叶,而丝和茶主产地在江南,由于政府的外贸政策,出口港舍近求远,不能就近通过上海港出口。政府闭关政策主要针对的是欧美国家,以长江和运河为基干的内河航运,仍是长江三角洲与长江中上游省份物资交流的主要渠道。因此上海开埠前,顺长江而下的沿江各省商船,多将江南首府苏州作为其购销货物的终端港。在与长江流域的经济联系方面,上海是作为从属于苏州的转运港发挥作用的,它仅是长江三角洲的出海港。

二、开埠后的上海港与长江流域

(一) 上海港区位优势的凸现

此期上海港区位优势的凸显主要从三方面体现:

第一点,一口通商禁令的解除。1840 年鸦片战争爆发,1842 年中英《南京条约》订立。该条约规定广州、厦门、福州、宁波、上海对外开埠通商,史称"五口通商"。鸦片战争在政治上是西方对中国的侵略,而在经济上则打破了封建政府刘社会经济发展的限制。这印证了马克思在评述《英国在印度的统治》时的一个论断:"用一种恶的力量完成了一种历史的进步",但这个过程是血与火的过程。1843 年 11 月 17 日,上海被迫对外开埠通商。广州一口通商禁令的解除,使上海港久被压抑的潜能得以凸现。

第二点,上海港与同期开埠港口的比较。开埠后各港口的机会是均等的,从当时各港口的行政级别来讲,上海只是一个县城,地位最低。其他港口要么是省城,要么是府城。但是,上海为什么能够脱颖而出,并在十年之中取代广州成为中国对外贸易的首要港口呢? 作为贸易口岸,上海拥有的经济、地理优势,在同期开埠诸港口中是独具的。港口是靠大宗的货物吞吐来维持和发展的,其腹地能否提供大宗的源源不断的货物,对一个港口的发展至关重要。其他四个开埠港口背后都是丘陵地带,港口的腹地有限、物产有限、人口有限。而上海背靠长三角,腹地延伸至整个长江流域。这也是外国人选上海作为通商口岸的一个基本理由。这是当时清政府始料未及的,清政府认为外国人会选苏州。选择上海之后,清政府认为外国人会选南市(老县城),但是外国人没有选南市,而是选择了县城之外的外滩,那时的外滩是县城郊外偏僻的滩涂地。外国人为开辟中国的市场,看重的是上海与长江三角洲之间的关系。从这一点来看,苏州的优势不及上海。另外,从上海租界的选址来看,南市不具有优势,外滩处在苏州河和黄浦江的交汇点,外国人既可以就近和上海县城进行贸易往来,又可以通过吴淞江(苏州河)与广阔的腹地经济交往。为什么闭关政策下外国人对中国市场有如此清晰的认识? 外国人对上海的兴趣,其实早已有之。外国的传教士一直没有停止在中国的活动,这些传教士就是早期的"中国通"。因为他们的活动,使得西方人对中国的了解远远高于中国人对西方的了解。

同时也应该指出,上海港在开埠后的迅速崛起,与五口通商时期中外关系的演进也有一定的关联。五口通商后,仅上海一口的外国人与本地人的关系比较融洽,其他四个港口均遭到本地人不同程度的抵触。比较有名的事件就是广州的反入城斗争,即反对外国人进入广州城。外国人在各地受到较多抵制,唯独上海相对风平浪静。上海附近,1848 年虽发生青浦教案,但不在上海县城。这种中外相对和缓的局面,为上海的城市和上海的港口发展创造了相对有利的环境。以往,大陆学者很少涉及这个话题,而港台学者则从民性角度给出解释。江南民众的性格比较温顺,闽浙、粤广等地民风比较剽悍。这种回答似觉牵强,只看到了表层现象。其他四个港口的反对外国人的斗争,其运作主体是当地的士绅、宗族、官府。在这些地区,传统的宗族组织、社会团体、社会关系网络根深蒂固。但是上海这一点不突出,上海从来就是一个移民城市。在古代社会,上海本来就是一个被边缘化的城市,远不及苏州,近不如松江。它就是一个外港,五方杂处。发生在上海的小刀会起义,其实是福建水手在上海的起义,反映的是移民城市中外来人口的反抗。在这样的城市里,难以出现众望所归、登高一呼的人物。这是城市历史演化出来的城市氛围,而这种城市氛围恰恰有助于上海在五个开埠港口中脱颖而出。因为列强在其他四个港口均受到阻碍,促使他们更多、更快地向上海集中。

(二) 长江流域的内外贸易枢纽港

长江流域的市场潜力和前景,是开埠后的上海港受到欧美列强青睐的一个重要原因。他们深知上海地处长江入海口,在其背后的长江流域蕴含着巨大的市场潜力和广阔的发展前景。

在上海港广阔腹地的大宗货物运输方面,作为西来物的轮船具有传统木帆船不可比拟的优势。轮船时代的到来,轮船以上海为基地向长江流域的伸展,极大加速了上海港的发展。当时货物运输的主要手段是航运,大量海上货物的吞吐是靠星罗棋布的内河输送完成的。长江流域有大小通航支流 3600 多条,通航里程达 70000 多公里,约占全国内河总通航里程的 70%。上海作为长江流域龙头港的地位,对外国人具有很强的吸引力。

长江沿岸口岸的开埠。1856 年至 1860 年的第二次鸦片战争后,长江沿岸的镇江、九江、汉口相继被迫对外开埠通商;1876 年,芜湖、宜昌开埠,安徽大通、安庆,江西湖口,湖北武穴、陆溪口、沙市则准许外国船只停泊上下客货;1890 年3 月,又增辟重庆为通商口岸。自此,上海至重庆的长江轮船航运线路全部开通,它直接推动了上海港航运业的发展。上海港在长江流域的地位,从地区性枢纽港跃升至流域性内外贸易枢纽港,并因此密切了上海港与长江沿岸各地原本薄弱的经济联系,也促使上海港的客货运输大为增加。

上海内外贸易枢纽港的地位。这方面主要从三点可以体现:第一点,上海与长江流域独特的关系;第二点,列强的重视;第三点,列强对港口的经营。此期,上海港口硬件建设方面居全国前列。上海港作为内河型港口,加之苏伊士运河开通之后,大吨位航运船舶进出上海港受到阻碍。海关总税务司赫德曾认为疏浚问题不解决,上海港是短命的,甚至比不过镇江。基于此,航道的疏浚变得尤为迫切。上海港的疏浚问题在《辛丑条约》的附件中进行了明确规定。从政治角度来看,它是对中国主权的侵害,但对港口自身发展而言是一个很重要的因素,而这种因素在其他地方往往是不具备的。

三、上海港与长江流域经济的互动

(一) 港航体系与市场流通

开埠后上海港的崛起,以其量大面广的商品吞纳直接带动了整个长江流域市场流通网络的组合,渐次形成了以上海为中心、以进出口贸易为导向的,沿江各主要口岸为中介的,结构有序、层次分明的市场体系。上海港以此为纽带,加强了长江流域各地区间的物资交流、资金融通、信息传输和技术传播,长江的运输潜力得到更多的开发利用。沿江口岸、近代港口及城区建设相继起步,各地的资源开发、经济发展因此得到有力的推动。

上海港的经济腹地,也从长江三角洲伸展到整个长江流域,涵盖江、浙、皖、赣、鄂、湘、川诸省,包括秦岭和黄河以南的陕西汉中、河南大部及鲁西南地区。港口与腹地间互补互动的双向联系,得以在更大范围内清晰展现。

100 年间,中国虽经过历次战争动荡,但是整个市场体系基本得以维持。市场体系的维持依靠的是众多的小农和商人。近代长江流域港航体系构建和市场流通实现的过程,实际也是传统商业网络与进出口贸易网络的嫁接,亦是传统木帆船和轮船的嫁接。轮船时代的到来一定程度上为港口的转型(由内向型向外向型)创造了条件。

(二) 口岸贸易与商路变迁

以上海为中心的近代长江流域口岸贸易格局的架构,主要表现为受上海港内外贸易引力的吸纳,长江流域内各省区主要的商品流转线路,经由镇江(通向南北大运河)、芜湖(通向皖南)、九江(通过鄱阳湖、赣江深入到江西境内)、汉口(向南经过洞庭湖到湖南,向北经过汉水到达陕西秦岭南部地区)、重庆(向南到云南,向西到西藏)等主要口岸的中介,组合成以上海为中心的集散格局。

　　这种集散格局的物质基础，是长江流域各地为上海港内外贸易所提供的丰富的物资来源和广大的销售市场。两者通常又是重合的，往往在向外输出商品的同时，也成为接纳外来产品的销售地。将这些商品产销地与上海连结起来的，则是纵横其间的货物运输线路，沿线经济生活也因此活跃。

结　　语

　　回顾近代上海港崛起及其与长江流域经济变迁互补互动的历史进程，有助于我们加深对百余年间上海港一直雄居中国各海港之首的深厚底蕴的认识；有助于我们加深对改革开放后，上海港一直作为长江流域经济发展"龙头港"的重要地位的认识；也有助于我们加深对上海正着力建设国际航运中心重要性的认识。可以确信，上海港在推进长江流域及全国经济社会未来的发展进程中，依然会发挥极其重要的作用。

　　　　　　　　　　　　　　　　（根据中国航海博物馆系列学术报告整理）

弘扬妈祖文化精神　架设两岸交流桥梁

——2013 年海峡两岸妈祖文化学术研讨会综述

孟建煌　许元振

（莆田　莆田学院　351100）

　　欣逢全国台联妈祖文化交流基地授牌、福建省妈祖文化研究会成立之际，我们在莆田学院隆重举行海峡两岸妈祖文化学术研讨会，在各位领导、专家学者的大力支持下，本次研讨会取得了圆满成功。

　　本次研讨会荣幸地邀请到 50 多位海峡两岸的专家学者参加，共征集到妈祖文化研究论文 48 篇。现将论文按照内容的不同归纳为五个方面：妈祖信仰史的梳理与研究、夯实妈祖信仰的文献资料基础、妈祖信仰"在地化"的多样形态、妈祖文化传播的方兴未艾、妈祖文化事业与产业的蓬勃发展等。

一、妈祖信仰史的梳理与研究

　　以妈祖信仰为主旨的妈祖文化源远流长、博大精深，千百年来已经在华夏儿女的心中深深地扎下根来。因此，妈祖文化不但是连接海峡两岸同胞感情的文化桥梁，也是海内外华夏儿女血脉相连的文化纽带。对于妈祖信仰在海峡两岸传承、发展的历史与现状的梳理与研究，有助于妈祖文化的传承与发展，有助于增强全球华人的文化认同感，具有深远的现实意义。

　　关于台湾妈祖信仰史的研究，或探其源流，或察其蜕变，或总体概括，或探究个案，精彩纷呈。王见川的《颜思齐传说与新港奉天宫"开台妈祖"信仰的由来》以翔实的历史资料与严密的逻辑，论证了开台先贤颜思齐先生与奉天宫独具特色的"开台妈祖"信仰的密切关系。柳秀英、黎鸿彦的《从六堆天后宫的兴建历史谈妈祖信仰的在地开展》从建筑文物、文献资料与文化祭仪活动等多方面对六堆天后宫进行了考察。"六堆"是台湾历史最悠久的客家聚落，而位于内埔地区的六堆天后宫，则是六堆地区历史最悠久的庙宇，也是六堆居民的妈祖信仰中心。对六堆天后宫兴建历史的考察，对于研究客家移民的妈祖信仰形态具有重要意义。杨淑雅的《台湾高雄旗后天后宫的创建与发展》对有"高雄第一妈祖庙"美称的旗后天后宫兴建的背景、宫庙的概况及其发展现状进行了考察，揭示出其传承性与现代性相结合的发展态势。张桓忠的《由私而公：蓝兴宫蜕变为万春宫的历史探微（1789～1824）》对台中万春宫的历史沿革进行了考察，深刻地揭示了清初蓝氏家族的兴衰与台湾妈祖信仰的关系。研究发现，公庙形态的万春宫乃是由带私家庙色彩的蓝兴宫蜕变而来的，这与兴建蓝兴宫的蓝氏家族在乾隆后期势力逐渐式微有关；蓝兴宫改名为万春宫的过程，还解决了寺庙的运作、经费的开销、祭仪的进行等问题。林伯奇、陈素云的《异民族统治下台湾的妈祖进香活动——以彰化南瑶宫笨港进香为例》考察了日本占据台湾时期彰化南瑶宫往笨港进香的历史，探讨了台湾信众面临政权转换、异民族统治与社会生活方式改变时，是如何延续其固有的民间信仰活动的。施义修的《妈祖文化的价值观》从妈祖文化的根源、妈祖的神迹与教化、妈祖神格之形成、儒家的入世理论、妈祖对儒家理想的实践、儒家与妈祖文化的结合、正信的文化使命等几个方面，梳理、总结了妈祖文化内蕴的价值观。王海冬的《台湾妈祖信仰的由来与发展》也梳理了台湾妈祖信仰的源流。

　　此外，还有不同神祇信仰史之间的比较研究。张安巡的《比干崇拜与妈祖信仰》比较了比干与妈祖的信仰史，并指出其异同：比干的民本思想与直谏壮举是儒家思想的渊源之一，对中国的政治文明建设与儒商精神的发展起了持久的历史推动作用；而妈祖是中国大同理想的生动表达，成为中国人和平开拓海洋与大陆水系的精神旗帜。从比干到妈祖，不仅代表了血脉的传承、精神的传承，也从侧面反映了中原人走向沿海、内陆文化走向海洋文化的迁移和演变过程。

二、夯实妈祖信仰的文献资料基础

　　对与妈祖信仰相关的传说、传记、专著、档案、诗词、散文、史料、方志、庙宇、碑文、建筑、匾额、对联、经文、签诗等文献资料和民间文物的搜集与考证，建立、健全完备的妈祖信仰文献资料，是促进妈祖信仰广泛传播，提高妈祖文化学术交流与研究水平的一项不可或缺的基础性工作。

　　这项研究工作注重对史料的收集与甄别。研究者们通过艰辛的田野调查或查阅地方志史料，掌握了大量的第一手资料，并以此为基础进行归纳分析，或补充史实，或以如炬的目光披沙拣金、去伪存真、去芜存菁，并通过严密的论证得出令人信服的新结论。

　　妈祖信仰是一种植根于内心的理念，又外在地表现为妈祖牌匾、碑铭、签诗、楹联等各种审美形式。那么，从外在形式入手去整理资料，就有助于由表及里地探究妈祖信仰的深厚内蕴。李建纬的《台湾苗栗县妈祖庙所见"与天同功"匾形式与历史考证》以苗栗县妈祖庙所见的七面"与天同功"匾为例，从匾额风格、工艺与历史三个层面，剖析了"与天同功"匾的文化内涵与历史意义，并厘清了其制作的先后顺序。叶钧培的《金门妈祖信仰碑铭调查研究》就妈祖寺庙中的碑铭、壁画及妈祖公园的碑文来探讨妈祖文化在金门的状况。严文志的《台湾妈祖碑碣之研究》由妈祖相关碑碣的研究切入，透视台湾妈祖文化的形成与发展。施志胜、洪忆青的《台湾妈祖庙签诗研究——以板桥慈惠宫为例》，通过对慈惠宫签诗结构与内容的探析，具体地呈现出台湾庙宇签诗文化的概况。刘福铸的《台湾妈祖宫庙楹联特色探析》从内容与修辞艺术两方面探讨了台湾妈祖宫庙楹联文化的特色，从一个侧面认识了台湾与大陆间难以割断的深刻人缘、神缘关系。郑镛的《妈祖信仰与闽南民间社会整合——以漳浦旧镇为视角》考察了漳浦当地的妈祖信仰习俗，解读文物、文献资料，对理解明清时期闽南的乡村治理有新的发现。明中后期，妈祖信仰成为不同姓氏的乡民自我管理、自我教化的有力推手。妈祖庙也成为乡规民约的发布地、道德教化的核心区，和平息和调解民事纠纷的裁决所。

另外，还有关于妈祖文化典籍、档案的整理，乃至于电子数据库建立等方面的研究，都具有极其重要的现实意义。蔡相辉的《从〈蓉洲诗文稿选辑〉蒋毓英〈台湾府志〉析论清初台湾妈祖信仰》以季麒光《蓉洲诗文稿选辑》和蒋毓英《台湾府志》中的相关记载来分析清初台湾妈祖信仰状况。该文还对1985年中华书局出版的蒋毓英《台湾府志》的书稿来源、版本进行考证，发现此书为1958年以后为防止"台独"理论而创造的"新古书"，有关天妃信仰的内容也无信史参证。陈祖芬的《现存妈祖信俗非物质文化遗产档案的特点》，通过对古今妈祖信俗非物质文化遗产档案情况的调研，归纳出内容丰富、载体形式复杂、保存地点分散、生存状态濒危、整理状况较为零散等五个特点。洪莹发等的《台湾妈祖庙数量与分布：兼述世界妈祖宫庙数据库的筹备》试图利用现代科技技术，对台湾寺庙调查与妈祖庙数量、各区域庙数妈祖量以及分布、台湾妈祖信仰的数量变化进行调查分析，并整合历史文献与田野调查、数字数据等，作为妈祖学术研究与文化推广的基础，进行台湾妈祖庙的时空分布研究，进而筹备建立世界妈祖宫庙数据库。该数据库包括宫庙基本数据，含寺庙名称、奉祀神明、简介等相关功能，并且希望加入地理坐标等功能，可以具有时空检索等功能，并配合研究中心内收集典藏的各项资料，有望成为世界第一个妈祖宫庙文化数据库。

三、妈祖信仰"在地化"的多样形态

"天下妈祖，祖在湄洲"，妈祖信仰主要通过妈祖祖庙分灵、家族传授和故事传说而传承、传播。当妈祖信仰作为外来文化到达传入地后，吸收当地的文化元素，进行融合与重构，即妈祖信仰的"在地化"。因此，妈祖信仰在海峡两岸传承发展的过程中呈现出丰富多彩的区域特色，是"本土化"与"在地化"的统一。以下论文就从各个侧面阐明了妈祖信仰"在地化"的历程与特色。

蒋忠益等的《林园地区渔业与妈祖相关活动之研究》通过田野访谈及问卷调查，并结合相关文献资料，针对林园地区宗教习俗及渔民禁忌两方面做了一系列探讨，以整理出此地区渔业与妈祖信仰相关活动，如妈祖海上巡香、划龙舟比赛、海洋文化节等的演进变化。

德国学者白瑞斯的《巴西海上女神耶曼佳的来源及其信仰》通过分析在巴西纳塔尔（Natal）田野调查中所掌握的大量资料，发现巴西海上女神耶曼佳和妈祖信仰的相似之处在于：她们都伴随着航海者的足迹在世界范围内广泛流传，都受到了其他信仰的影响（基督教、佛教）。但和基于中国本土的妈祖相比，耶曼佳的宗教融合性更强，在历史发展中集合了各种宗教元素，在现代化的今天也成了巴西流行文化界广受垂青的偶像。

林国平的《闽台民间信俗的文化内涵与现代价值》以生育信俗、信仰疗法、普度、迎神赛会和进香谒祖等五种信俗为个案，对闽台民间信俗的文化内涵和现代价值进行了深入分析，认为闽台民间信俗是历史的产物，是闽台人民共同创造的精神财富，其内核体现了雅文化的精神，在维护家庭和睦、社会和谐、两岸和平发展等方面发挥着独特的作用。

何振良的《浅析泉州天后宫的建筑文化特征——兼谈天后宫的保护和开发问题》对泉州天后宫的建筑文化特征进行分析，揭示出其既具有中华主流文化特点，又带有浓厚的闽南地域文化特色的独特的文化特征；并对泉州天后宫的保护与开发利用提出了可操作性的实施意见。

范正义、郭阿娥的《关系网络、社会资本与民间信仰复兴——泉州霞洲妈祖宫的个案研究》从关系网络这个独特的角度切入，以泉州霞洲妈祖宫为例，对改革开放后关系网络、社会资本与民间信仰复兴之间的互动关系进行了阐述，指出了一条可参照的民间信仰复兴的新路子。

王宏刚的《妈祖信仰在内陆》通过田野调查，掌握了大量的第一手资料。他经过分析得出结论，妈祖信仰之所以从湄洲屿深入内地、遍及五洲，是因为其蕴涵了中国人最普遍的社会伦理憧憬、人格品质理想以及实现这种追求的勇气、智慧、胸怀与胆识，因而有广泛的普世性，能与中国的传统主流文化——儒释道互动。妈祖的文化精神契合了中国和平、和睦、和谐的文化基质。

彭邦本的《清代巴蜀的妈祖崇拜与闽籍移民》以天后宫为妈祖文化载体，探讨了清代闽籍移民族群与巴蜀妈祖崇拜的关系。他指出，这种引人注目的信仰又产生了新的地域化特点和变迁，从海洋文化转化为内地农耕文化大板块上的组成部分，并参与到当地社会历史的进程中，发挥了积极的影响作用。

许平的《浅议妈祖文化在上海》深入探究了妈祖文化对上海文化的历史作用和现实意义。上海文化"海纳百川"，极具"多样性"和"兼容性"。妈祖文化自传播到上海以后，对上海的民俗文化或民间文化，乃至在上海城市文化或海派文化的形成发展过程中，必然也会产生一定的影响和作用。

四、妈祖文化传播的方兴未艾

两岸同胞血同源、书同文，福建、台湾更是隔海相望，妈祖文化作为两岸同源的民间信仰，成为两岸文化交流的使者。那么，探讨妈祖文化的两岸交流对于发展两岸关系就具有重大的历史价值与现实意义。随着交流的深入,妈祖文化的传播范围也更加广泛,关于妈祖文化传播方面的研究也方兴未艾,从传播学的各个角度加以展开。

在妈祖文学传播方面,孟建煌、龚琳的《从清代散文看妈祖信俗的传承与发展》着重考察了清代妈祖散文,发现其从妈祖的神职功能、妈祖信仰的传播地区、妈祖信仰得到发展的原因等方面反映了清代妈祖信仰的状况,客观上推动了妈祖信仰的进一步传播,巩固了妈祖海上保护神的地位。吉峰的《传播与妈祖文化的关系——以妈祖文学作品为例》从对妈祖文学作品的解读,阐明了传播与妈祖文化的关系。

关于妈祖文化传播媒介方面的研究,林庆扬的《浅析新时期妈祖文化的传播》强调应该两岸联手共同打造网络传播平台,并充分利用智能手机等新的传播媒介来传播和弘扬妈祖文化。许元振的《浅析妈祖文化新媒体传播的娱乐化趋势——以妈祖微博的内容为例》对妈祖文化传播媒体的新形态——微博进行探析,从量、质、经济效益、社会效益等几个方面对妈祖微博进行媒体评估,发现其越来越明显的娱乐化趋势。程元郎的《论妈祖电话卡及对传播妈祖文化的作用》从妈祖电话卡这种特殊的传播媒介入手,分析其种类,探讨其特征,着重指出妈祖电话卡在传播妈祖文化中记载妈祖千秋功德,彰显妈祖"立德、行善、大爱"精神的作用。

关于妈祖文化传播途径方面的研究,徐颖的《功能目的理论视角下的莆田妈祖文化宣传资料翻译》通过对湄洲妈祖文化宣传资料英译中出现的问题进行分析,提出修改意见,同时从功能目的理论的视角出发,对妈祖文化宣传资料的翻译策略进行探讨,努力改善翻译质量以促进妈祖文化传播。吴若己的《妈祖神话故事结合语文教学之设计——ADDIE模式初探》将妈祖的神话故事与高等海事教育语文课程结合,运用分析、设计、发展、执行以及评鉴的ADDIE课程设计模式,深入探讨了妈祖文化课程的教学方式。

关于妈祖文化传播符号的研究,李丽娟的《从语域角度分析多模态妈祖图文故事语篇中插图的位置》运用语域理论探讨妈祖图文故事语篇中图像的位置及其作用,阐释图像和语言作为社会符号是如何相互协同形成合力构建整体意义的。柯立红的《妈祖祈福活动中的"世界福"标志创意》研究了妈祖祈福活动中的"世界福"标志,它以"福"字为载体,将中华传统的"五福"观念巧妙地融入到平面设计中,从表层及内涵探寻总结了传统的"福"文化并加以创意发展,涵括了"世界福"的多个福愿理念。徐维玮的《从传播学视角透析妈祖文化形象的建构》则从传播学视角透析了妈祖文化形象的建构方式。

五、妈祖文化事业与产业的蓬勃发展

妈祖文化作为一种国际性的非物质文化遗产,具有文化事业的性质;但作为一种特色文化品牌,妈祖文化又具有文化产业化的发展潜质与发展趋势。文化事业的本质在于非营利性,注重社会效益;文化产业则与文化事业相对应,是一种营利性活动,更多地考虑经济效益。妈祖文化在事业化、公益化的基础上,积极服务于地方经济,完全可以发展与之相关的文化产业。

在妈祖文化事业方面,以下论文分别从发展战略的高度、慈善与公益事业、非物质文化遗产等方面作出了有益的探讨。

蔡尚伟、娄孝钦的《南海妈祖文化圈建设与我国南海文化发展战略》基于妈祖文化在南海周边国家的传播现状以及南海妈祖文化圈的形成,南海妈祖文化圈建设具有的机遇和存在的缺失,探讨如何在南海周边国家建设妈祖文化圈,推动我国的南海文化战略发展。甘满堂的《团体自觉与政策引导——台湾宗教团体从事慈善与公益事业之路》指出,台湾宗教团体之所以积极从事慈善与公益事业,一方面是团体的自觉,可以借此获得社会的进一步支持与经济资助,促进宗教团体慈善与公益事业的可持续发展;另一方面也与台湾地区的相关政策引导有关。王霄冰、林海聪的《妈祖:从民间信仰到非物质文化遗产化》从文化生态学视角出发,追溯妈祖信仰从一种地方性民间信仰成长为人类非物质文化遗产的历史过程,旨在揭示国家政治和社会文化思潮与民间信仰之间的互动和互构关系,从而探讨妈祖信仰的发展趋势与未来的生存形态。

在妈祖文化产业方面,以下论文分别从妈祖文化产业集群与区域经济发展的关联、旅游产业、妈祖文化景观的构建、妈祖文化创意旅游产品开发、妈祖文化影视资源开发、妈祖民俗体育文化产业、妈祖文化区发展休闲渔业等方面的现状及策略提出了建设性的意见。

刘志、马芳菲的《莆田妈祖文化产业集群与区域经济发展的关联度研究》提出了莆田妈祖文化产业集群要向文化创意产业方向转变的发展策略,分别从政府和企业两方面阐述了其在莆田妈祖文化产业集群发展过程所应起到的职责及作用。陈淑媛、林凯的《莆田妈祖文化旅游产业区域竞争力研究》以旅游产业的六个要素作为出发点,对莆田湄洲岛、天津古文化街和台湾北港镇这三大世界妈祖庙的所在地进行对比分析,区分出其各自的竞争优势、不足,为妈祖文化旅游产业的发展提供参考。黄秀琳的《妈祖文化景观乡土元素的解读与表达》在乡土元素和妈祖文化景观内涵定义的基础上,对妈祖宫庙建筑、妈祖祭典、妈祖服饰和饮食等三大妈祖文化景观的乡土元素进行解读,为妈祖文化景观的构建、营建提供参考。蔡加珍的《妈祖文化创意旅游产品开发研究——以湄洲岛为个案》通过对问卷进行分析,指出湄洲岛妈祖文化创意旅游产品开发存在的问题,并从政府和当地主管部门、各企事业单位以及当地居民三个方面提出妈祖文化创意旅游产品开发的具体策略。帅志强、郑剑皇的《妈祖文化影视资源开发的现状及策略》指出,要挖掘和利用妈祖文化影视资源,必须从打造影视产业链、扩展妈祖影视主题、加大政策支持等方面入手,进一步做强、做大妈祖文化影视产业。刘永祥、王清生的《论海西妈祖民俗体育文化创新发展与闽台妈祖民俗体育文化交流》通过探索对以妈祖信俗为核心的妈祖文化中的体育文化现象,对海西妈祖民俗体育文化创新发展与闽台妈祖民俗体育文化交流进行分析。他提出打造妈祖民俗体育文化特色的体育产品,开展海西妈祖民俗体育健身与竞技赛事活动,建立海西妈祖民俗体育赛事旅游与滨海体育旅游园区,推动妈祖民俗体育进校园等创新发展思路。林立新、王清生、刘青健的《妈祖民俗体育文化产业发展特征及策略研究》对妈祖民俗体育产业的内容、特征和价值进行研究分析,提出了相应的发展策略。刘永祥的《论海西妈祖民俗体育文化产业开发创新与发展》提出了打造妈祖民俗体育文化产业特色的体育产品等海西妈祖民俗体育文化产业的开发创新思路。陈静青、闵志勇的《莆田妈祖文化区发展具体育特点之休闲渔业的探讨》分析了莆田妈祖文化区发展休闲渔业的资源条件、现状和问题,并提出了发展具体育特点之休闲渔业的若干建议。

结 语

总之,妈祖文化源远流长、历久弥新,其精髓早已沉淀在每一个炎黄子孙的心中。本次研讨会紧紧围绕妈祖文化研究的各个层面进行了深入而广泛的探讨,取得了丰硕的成果。研讨会学术交流和探讨的气氛浓厚,与会论文或以资料的翔实、新颖取胜,或以考证功夫的扎实、研究方法的创新、研究视角的独特引人注目,总体的学术含量较高。本次研讨会的成功举办,对深入开展妈祖文化研究,弘扬中华优秀的传统文化,加强海峡两岸和海内外文化交流、推动莆田市经济文化建设的全面发展,将产生积极的影响。

"南澳 I 号与海上陶瓷之路"
学术研讨会综述

陈景熙 陈嘉顺

（厦门 华侨大学 362021）

（汕头 汕头大学 515063）

2013 年 8 月 9 日至 10 日，由中国中外关系史学会与广东省南澳县人民政府、潮汕历史文化研究中心联合举办的"南澳 I 号与海上陶瓷之路"学术研讨会，在广东省汕头市南澳县隆重举行。会议共收到学术论文 48 篇，来自广东、福建、云南、吉林、上海等省市数十家高校、科研单位、文博机构及学术团体的 60 余位代表参加了本次研讨会。

一、研讨会缘起

南澳地处闽、粤、台三省三角地域的中心地带，濒临西太平洋国际主航线。"南澳 I 号"是一艘明万历年间失事沉没于南澳附近海域的商船，于 2007 年 5 月被发现，沉船位置在南澳岛的东南内侧，距南澳岛陆地的最近距离为 2 公里，海域平均水深为 25 米。船头方向为云澳港。据 2010 年的发掘，基本认定船体长 27 米，最宽 7.5 米。现共发掘出水文物 3 万余件，其中瓷器最多，其次是陶器、铁器、装饰品等，还有 4 门大炮及植物种子等重要文物。2010 年，南澳 I 号水下考古工作被列为国家水下文化遗产保护"一号工程"。

开幕仪式上，潮汕历史文化研究中心罗仰鹏理事长致辞指出："南澳 I 号"的发现，证明了南澳海域在明代已是中外舶商进行贸易的重要场所。学术研讨会的举办将推动海上陶瓷之路研究的学术发展，进一步向外界展示潮汕地区特别是南澳早期海外交通、海外贸易、陶瓷生产以及海外陶瓷贸易的情况。

中外关系史学会副会长、国务院参事室特约研究员丘进教授在开幕致辞中指出，中国中外关系史学会是从事中外关系史和中外文化交流史的科研、教学、出版工作的全国性专业学术团体，对于"南澳 I 号"等中外关系史、中外文化交流史研究领域的重要学术课题，组织开展学术研讨活动，是中外关系史学会责无旁贷的工作；22 年前成立的潮汕历史文化研究中心，则是在国学大师饶宗颐教授长期指导下，享誉国内外学界的民间学术团体，罗仰鹏理事长就职以来，积极推进潮汕历史文化研究中心与国内学术主流接轨,独具慧眼地倡导召开"南澳Ⅰ号与海上陶瓷之路"学术研讨会。因此,出于共同的学术关怀和学术责任感,中外关系史学会决定与潮汕历史文化研究中心、南澳县委县政府联合主办此次研讨会,期望借此为诸位专家学者提供学术探讨的平台,推动南澳Ⅰ号,乃至于海上陶瓷之路的研究。

二、主题报告

在主题报告环节,中山大学副校长陈春声教授从明代海禁政策与地方海上贸易传统的冲突出发,以南澳为中心,深入地探析了明代闽粤交界处地方社会转型的历史脉络与具体机制;在史学方法论方面,该研究的意义在于说明作为社会史研究分析工具的"区域",必须以人为本,与特定时空背景下具体人群的活动联系在一起,才具有实质意义。

厦门大学南洋研究院李金明教授指出,明代后期漳州月港部分解除海禁后,众多的私人海外贸易船从月港出航到东西洋贸易,船上装载着大量外销到欧洲各地的中国瓷器,"南澳Ⅰ号"沉船可能与月港的解禁,以及漳州窑瓷器的外销有着密切的联系。

厦门大学南洋研究院廖大珂教授在中西文献互证的基础上,重点运用16至18世纪西方文献中的外文资料,尤其是古地图,论证明清时期南澳历史地位的变迁。

广东省社科院海洋史研究中心主任李庆新研究员则认为,南澳在宋以前名不见经传,到了15世纪以后,南澳以其所处海洋区位优势与海岛环境,成为海盗啸聚、走私贸易的重要据点。"南澳Ⅰ号"的出水,对研究明中后期粤闽海外贸易,特别是海禁时期南海私商有十分重要的价值。

广东文物考古所水下考古队队长崔勇研究员亲身经历了沉船考古和器物出水的过程,他利用视频向与会者展现了部分尚未公布的出土珍贵文物资料,生动形象地论述了发掘出的文物价值及意义,引起了与会者的极大兴趣。

三、分组讨论

与会代表分四组进行交流,围绕"南澳Ⅰ号"个案、粤东港口及海上陶瓷之路研究、海外交通贸易、历史文献与海外交通史等方面的议题展开热烈讨论。

分组讨论中,"南澳Ⅰ号"的个案研究成为焦点,与会学者围绕"南澳Ⅰ号"的个案,多学科多角度地展开深入探讨。邱立诚认为,"南澳Ⅰ号"沉船属于海船应无疑义,沉船的水下考古工作还未结束,许多研究工作还有待进行,相信随着沉船面纱的揭开,许多未解之谜一定能得到我们所期待的答案。陈汉初从汕头港的地理位置、自然条件、潮州窑、瓷窑生产陶瓷的历史以及汕头港陶瓷对外贸易

国家航海　第五辑

National
Maritime Research

【南澳Ⅰ号与海上陶瓷之路】
学术研讨会综述

135

情况出发,论述了汕头在陶瓷对外贸易中的重要地位。李开洲引述考古人员对
"南澳Ⅰ号"沉没原因的推测,着重分析南澳海域礁石和海盗这两大原因,指出南
澳海域不仅只有"南澳Ⅰ号"这艘明代沉船,应该还有其他古代沉船等待着发现
和发掘。李炳炎以"南澳Ⅰ号"打捞瓷器及明末清初闽南、粤东一带青花瓷窑标
本为基础,并结合相关文献史料,对明末清初的潮州窑进行分析,认为在海禁背
景下,闽南、粤东一带民窑引入景德镇青花瓷的生产技术,大量生产青花瓷,并通
过海上私商运销海外。王怡苹的研究侧重于沉船上景德镇所生产的外销青花
瓷,从制作时代、工艺特征、胎釉成分等分析,推断"南澳Ⅰ号"的出航时间。罗玉
钗认为"南澳Ⅰ号"出水的瓷器反映了一个时代的文化风貌及人们的审美理想。
杨映红、陈泽芳的研究说明,无论是作为文化遗产还是实物遗存,"南澳Ⅰ号"留
给世人弥足珍贵的财富,应该成为世人鲜活的"资源"而不是随意陈置的"遗产"。

　　随着"南澳Ⅰ号"个案研究的深入,粤东港口及海上陶瓷之路研究也相应受
到重视。丁德超的研究指出,尽管20世纪30年代之后,粤东陶瓷业被迫走向衰
落,但仍然在粤东地区社会经济发展过程中占有举足轻重的地位。蔡文胜从凤
岭古港兴起与先民"善舟楫之利"的传统,凤岭古港晚唐、北宋时期外贸的繁荣看
其重商意识的发扬,以及凤岭古港海商传统对该地域明、清时期商业活动的影响
三个方面,论述凤岭古港海商文化传统。何小荣、周云水的研究指出,粤东地方
政府需要充分挖掘陶瓷文化,开发性保护并利用现代制陶技术,再现其辉煌的历
史,从品牌、景观、产品等多种途径,促进旅游市场及配套体系的建设,并依托民
间收藏建立陶瓷博物馆,提高文化品牌效应。叶良方则对汕尾港的历史变迁展
开条分缕析的介绍,详细探讨了汕尾港的形成过程。陈志民在文物鉴赏的基础
上,对水车窑与潮州窑技艺源于浙江越窑的观点提出修正,并就宋代笔架山窑瓷
器烧制年代、产品分类、工艺特点与艺术成就等方面做出探讨。郑绪荣认为潮汕
俗谚体现了潮汕先民为航海而积累的经验,有利于潮汕海外移民的向外拓殖,带
动了潮汕经济的发展。洪锦波通过研究指出,所谓"汕头器"就是漳潮两地武装
商船贩运出口的产自福建、江西和广东的瓷器。林俊聪从"南澳Ⅰ号"的发现、沉
船中文物的打捞谈起,指出南澳海上陶瓷之路,既是发财致富之路、文化交流之
路、中外友谊之路,也是充满艰险之路。

　　除此之外,一些与会代表将关注点放在了海外交通、贸易的研究上,就具体
史料进行深入探讨。张一平、孙佳梅的研究表明,明朝政府虽禁止私商出海,但
对官方贸易却没有过多限制,对文莱贡使更是采取"厚往薄来"、"减免税收"的政
策,有利于中国与文莱的贸易往来。欧洲殖民商人和倭寇介入中文两国贸易后,
众多势力犬牙交错,使中文贸易地位逐步下降。中国海商也在此时大量移居文
莱,为文莱社会发展做出巨大贡献。陈景明从历史演进的角度,纵谈潮汕变化及
沿海新老港口的更替,航运线路的拓展和海运事业的发展,揭示了潮人勤劳智
慧、不折不挠、艰苦奋斗、开拓进取的人文精神和海洋意识。吴二持从清以前潮
商海上贸易、禁海与海禁初开时的潮人海上贸易、红头船与清代潮人海上循环贸
易、清代潮商的暹罗贸易、潮汕海上贸易的主要港口埠市六方面,概述清代解除

国家航海　第五辑

National
Maritime Research

「南澳Ⅰ号与海上陶瓷之路」
学术研讨会综述

137

海禁之后潮人贸易兴盛的概况。柯世伦从出土文物展开讨论,认为南澳以其独特的区位优势和优良的港湾条件,在海外交通和商贸往来中独树一帜,而出土的文物和历史遗迹表明,澳前和深澳是南澳早期的开发区和商贸地,在南澳交通贸易史上占有重要地位。

历史文献与海上交通史的研究,是本次研讨会的又一个焦点,来自高校及科研、文博机构的学者对此给予高度关注。陈景熙、陈孝彻、丁烁合作的论文,从嘉庆十六年(1811年)置立的一份分约入手,运用民间历史文献学与历史人类学的方法,逐步深入地进行文书整理、文献考稽、田野印证工作,认为该分约是一户红头船主家庭的分关文书,进而在社会经济史视野下探讨红头船运营与家族制度维系的关系问题。吴榕青、李国平从宋人真德秀的一篇公文出发,考稽宋元南澳史事。王亚民以蓝鼎元文集为研究资料,研究其治理海盗的思想,认为蓝鼎元的思路,带有发展南洋贸易、解决民生问题的意向,不同于传统意义上加强海洋控制的政治意识。王潞的研究主要通过对宫中档案和地方文献的分析,描述南澳岛海防同知设立的缘由、过程与制度变迁,探讨清初沿海社会与海岛行政设置的内在联系。林瀚通过梳理方志、文集、碑刻、海关报告、民国调查资料等历史记录,分析清中期以后航行于潮州内河及附近海域的民用木制航船的种类及营运状况。周修东以惠来石碑山灯塔建造为例,对赫德在航海灯塔建设中的选址布局,部署指挥、建造技术的采用及灯塔建造取得的效果、对航运安全所起的作用等史实展开讨论。陈嘉顺则以明末以来,妈屿岛上的妈宫故事和海岛历史变迁为例,讨论在华南地区民间信仰与地域历史之间的密切联系。陈贤武针对宋代笔架山潮州窑的近百年研究史进行综述,为潮州窑的深入研究提供了详尽的学术回顾。

四、会议总结

在闭幕总结中,丘进教授指出:

第一,本次会议是国内外学术界中,以"南澳Ⅰ号"为主题的第一个专题学术研讨会,为深入研究南澳Ⅰ号及海上陶瓷之路提供了重要的学术积累,推动了中外关系史研究的发展。

第二,本次学术研讨会的论文,在史料运用层面上,中西文献互证、图文互证、实物史料与历史文献互证、传统历史文献与民间历史文献互证的多元研究方法的运用,为学术界进一步开展中外关系史、海外交通史、贸易史的研究,提供了值得肯定的学术借鉴。

第三,在与会者中既有长期从事中外关系史研究、明清社会经济史研究的专家学者,也有在考古、文博第一线辛勤工作的研究人员,还有地方学术机构的文史研究者;在会议期间,开展了活跃的学术讨论,进行了良性互动,为全国性学术机构、地方学术团体、地方政府通力协作,合作组织学术交流活动提供了成功的范例。

第四，由于"南澳Ⅰ号"的水下考古工作尚未完成，系统全面的考古报告尚未面世。因此，本次学术研讨会，也为进一步深入探讨"南澳Ⅰ号"留下了后续的研究空间。主办方期待着，在"南澳Ⅰ号"三卷本的考古报告正式出版之后，国内外关心"南澳Ⅰ号"与海上陶瓷之路课题的专家学者们，在考古报告的基础上，运用宏富的中外文献，在中外关系史的学术视野下，带着与国际学术主流对话的问题意识，对"南澳Ⅰ号"及海上陶瓷之路的学术课题，进一步开展纵深研究。

"厦门"号帆船环球航海日志(下)

魏　军

2012 年 2 月 26 日

船位：S50°22′，W140°11.22′

风向：东北，风速：14 节

气压：1035 百帕，温度：11 度

COG(对地航向)89 度，罗经航向 60 度

SOG(对地航速)6.9 节

昨天又是一天的大晴天，虽然是好天气，可对我们却成了坏天气。之前，我们都是伴着马达的轰鸣声入眠的，现在风平浪静了，反而有些不习惯。而且没风就要开机器，但我们带的油仅够 4 天用，在我们前面还有 2600 海里，所以大家都盼着来风。

半夜，风终于来了。清晨时的航速达到了 7.5 节，天阴阴的下着小雨。看天气预报，在我们的前面有一个风团，风速达到 40 节，我们应该遇不到。但我们向合恩角行驶的航线上，天气就很恶劣了。现在那个海域就已经有 6 到 8 米的浪和 40 节的风了，预计再有一周，我们就到那里了。

今天我们越过了西经 140 度，时间又向前调了 1 个小时，钟点时刻比北京时间提前了 7 个小时，但日期却落后了 1 天。

2 月 27 日

船位：S50°15.6′，W130°59′

风向：西南，风速：19 节

气压：1027 百帕，温度：12 度

COG(对地航向)91 度，罗经航向 55 度

SOG(对地航速)7.6 节

新西兰到合恩角的航程，到今天我们已经走了一半。

今天西风带又咆哮了，气压从 1035 百帕下降至 1017 百帕，风速从 15 节上升到傍晚的 35 节。下午 6 点，我们将主帆完全落下，仅靠半个前帆行驶，航速仍能达到 8 节以上。浪逐渐增大，并且很乱，船里面摇得人无法站立。到了晚上，不断有大浪重重地冲击船身并发出很大的声响，海浪盖过甲板冲到驾驶位甚至溅到船舱里。有一

次浪击打船的声音很大,小李猛地从沉睡中惊醒,问是否撞到了什么东西。

　　自动舵的连轴节断了,没办法修复。烙铁画了一张图,并发邮件给家里,准备在厦门加工后空运到智利。我们到时候再安装,这样也许会快点。

2月29日

船位:S50°12.8′,W125°54′

风向:南,风速:30节

气压:1001百帕,温度:10度

COG(对地航向)83度,罗经航向55度

SOG(对地航速)7节

　　昨夜的气压降到995百帕,风速整夜都在30到40节之间。我们把前帆缩小到四分之一,便于在大风中控制船的操作,船速也由10节降到7节左右。这样,我们在夜间值班就轻松了许多。

　　风吹的时间一长,浪就很高,波长也会很长。现在船的摇摆状态简直可以用"一塌糊涂"来形容了(图一)。昨天晚上准备做一个煎鸡蛋,结果鸡蛋打好还没往锅里放时,船一摇,鸡蛋直接飞到炉子上去了,害得我还要用布擦干净。当然,如果直接飞到锅里就漂亮了。更夸张的是,我和小李的床间隔一米多,睡觉时他床上的东西居然飞到我床上来了。我开始以为是他扔过来的,起来一看,他在上面值班根本就没在舱里。

图一　七八米高的巨浪像小山一样

　　根据气象预报,接下来一直到合恩角都会有30节以上的风,有6到10米的浪区。要命的是,现在已经很冷了,再往南400海里温度肯定就更低,值班肯定也更辛苦了。

3月1日

船位:S50°09′,W121°16′

风向:南,风速:32节

气压:996 百帕,温度:10 度

COG(对地航向)89 度,罗经航向 55 度

SOG(对地航速)7.3 节

在大风浪中已经四天了,大家的食欲都有所下降。因为船舱里太摇太冷,外面又有浪不停地打上来,所以我们值完班后就喝点牛奶或麦片之类的东西,然后钻到睡袋里睡觉。这样的日子对人真是个考验,不仅在身体上,也在心理上。想想前方还有2000 海里,而且都是风浪大的海域,寒冷、漆黑的夜晚,加上巨浪、无事可做等等,大家都集中在这个小小的船舱里,以前有的娱乐都没有了,看到的只是摇摆的船舱,听到的是风的啸叫和物品碰来碰去的杂乱的声响。我们只有坚持,才能避免在这样恶劣的天气里让身体和船出问题。现在我们每天能走 170 海里,这样再有两周就应该到合恩角了(图二)。

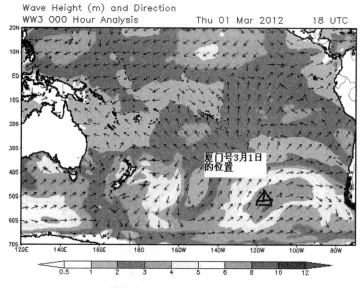

图二 "厦门"号3月1日处于6至10米浪区内

3月2日

船位:S49°55′,W114°53.5′

风向:南,风速:29 节

气压:1002 百帕,温度:8.5 度

COG(对地航向)76 度,罗经航向 50 度

SOG(对地航速)8.5 节

风还是那么大,浪还是那么高。天气越来越冷了,今天早晨的气温只有9度(图三)。从昨夜开始,总感觉桅杆在唰唰地响,琢磨了好久也没想到会是什么声音。上午小李说下冰雹了,和玉米粒一样大小,下午又下了两场。这里的天气真怪。在澳大利亚买的御寒物品有点不足,每人只有一副保暖手套,湿了就没有了。另外就是应该买暖水袋类的保温装备,因为晚上值班太冷了。

距离合恩角还有1700 海里,原计划在南纬50度、西经120度的时候转向120度

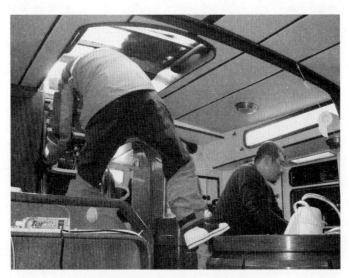

图三 在摇摆的舱里每天都要这样上下甲板

驶往合恩角,但现在一直是 35 节的南风,使我们没有办法转向,只好沿着 90 度继续向东行驶,等到风转偏西时再说。

天气预报图显示,我们和一个风团同速了,看来 6 天以后天气才会转好。

3月3日

船位:S49°40′,W111°42′

风向:南偏西,风速:25～35 节

气压:1004 百帕,温度:8.5 度

COG(对地航向)76 度,罗经航 50 度

SOG(对地航速)8 节

连续几天的大南风,逼得我们没有办法保持向东的航向,也没办法向东南转向,反而在纬度上从 50 度 25 分退回到了 49 度 40 分,等于退回了 45 海里。今天的风速从 40 节降到了 35 节,风向也有点偏向西南了。我们改变航向,从 110 度驶向合恩角。

风虽然略为小了些,但浪依然很大。当你被涌到浪峰上的时候,几百米宽的浪谷在你的身后慢慢地向下凹陷,深得会让你有一种马上就要看到海底一样的感觉(图四、图五)。

今天上午小李值班,一个巨大的涌浪让船头扎进了水里,接着又高高地跃起,带起来的海水在甲板上形成大浪冲向舱口,瞬间就把我们舱口的棚子给冲飞了,上面的连结锁扣也碎了。烙铁说:"这下完了,在舱里也要穿航海服了。"后来,小李和烙铁在左右摇摆达 60 度的甲板上,把棚子又装上了。但接下来我们要小心,万一再坏那就真要在舱里穿航海服了。

3月5日

船位:S51°33′,W103°25′

风向:西北,风速:30 节

国家航海　第五辑

National
Maritime Research

「厦门」号帆船环球航海日志
（下）

143

图四　"厦门"号劈波斩浪

图五　山一样的海浪

气压：991 百帕，温度：10 度

COG（对地航向）114 度，罗经航向 80 度

SOG（对地航速）8.3 节

感觉今天的风速降了，天还是灰蒙蒙的，浪花在浪尖上有气无力地落下，完全没有了前几天飞扬跋扈般地猛烈。到今天，我们在西风带已经航行了 21 天（图六）。这些天，我们就如同船上的一个部件一样，按程序定时作各种动作。除了天气不同，其他都一样，过几天你绝不会想起那天你干了什么。

这样的生活实在是太无聊了，航海简直和蹲监狱没什么两样。没错，曾有人对我说，一个男人要经历三种历练：当兵、航海和蹲监狱，这里强调蹲监狱一定是误判的。这三个环境都有一个共同点：约束。航海也是一种约束，并且是在一个最广阔空间中的约束，其实这个约束除了环境的约束外，最重要的是自己约束自己。这个约束相当于建了一个容器，于是就有了包容。我们都说要学习大海的包容，那在我们船上，你就要学会对同伴的包容，就是要能接受同伴的缺点和习惯，否则每天每时都会不痛快，这个船也就没办法开了。比如有人爱开玩笑，有人不爱开玩笑，有人爱干净，有人不爱干净，饮食起居、言谈话语、工作习惯甚至在不合时宜的时候厕所里飘出来的味道……。

当你带着愉快的心情到达目的港，能有愉快的心情回忆往事的时候，你就有了大海包容的性格。这个也是大海馈赠给你的纪念品,很值得你好好珍藏。

天还是阴沉沉的,但我们的心里是敞亮的。

图六　小李在船上休息

3 月 6 日

船位:S52°31′,W99°31′

风向:西南,风速:17 节

气压:990 百帕,温度:10 度

COG(对地航向)106 度,罗经航向 80 度

SOG(对地航速)6 节

太阳羞答答地在云缝里躲着看我们,风不小浪也很乱。船摇来摇去地压不住帆,总走不起来。但就这太阳眨眼的工夫就使我们舒服了一天,因为我们感觉很久都没有见到太阳了。大家忙着把靴子、航海服拿出来晾,船舱的地板也用淡水擦了一下,船舱里立刻干燥了很多,人也感觉利索了。

到今天,我们已经从惠灵顿出来23天了。现在我们可真是省事了,洗澡的事想都没想过,洗脚也不想了,要睡觉时脱鞋就睡,可也真没感觉到有什么异味。

距离合恩角越来越近了,天气预报说接下来要有几天的顶风。越接近合恩角,气象条件就越复杂,也就有更多的不预见性。这要求我们要坚持、更要小心。

3 月 10 日

船位:S54°30′,W84°33′

风向:东,风速:26 节

气压:1001 百帕,温度:9 度

COG(对地航向)42 度,罗经航向 0 度

SOG(对地航速)5.3 节

寒风、巨浪、无边的夜,海上一艘孤单飘摇的船,伴随它的是不断扑上甲板的海

国家航海　第五辑

National
Maritime Research

「厦门」号帆船环球航海日志
（下）

145

浪和那盏在浪峰中忽隐忽现的桅灯。

每当在舱口探出头时，听到的是呜呜呼啸的大风，看到的是向后闪去的白浪，说实在的，没有点胆量和毅力是无法爬到驾驶台上去的，更别说独自一人在晚上驾驶帆船航行（图七）。

图七　航海服就如同战袍，上甲板就如同上战场

夜间值班极其单调，因为西风带就几乎没有晴天，所以晚上只能看着仪表航行。周围漆黑一片，瞪着眼睛看着仪表掌舵，稍不注意就会飘帆或抢风，使船帆剧烈地抖动甚至损坏部件。

值班时里面穿了三层抓绒的内衣，外面再套上厚厚的羽绒服，脚上套两双厚厚的袜子，最外边还要套上笨重的航海服和沉重的靴子。即便如此，两个小时下来也会被冻得瑟瑟发抖。船上的蔬菜已经没有了，只剩下罐头和几个土豆、葱头，单调的食品让你找不到吃饭的快感，也就不盼着吃饭的时间了，吃饭成了纯粹的补充热量和填饱肚子。在这里，碧海白帆的浪漫一点都不存在，仿佛是一大块灰色的帷幔罩着我们。面对的除了 GPS 和红色的仪表灯，一切都是灰色的，这里的艰苦也绝非平常可以想象的。但大家都在努力着、坚持着，一海里一海里的朝着合恩角，朝着家的方向前进。

3月12日

船位：S53°35.7′，W81°52.4′

风向：北偏东，风速：15 节

气压：1001 百帕，温度：9 度

COG（对地航向）42 度，罗经航向 0 度

SOG（对地航速）5.3 节

连续三天的正东风让我们偏离了 110 度的目标航向，从南纬 54 度 30 分开始迎风走 140 度驶向东南。一天后，我们为了赶上 12 号的北风，在南纬 55 度 30 分开始折向东北，并占据了上风的位置。直至昨天下午 6 点风停止时，我们走到了南纬 53 度 30 分。在纬度上我们退回了 120 海里，但有了很好的位置。

风停了，两小时前还是狂风恶浪的西风带上，我们竟然在原地飘荡。由于我们已经没有了多余的燃料，索性就收帆休息、等风。在海上不抛锚不值班，感觉怪怪的。我们从惠灵顿出来的一个月里没有看到任何船，也就不用担心有船过来。我们一起吃了一顿地瓜粥，舒舒服服地一起睡了个觉。早晨七点听到风力发电机在转，起来一看，12小时内船仅向南飘移了1.4海里。北风按照预期的来了，不用起锚不用解缆，升帆——走，航速7节，爽！

我们现在距离合恩角530海里，大约需要三四天的时间。气象预报说16、17两天合恩角有40节的大风和10米的浪，不知我们能否赶在之前到。但不论怎样的天气，我们都已经做好了准备。因为"厦门"号在大家的努力下，正在书写着中国航海的历史，让我们一起努力！

3月14日

船位：S55°56.8′，W69°07.95′

天气：阴，风向：西，风速：30节

气压：992百帕，温度：10度

COG（对地航向）61度

SOG（对地航速）8.6节

15点50分，烙铁在甲板上喊："看到山了！"也就是说我们跨过太平洋接近智利了，合恩角就在前面。

天依旧是阴沉沉的，山看上去是深灰色的，山顶被白云笼罩，长长的连成一条线。这是我们一个月来第一次看到陆地，人总归是陆地上的动物，看到它就有一种发自骨子里的亲切和安全感。再有一百多海里我们就到合恩角了，到达的时间应该是明天上午。天气预报显示，今明两天合恩角海域是西北风和西风，风速20节。这对我们来说是非常好的天气，并且我们在白天过合恩角时还可以拍到照片（图八）。

图八　GPS显示"厦门"号在合恩角

天黑以后,我们开始进入合恩角南面海域。这段距离有约50海里,是合恩角海流最急、风浪最大的海域,我们大约要航行6个小时。

晚上10点刘祖扬值班,原本安静的船舱忽然听到风的呼啸声,并且越来越大,船也开始大幅度地摇摆。我赶紧帮他将前帆缩小,随之风速逐渐增大到35节。漆黑的海面上伸手不见五指,海浪在没有任何前兆的情况下不时地将船高高地托起。凌晨两点,风速达到40节。阵风甚至到了50节。船速最高15节,但令人奇怪的是居然没有听到滑浪的哗哗响声,我们感觉船在随浪向前漂。巨大的海浪将船头高高地翘起,16米长的船仿佛站起来一样,一会儿又将船尾托起,竖直地向前俯冲。如此大的风浪,舵就很难控制。如果偏转顺风了,帆就会反折产生巨大的震动;如果偏转迎风了,帆就会像一面在狂风中抖动的旗帜一样被撕破。我最担心的是前支索,巨大的抖动很可能将其损坏,到那时桅杆就会倒掉,那是极其危险的事。在这漆黑的夜晚,在这冰冷刺骨的狂涛之中,船发生任何问题都将无法解决。

合恩角的天气很怪,一会是明月高悬,船仿佛飞翔在银色的海面上;一会又有一片云气势汹汹地追上来,转眼就是飘泼大雨、巨浪翻滚。我和烙铁的班上,天气有好几次变化。

凌晨3点,由于"厦门"号的航向过于指向合恩角,我们决定向南转向,避免到时海流太急把我们压到岛礁上。就在我们转向的时候,前帆控帆索挂到了前舱的舷窗把手上。帆由于没有展开,卷在空中不停地抖动。小李系着安全带,爬过剧烈摇摆的甲板解开了支索。回来时,他对我说,他真的害怕了。虽然他身上系了安全带,但一旦发生落水,我们根本无法救起他。在这冰冷的海水中,人存活的时间不会超过20分钟。

船实在是难以控制,我几乎是用左满舵连着右满舵的方式来摆正船向的。我们将一条70米的绳子抛到船尾,利用它增加航向的稳定性。时间已经接近凌晨了,风浪依旧咆哮着像我们袭来,似乎真的要考验中国第一艘驶过这里的帆船。

3月15日,时间8:35分

船位:S56°00′,W67°15.5′

天气:阴,风向:西,风速:26节

气压:992百帕,温度:10度

COG(对地航向)75度

SOG(对地航速)7.3节

风速依旧是35节,但浪高明显减小了。此时,我们正在合恩角的正南面。天在一阵阵地下雨,合恩角忽隐忽现地出现在我们左舷。险峻的山似乎在告诉人们:这里的大海如同它一样需要勇气和能力才能攀登,合恩角就是航海界的喜马拉雅(图九、一○)。

上午8点多,天完全放晴了。我们绕过了合恩角,准备在绕过两个小岛后向北转向。为了安全起见,我们没有从中间穿过。可就在"厦门"号转向后,航速从8节掉到2节,而且明显感到了海流的影响,船前进得很慢,横移却很快。我们启动了发动机,速度却没有上去。我想顶到左边的大山旁边,因为那里的风被山挡住了。我们在行驶了 3.4 海里之后，终于接近了山脚。海面逐渐变为平静，风也小了很多。如果我们按原计划绕过东边的大岛再向北折，我们今天就到不了威廉姆斯了，只好去马岛补给。

图九　清晨看到的合恩角

图一〇　巨浪遮蔽了合恩角

经过一夜的折腾，现在没有一丝的困意。我凝视着身后雄伟的合恩角，四个月了，我们心中的目标实现了，亲人们可以放心地睡觉了。此时的"厦门"号，已经在中国航海史上写下了新的一页。

3 月 16 日

船位：S55°17.6′，W66°50.4′

昨天傍晚，我们到达了合恩角北面的一个锚地。大家开了一瓶红酒庆祝我们的成功，每个人都非常兴奋和自豪。

我们在平静的海湾里休息了一夜，准备天亮出发。当我们正准备起锚的时候，一艘智利渔船向我们驶来。我们想买点鱼做午饭。因为这里靠近南极，鱼一定非常鲜美。当渔船接近我们时，看到船上的人手里提着两支巨大的南极帝王蟹。徐毅大声用英语喊着多少钱,对方没有答话,而是靠过来把螃蟹递到船上。然后他们翘起大拇指比划了一下,就离开了我们,让我们从心底感激不已(图一一)。祖扬这时说:"你看我们就知道钱钱的,就没想到人家智利人民的友好感情。"连个回话都没有,那条船就走了,令我们无话可讲,只有赞叹,赞人家的友好,叹我们今日人与人的金钱关系。也许只有这些在大海上求生的人才具有这样的朴实,也许是大海给了这些人理解他人、善待他人的性格。

图一一 智利渔民送的两只帝王蟹

鲜红的帝王蟹还是活的,我们真不忍把它们肢解吃掉。最后,烙铁认真地把蟹壳清理好,它作为象征友爱的纪念品收藏在我们的航海博物馆里。

3 月 19 日

船位:S54°55.6′,W67°35.46′

海豚做着空翻的动作围着我们欢跳,无数的信天翁伴着我们飞翔。我们进入了世界仅有的保存了原始地貌的地区,这里是海洋动物和鸟类的天堂。在我们左面有一个小岛,远远看去是白色的,用望远镜一看,满满一个岛上全是白肚皮的鸟,有点像企鹅(图一二)。

我们沿着海图中的一条线穿行在比格海峡中。线的北面是阿根廷,南面是智利。我们一会到阿根廷,一会到智利,就像小时候骑着线走路一样。

离开惠灵顿的 34 天后,我们终于踏上了地球大陆最南端的土地。原先说当我们踏上陆地时会头晕,其实没有感觉,只是感觉双腿有点软,想必是这一段时间没路可走的缘故吧。

图一二 比格海峡两边的小岛上落满了鸟

威廉姆斯港游艇俱乐部设在一条小河里，两边是白雪覆盖的高山，里面停泊了20多艘来自欧美各国的帆船（图一三）。俱乐部的亚历山大经理听说我们来自中国，非常高兴，大声地宣布："你们是第一艘来到这里的中国船，你们是第一批到达这里的中国人。"当了解了我们是从新西兰过西风带到达这里时，他翘起大拇指说："你们非常了不起，你们是真正的航海人。"

图一三 威廉姆斯港游艇俱乐部迎接来自世界各国的帆船

五星红旗升起在了桅杆林立的威廉姆斯港，在众多的旗帜中闪亮飘扬。

3月26日

冰 川

地球通过冰川向人类表达着数千年来的温度变化。合恩角地区靠近南极的地方有很多的冰川，今天我们到距离威廉姆斯港80海里的地方去看冰川。船沿着Beagle Channel 海峡向西，两边的山顶都盖着厚厚的云，透过云的间隙，山巅显得无比壮丽（图一四）。

Beagle Channed 海峡在麦哲伦海峡南面，与麦哲伦海峡相通。海峡大约有3海

图一四　合恩角的冰川

里宽,两边的山有明显的植物生长线。这里的雪线很低,大约只有300米,雪线以上可以看到黑色的山体,雪线以下是淡红色的苔原,再下面是茂密的原始森林,可说是一幅亚极地气候特征的植被分布图。

云团散去,一座高耸的雪峰呈现在山峰中间。我忽然感觉就像看到了电影《哈姆雷特》中,哈姆雷特的父亲在天上对他讲话一样的场景,感觉那圣神就在雪峰顶上。当我们正赞叹和震惊的时候,蓝色的冰川展现在我们眼前。这冰川从那座高耸的雪峰上直泻而下,宛如一条蓝色的天河,让人感觉到一种无以言表的神圣。此时我忽然明白了为什么藏族人民将珠穆朗玛称作圣山。

船老大领着我们前往冰川脚下,阻隔在我们前面的是一片草地,进去才知道是沼泽地。我们深一脚、浅一脚地踩着草墩前进,稍不注意就滑到下面冰凉刺骨的泥水里。过了沼泽是一片浓密的树林,里面横七竖八地布满了倒下的枯树,看上去没有一点人烟的痕迹。我们在树林里边喊边走,因为几步以外就看不到前面的人了。两小时后,筋疲力尽的我们终于到达了冰川前面,在逼人的寒气中,可以听到冰川坍塌爆裂的巨大声响,水面上漂浮着形态各异的浮冰,晶莹剔透的质感宛如玻璃的工艺品(图一五)。

冰川下面有很多条小溪。由于天色已晚,我们没走沼泽,而是决定跨过冰河向山上爬。河中有一道道海狸用树枝搭的桥,很是奇特。山坡上是海绵一样的苔原,厚度有20厘米,踩上去软平平的,苔原下面积存了大量的水,就好比是杨梅,看上去是平的,其实是一根根的植物。我们不能沿前面人的脚印走,因为踩下去就烂了,后面再踩就如同烂泥一样。

在我们满身泥水离开冰川的时候,我们问船长,冰川与以前有哪些不同。他回答,这十年里冰川大约退去了一公里多,照此下去,我们的后代恐怕看不到这样壮丽的景色了。更重要的是,地球气候的变化也许还威胁着动物和植物的生长。

图一五　冰川崩裂后漂浮在海面的浮冰

3月28日

做　客

船老大邀请我们到他家做客。他家和别人家一样是一座木制的别墅型建筑,房间不大。可能是考虑到冬季保暖的原因,壁炉里火很旺,屋里很暖和。

女主人没在。当我们走进厨房时惊呆了:一大盘通红的帝王蟹,这就是我们的晚餐。蟹肉如同小孩的手臂一样粗,每只蟹都有一公斤,一共六只。大家甩开了吃,结果面包成了副食。船老大从酒柜里陆续地拿出好多酒让我们品尝,有咖啡、薄荷、花生味的等等,最后是一瓶自己配置的甜酒,有浓厚的植物香味,非常好喝。

席间,他的小儿子提了一个让我们尴尬的问题。他听说我们中国人把猴子框在桌子上吃它的脑子。他们也很反对日本人在这边捕鲸。他还说,日本人捕鲸,我们捕他们。

这也是我们的感受。在海上,看到了太多与我们嬉戏的海豚和海豹,太多勤奋的鸟在海上飞翔。他们对人类没有一点威胁,我们真的应该尊重动物的生存,因为我们都是地球上的动物。

过几天我们就要起航了,这一次将穿过大西洋直航好望角抵达南非,航程有4000海里。合恩角给我们留下了难忘的记忆,这些记忆不仅仅是风浪,更多的是自然的景观和智利人民的纯朴友情。正如他们所说,智利和中国的关系从来就没有断过。

3月29日

谁送的酒和蛋糕

烙铁早上起床时发现,在舱门旁放了一瓶酒和一个蛋糕。我们把蛋糕吃了,酒留下做纪念。大家就猜想这些东西是谁送的,码头上都是来自世界各地的航海人,镇上的人只有罗尼和米格与我们有过业务关系,结果一问都不是,那是谁呢?大家笑着说,雷锋到智利等我们了。

想了一圈之后,忽然想到,昨天下午我们在俱乐部前休息时,有一对德国老夫妇在做补给。他们买了一大堆食品和用具,看到他们自己在干,我们就过去帮忙。人接手传,一会就装到船上了。由于语言不通,没说什么就离开了,应该就是他们送的。

蛋糕是他们送的,是感谢我们帮他们搬东西。老先生叫弗兰克,来自德国,今年六十多岁了。夫妇二人驾着帆船贴着美洲的东海岸一路下来,在这里已经停泊了好一段时间。他们再过一周就要沿美洲西岸驶往太平洋岛国,然后再驶往新西兰。我问他是否要去中国,他说很想去,但听说入境手续很难办,此行就不去了。

在这里,大家是真正的来自五湖四海,互不相干、互不相识,但相处得都非常好。正如俱乐部经理亚历山大所说的,来这里的都是真正的航海人(图一六)。

图一六 "厦门"号船员向威廉姆斯帆船俱乐部负责人赠旗

4 月 1 日

位置:S54°56.105´,W67°37.109´

天气:阴,气压:998 百帕,温度:7 度

弟兄们,我们回家!

办完出境手续,大家来到船上进行最后的整理。准备停当之后,我说:"弟兄们,我们回家了。"我们这次真的是踏上回家的路了,合恩角是我们此行的最顶点,我们好比一支登山队,现在开始走下山回家的路了。说实在的,我们真的想家了。

弗兰克、米格、瑞卡等好多朋友都来送行。大家在岸上为我们松缆绳,挥动的手臂久久不见放下。这个小镇和这里的朋友都让我们留恋。一次次靠泊的兴奋与起航的惜别,构成了航海人的情感。大家都在说着同样的话——祝你们一路平安!

下午 6 点,我们在 S55°7.06´,W66°27.500´通报智利灯塔,"厦门"号帆船离开智利前往南非,对方祝我们一路平安。再见了智利!

4 月 2 日

威廉姆斯印象

沿着船的尾流,威廉姆斯越来越模糊。我感觉这里就像陶渊明的《桃花源记》中的桃花源。

街道是静静的,马路是用碎石铺的,落叶铺满了路边的树丛和草地。虽然并不太干净,但你找不到一片塑料和废纸,更显出那种自然的美。镇子虽然小,但仍能让你看到一种艺术的美。房屋造型各异、五颜六色,小咖啡屋、小商店都进行了精心的设计和布置,所有路标都是原木板材烧刻的字,很有特色。

我们走在路上,见到的每一个人都会微笑地说"欧拉(西班牙语的你好)",开车的都会对你挥手致意,每到一处离开时都会说"超(西班牙语的再见)"。虽然语言极度不通,但比比划划也是非常有意思的。有时比划不通,大家笑着摊开手,比划通了当然更开心。

小镇没有红绿灯,没有交警,但每辆车在过路口时都会停车观看和礼让,这点比我们开车可是强多了。

在我们住的小旅馆里,有5位来自法国和德国的旅行者。他们都是年轻人,他们很简朴,在外面的草地上搭帐篷住,费用很低。他们的晚饭更是简单,土豆、南瓜放在一起煮就好了。出发前,两个女孩子自己烤饼干带在路上吃。有一个小细节,反映了他们的资源环保意识。包装的纸盒我们都是整个丢在垃圾桶里的,而他们却把它拆开放到一边,看来他们已经养成习惯了。

在这两千人口的小镇上,有一个博物馆,免费开放。虽然不大,但从建筑物造型到内部展品布置都设计地非常认真,让每一个来到这里的人都了解了威廉姆斯的历史。安静整洁的阅览室有很多的历史图书,还提供免费上网。博物馆的说明书是免费赠送的,出口处有一个无人看守的捐款箱。

威廉姆斯是巴塔格尼亚高原的最南端,同帕劳的风景相比,这里是壮美,帕劳是秀美。这里看上去有种历史感,似乎每一处港湾锚地和森林,都有一段故事深埋在其中,也记载着人类绕过合恩角认识世界的脚步。

大西洋篇

4月5日

船上生活

经过半个多地球的航行,我们船上的生活已经形成了规律,所携带的食品也都有了准确的量和品种。从悉尼开始我们就自制了八公斤的肉末罐头,使我们在西风带的30天航行中有了配菜的肉。除了肉末外我们还炖了大块的牛肉,吃的时候加些土豆就成了新鲜的土豆烧牛肉了。而肉末还可以加热后拌面条,既简单又好吃。

西风带航行中我们仅带了5公斤的面粉,结果发现面食吃起来简单而且有花样,对菜的要求也不高,所以我们这段带了12公斤的面粉。风浪小的时候我们就烙千层饼,再配上稀饭咸菜的话一定非常可口,还可以做鸡蛋饼和蒸包子。这样既改善了伙食,又增添了大家在一起的气氛。因为在船上实在是太枯燥了,比如天气不好时,大家除了值班就是倒在船上迷糊着。而这样,大家就可以一起享用晚餐。上段航行我们带了360个鸡蛋,结果一直吃到靠智利码头。这次我们带了300个,30

天里每人每天有 2 个鸡蛋。航行到今天,大家都说不但没瘦反而感觉胖了。

4 月 6 日

船位:S48°24′,W45°3′

天气:阴,气压:985 百帕,温度:8.5 度

COG(对地航向)61 度

SOG(对地航速)7.5 节

告别了太平洋西风带的风浪,我们进入了大西洋。由于受南美洲大陆的阻隔,天气和风浪都好很多,起码我们能见到阳光了。

刚驶出比格海峡时,海流很急。图上标注的海流有 5 节,所以风速 15 节时我们就可以跑到航速 10 节,很爽。

我们沿着 60 度的航向驶往好望角,计划尽快越过南纬 45 度区域。因为只有这样,我们才能摆脱寒冷。在太平洋西风带的日子里,值一个半小时班就冻得瑟瑟发抖了。每天潮湿的手套和靴子,看到就让人心里发凉。

大西洋上的海鸟很多,有时有几百只。我们从早上看到晚上,海鸟像风筝一样在海浪中上来下去。烙铁说可能有鱼,就放线拖钓。结果鱼没上来,倒惹得大群的信天翁在追鱼饵,还真担心把它们钓上来。

大西洋的风很稳,保持在 20 到 30 节,我们的航速也都在 7 到 9 节。依照这个速度,我们大约用 25 天就能到达好望角了。

4 月 10 日

船位:S44°47′,W33°57′

天气:晴,风速 25 节,气压:1012 百帕,温度:13 度

COG(对地航向)64 度

SOG(对地航速)7.5 节

又有麻烦了

昨夜风小,但海浪不小。早上醒来时,船依然摇得厉害,后舱和柜子里还是稀里哗啦地乱响。天气晴朗,祖扬在掌舵。我抬头看到帆尾角的绳索松了,到桅杆一看,原来是横杆与桅杆的连结铰链断了。这样,主帆就彻底不能用了。帆船的帆分主帆和前帆,主帆在迎风行驶时起很重要的作用,没有主帆就不能走小迎风角了。这样,我们接下来的三分之二航程中如果遇到顶风就比较麻烦了。

现在是没有办法修理的。烙铁测绘后加以改进,并用 CAD 画了图,准备发回厦门,待配件寄到南非后换上,而现在只能用前帆跑了。虽然出了故障,但大家还是觉得我们挺运气的。因为如果在大风的天气发生这样的故障,那是非常难处理的,并且主帆很可能就扯破了。看着桅杆孤零零的竖在甲板上,想着"厦门"号在北太平洋支索断掉,在南太平洋人员受伤,在大西洋横杆铰链断裂。真是好事多磨,什么样的困难都要经受。但这也更坚定了我们的信心,我们相信"厦门"号一定能在考验中完成这次历史性的环球航行。

4 月 15 日

船位：S39°53.9′,W18°25.619′

晴,风向：西北,风速 11 节,气压：1021 百帕,温度：16 度

COG（对地航向）78 度

SOG（对地航速）6.7 节

大西洋虽然比太平洋西风带好多了,但这些天也总是阴天,似乎让我忘了大海是蓝色的。有时头顶一片乌云,而天边漏出一缕阳光。这时的海面仿若是黑色的油一样,金色的光在在乌亮的海面上闪烁,船在这油亮的海上滑动。但更多的时候海面是黑灰色的,给人一种压力感。

距离上我们已经过半了,有种强烈地回家的感觉,就连做梦都会梦见朋友们。有时会有种懒洋洋的感觉,我们好像走的是登顶后的下山路。小李说,回想西风带会为自己感到自豪,那时他的床头上写了两行字:"勇敢些,再坚持一下。"用他的话说,那些夜晚,推开舱门就上了战场,真的很恐怖。

好望角就在前面,虽说起这个名字的船是从东向西航行的。过了这里,对欧洲人而言就快到家了,今天对我们来说也一样。过了好望角我们就会进入低纬度海域,天气没有高纬度海域这样恶劣,海上的好日子就要开始了,重要的是离家就真的近了。

4 月 18 日

船位：S39°11.45′,W9°25.59′

阴有雨,风向：北风,风速：20 节,气压：1015 百帕,温度：18 度

COG（对地航向）84 度

SOG（对地航速）8.9 节

这几天浪大。前天发电机启动不了,由于浪太大钻到舱底去修很困难。为了充电就必须启动发动机,可是今天发动机总是速度不稳,而且启动都很费劲。我们打算在高速时灭车好让下次启动发动机时里面有油,结果加高速时突然就灭车了,再怎么弄也不启动。烙铁在摇摆的机舱里反复检查,发现高压油泵的轴断了,这回真的没辙了。

现在我们失去了主帆又失去了发动机,前进的动力就仅剩下一面前帆了,真是糟糕透了。如果有风还好,一旦没风那我们真要在海上漂了。在接近好望角的 1000海里的海域,是大西洋环流和西风漂流交汇处。这一带有较稳定的高压区,风是很不稳定的。我们很可能在这个海域遇到无风的麻烦。

我们做了应急省电计划,不用自动舵,关闭航灯,调暗 GPS 显示器,准备好手持GPS 和手持卫星电话,备用电瓶用作导航仪器应急,做好了发电机故障无法排除的准备。

没有发动机就无法将船驶入游艇会靠港。到了开普敦,我们会提前把船锚在锚地,然后叫一艘当地的船把我们拖进游艇会。在这之前我们要提前根据风选好航线,免得仅靠前帆走不好角度而到不了锚地。接下来的航程真的不轻松了。

4 月 21 日

船位：S37°47.2′,E0°0′

风向：东风,风速：13.7 节,气压：1027 百帕,温度：16 度

COG(对地航向)120 度

SOG(对地航速)5 节

　　上午 8 时 18 分,我们终于漂过了格林尼治零度子午线,现在开始回到了东半球。本来是很值得庆祝的事,可是由于风小,已经在这里漂荡 2 天了。眼看着距离好望角只有 900 海里,却不能前进而只能在海里摇荡,因此大家也没有了庆祝的心情(图一七)。

图一七　无风的海面

　　发电机终于修好了,但我们不能完全依赖这台机器。为此,我们做好了 10 天没电的准备。手持卫星电话充好电,淡水和食品都够,做好这些准备,我们心里也踏实了很多,接下来就看天气好坏了。

　　天是阴沉沉的,时而飘洒些小雨,大家都闷在舱里。由于没有风,班也不用值了。中午小李给大家做午餐,主食是南瓜饭,南瓜是从澳大利亚买的,菜是智利的罐头鱼外加一道紫菜蛋汤。我们都感觉和放了假一样,也确实是在放假。

　　原计划一个星期到达开普敦,现在看起来一点把握都没有了。今天发现新开包的大米好像有霉菌了,有一点发绿的粉,这点我一直仔细地检查。因为在这样潮湿的环境下,是应该长霉的。我将所有漏气的米袋都打开倒到海里,白色的大米入海后变成翠绿色,就像帕劳的海滩颜色,好长时间都能看见,很神奇。船上吃的东西还够两周,但看情况可能还要计划使用,免得真要漂上个把月,找谁要吃的还不知道呢。眼下还有一个烦恼,就是带的烟没了,虽然可以克服,但总是不舒服的。不过这一切对我们的未来来讲,都是教材的内容,也是收获。

4 月 26 日

船位：S37°16′,E9°57′

风向：西风,风速：10 节

天气：晴,气压：1012 百帕,温度：19 度

COG（对地航向）65 度

SOG（对地航速）3.1 节

如果按原计划,现在已经在岸上了。可是这几天的风时有时无,前天就干脆一天没挪地方,今天从下午开始又快不动了,眼看就差 400 多海里了,真是急人。

看天气预报,这个高压区一直在我们到开普敦的路上,所以时间一点保证都没有。但是在好望角周边,却经常有高于 30 节的风。这对我们是个威胁,因为我们计划停靠的大西洋游艇会湾口是朝向南边的。如果有南风,里面将无法锚泊,而且它的周边也没有可供锚泊的地方。到时我们就和飞机没油了降落一样,只有一次机会,因此要提前计划和特别小心。

我们就发动机故障通过厦门的朋友们与英国的厂家联系了,但他们说这个型号的发动机两年前就停产了,已经没有配件了。如果真是要更换发动机,那就麻烦大了。我计划到了南非之后,与当地的维修厂联系看有什么办法,看情况再说。

听说我们的船出现故障,厦门的朋友们都很关心。泉州商会、飞鹏的王总和飞驰的小罗都帮忙联系开普敦的修理和接应。有了大家的支持,我们在大西洋上漂荡也不会有孤独的感觉,也不会有精神上的压力,谢谢大家了。

4 月 27 日

船位：S36°47′,东经 10°57′

风向：北风,风速：13.2 节

天气：晴,气压：1010 百帕,温度：17 度

COG（对地航向）71 度

SOG（对地航速）7.1 节

风终于来了,稳定的北风驱走了渴望上岸的沉闷。南非停靠的港确定了,是开普敦靠大西洋一侧的大西洋游艇会,方位是南纬 34 度。气象预报显示这几天是北风,为了让我们的船能靠前帆进港,我们决定向上风方向走,帆拉的很紧,迎风角 50 度。仔细分析了游艇会港口的情况,湾很小,不足 1000 米,必须在这之前将抛锚和待缆准备好。湾内海底是软沙,锚抓力很差,一旦走锚就可能被冲上沙滩,很危险,所以要做好充分的准备。

4 月 29 日

船位：S34°17′,E17°28′

风向：东风,风速：30 节

天气：晴,气压：1007,温度：20 度

COG（对地航向）104 度

SOG（对地航速）6.8 节

距离开普敦只有 40 海里了。

凌晨 4 点,徐毅告诉我风向变了,我们走不上去。这样,我们就决定改航向去飞

国家航海　第五辑
National
Maritime Research

（下）

「厦门」号帆船环球航海日志

159

鹏王总联系的在好望角另一侧的黄金海岸游艇会。我们可以横风绕过好望角，但必须迎风走 20 海里才能到达。我们只能寄希望在那个湾里没有浪和风速减小，否则我们也是很难到达的，并且很可能晚上才能到。

大西洋游艇会的工作人员见我们没有到港就来电话询问，当得知我们没有办法驶入的时候，感觉到我们可能会有危险，就通知了开普敦海上警卫队协助我们。得知这一消息后，我们提着的心总算是放下了。

海上警卫队非常热情地联系了我们，约定在好望角南侧 2 海里的地方汇合。

好望角到了，看到它给我们一种心灵上的震撼。也许是因为我们连续航行 30 天磨砺的成就感，也许是横渡大西洋见到陆地的亲切，也许是我们完成了中国帆船第一次连续横渡两大洋、过两大角的使命，再加上好望角的雄伟气势，我们和到此的游人绝不是一样的感受。

波浪中一艘橘红色的小艇出现了，希望、友谊、人性的体现，是航海人才能深切体会的一种情感（图一八）。靠近后，他们船上传来的第一句话是中文"你好"，只这两个字就让我们亲切到家了。

图一八　好望角后面接应我们的南非海上救助艇

我们靠帆绕过好望角后，进入了稍微平静点的地方。我们落下前帆，带上抛过来的缆绳，在他们的牵引下前进。风依然很大，如果仅靠我们的前帆还真的有点困难。

两小时后我们到达了 False Bay Yacht Club，警卫队非常认真地将我们的船与他们的船系好。另有一艘小艇护航，并且这艘艇上有一位穿着救生衣和工作服的非常漂亮的女孩，让我们这帮大老爷们儿都有点惭愧了。

5 月 5 日

靠岸的第二天，南非的华人商会名誉会长吴少康先生就打来电话，非常热情地邀请我们到约翰内斯堡。

来到约翰内斯堡后，王会长将我们的住处安排在了一个赌城的酒店里。他说赌城的治安是最好的,也让我兴奋了一下,因为我是第一次到赌城。赌城就在机场边上,开车不到5分钟,机场每10分钟就有一班免费的车接送客人来往,赌城的门口也挡着横杆,交费后才能打开进去,和我们国内的小区一样。但在横杆下面的地上,随横杆上下的还有一排铁钉,如果硬闯进去轮胎就会被刺破,可比我们高级多了,但同时也带给初到这里的客人一些安全上的压力。

赌城里面的人很多,天花板很别致,模仿傍晚的天空。所有店铺都开着灯,像傍晚的街道。会长说赌城想让客人们没白天没黑夜地在这里玩,这里吃喝住样样俱全,进门像机场一样还有个安检门。赌城里面排满了老虎机和各种像游戏机样的赌具,看上去像个巨大的游戏厅。

王会长在这里的中餐厅安排了盛大的欢迎晚宴,巨大的横幅上写着"热烈欢迎厦门号帆船到访南非",有一百多位在南非的华人参加,领事馆和国内驻南非媒体都来了。大家对我们的到来感到骄傲,说在南非只看到这里的外国人在玩帆船,我们中国人也能驾驶帆船环球航行,对他们是巨大的鼓舞。有一位70多岁的老华侨紧紧握着我们的手说,他来南非的时候地位很低,在这里算有色人种,也受到种族的歧视。今天我们的经济发展了,国力强大了,还有你们代表着中华民族勇气驾驶帆船环球而来,他非常高兴和自豪。

在南非大约有30多万华人,其中福建人最多。在约翰内斯堡,很多商场是华人开的,这里的轻工商品也基本上是中国制造的,华人也在这里成立了很多的商会。想必是团结力量大,在这里做生意终归有一定的难度。

5月6日

一大清早,我们乘坐会长安排的车前往南非最大的国家动物园克鲁格。南非有着非常丰富的土地和矿产资源,沿途的耕地都是喷灌的,还有面积很大的牧场。因为已经是冬季,到处都是金黄色,景色很美,但山林依然是绿色的。

南非的高速公路设施比我们的简单,但开车都很守规矩,依次而行,好像从未听到有鸣笛的。回想我们的交通状况,设施很好但很多人不守规矩、互相争抢。

克鲁格国家公园在南非的东北部,占地面积接近我们的台湾省。进了公园的大门,一种原始的自然的感觉扑面而来。首先看到的是在草丛中跃起的羚羊,跟着就是远处一头巨大的犀牛。开车的导游对我们说,他会找动物,也让我们找,因为我们坐的位置比他高,一发现就告诉他停车,但不要大声喊,这里禁止大喊大叫、禁止吹口哨,禁止好多,总之就是不要惊扰动物。

我们像猎人一样屏住呼吸东张西望,汽车缓慢地在小路上开着。我们乘坐的是一辆改装的皮卡,护栏并不高,如果大象、犀牛或狮子等接近我们,感觉都可以把我们掀翻。接近中午,我们接到其他车的通知,说两只成年的雄狮倒在路边睡觉,好多车都汇集到那里排着队看。大家都小声地说话,生怕惊醒了它们。狮子好像睡得很香,忽然一头睁开了眼睛,头也动了动。好大呀!在动物园看狮子那是隔了好几层铁笼,今天活生生地在身边,并且我们坐在不到两米高的车上,没有任何遮拦,这个家伙如果蹿起来那我们是绝对没跑了。狮子懒洋洋地又睡下了,它黑洞洞的眼神确实让人感到恐惧。想想那些可爱的斑马、羚羊,早晚都是他们的食物,弱肉强食的法则,在这里充分的显现。不过其实这些猛兽能抓到的也都是老弱病残,对那些食用与被食用的种群来说都是优胜劣汰,这样自然界才能生生不息地延续。在这里,我们看到有大面积的过火树林,以为是遭到火灾。导游说这里每年都有大火,不用扑灭它,大火可以烧掉很多害虫和动物不吃的植物,这也是自然淘汰。

在林间小路上,正当大家四处找寻动物的时候,车忽然停下了。正在想又有什么动物的时候,看到司机下了车,把手放在地上,让一只翠绿色的变色龙爬到手上,然后放在树枝旁,让他爬回树上。其间他又停车捡起了两个食品包装袋放到车上。

离开克鲁格时,最大的感受不是看到了哪些动物,而是深深地感受了这里人对自然的保护,和自然法则的无情与有情。

5 月 11 日

今天我们对船进行了全面检查。在澳大利亚新换的后支索钢缆已经不能用了,钢缆粗 11 毫米,由直径 1 毫米的不锈钢丝编成,竟然有几股断了,前支索上部的开口索销已经不存在了,桅杆支撑侧支索钢缆的横撑与桅杆焊接的部位已经开裂,看来我们经历的风浪有时可能超出了船的承受限度。为保证接下来的航行安全,我决定将所有发现的问题解决后再出发。虽然接下来进入低纬度海域,风浪会小很多,但安全依然是最重要的,不能有任何的疏漏。

威廉请来焊接师傅,我们将他吊上桅杆,由于氩弧焊管子短,又把电焊机也吊在空中。也真是巧,当我们一切准备好之后,刚才还在担心氩弧焊被风吹着不好焊,而忽忽作响的风竟然停了。

经过三天的检修,"厦门"号又可以上路了。

5 月 16 日

原计划今天起航的,但天气预报说 18 日到 21 日有 30 到 35 节的大风和 8 到 10 米的巨浪。因此只好等在这里,顺便好好领略南非秀丽的风光。

我们接下来的航线是进入印度洋,从好望角至马达加斯加,穿过赤道进入北印度洋,经马尔代夫、斯里兰卡,进入马六甲海峡到马来西亚、新加坡。"厦门"号将沿郑和下西洋的航线进入中国南海并返回厦门。

虽然接下来的风浪会小很多,但由于我们是自西向东的航行,所以在赤道两侧的信风带是逆风逆流。南半球的大洋环流是逆时针的,在非洲东海岸叫莫桑比克海流,最高达到 5 节。这样的流速我们根本没有办法顶过去。而非洲最南端有一股印度洋流向大西洋的暖流,流速达到 4 节。这股暖流正好处在西风带上,因此遇到大的西风就会产生大浪,也就是被称为好望角杀人浪的陡直的浪。这就是好望角最难通过的原因所在。

资料上说,当年命名好望角为风暴角的船长后来就葬身在这片海域。在马达加斯加的东岸,依然会有 2 至 3 节的顶流,因此顶风顶流可能是下一航段要克服的大难题。

为此,我们的航线计划是:驶出好望角一直向南行驶约 30 海里,再转向东驶过厄加勒斯角进入印度洋,不急于绕着非洲南端走,而是一直向东,直至 100 海里之后,我们再转向偏北行驶,因为此时莫桑比克海流已经并入了西风漂流而不再朝向南,然后再离开马达加斯加的东岸约 100 海里的地方,折向西北驶往目的地。这样一来,原本 2000 海里的路程我们将要走约 2500 海里。这段的航行时间大约是15 天。

5 月 18 日

听说我们 20 号起航,中国驻南非开普敦领事馆的李主任邀请我们到开普敦做客,一同的还有开普敦中国商会的陈会长。通过和在这里的中国人交流,他们对我们环球航行意义的感觉甚至强过我们,在海外的华人是真的希望祖国强大,希望国人在世人面前创造出令人骄傲、令老外们赞叹的事。在他们的鼓舞下,我们也感觉到在光荣之下的责任。

后天就要起航了,马达加斯加的中国商会会长陈先生也非常热情地邀请我们。每当我们到达和离开一个地方,当地的华人就像我们在世界各地的家人,让我们激动,让我们留恋。

5 月 28 日

威　廉

经过 10 天的等待,终于有了发动机齿轮箱修好的消息。中午和威廉在移民局汇合去看机器,顺便到移民局办理续签手续。到移民局原是要办理续签的,因为我们的签证日期是到 5 月 30 日,而计划离开日期是 6 月 1 日。但移民局却给我们盖了个出境章,由于南非的离境是自己走,海关并不检查,我们也就不再麻烦了,反正机器修好就走了,但严格地讲我们现在已经是离境状态了(图一九)。

图一九　威廉和他的老父亲到码头送"厦门"号

威廉是在厦门飞鹏工作的小威廉的父亲,此次在南非全靠威廉的帮助,才使我们顺利地完成了支索更换、桅杆焊接、高压油泵和齿轮箱修理。他家离游艇会有 30公里,开车来回也很辛苦,但他总是很开心。我们乘他的车去开普敦,路上有时开得猛了一些,他会幽默地说,这个是从中国学来的。他爱喝啤酒,每次回去之前都会和我们在咖啡馆喝两杯啤酒再回家。

带着修好的齿轮箱回到游艇会,告别的时候我对他说,希望我们不要在南非再见面了,意思是说希望机器不再发生问题。他幽默地说,是的,我们在中国见。他喜欢中国,小威廉在杭州工作期间娶了一位中国太太,他们很喜欢她,并且10月要到中国去举行婚礼,到时我们再好好地喝酒。

6月1日

南非故事

我们住的是背包客旅店,掌柜的是一位荷兰人,高高的个子,每天早早来到店里。因为他总是两眼直勾勾地看着电脑,直到走之前我一直以为他是来这里干临时工顶住宿费的。有一天和他打过招呼,他笑着对我讲话。这时旅店那只很可爱的大花猫走了过来,他指着它说"Chicken"。我一下子没理解,怎么猫成了鸡了。忽然我明白了,他是指在中国吃猫肉,我说"no,no"。过了两天,祖扬说他问中国字"吃黑人"怎么写,我说他真很奇怪。有天早上我在厨房做早餐,他裹着一条浴巾经过厨房,朝热牛奶的锅里看了看,说了句"black people",虽说是玩笑,但看得出他对我们的饮食习惯是蛮有看法的。后来临走时祖扬对他说,以后不要对中国人提吃猫的事,因为那是极少数人,大家对此都会反感的。

旅店的工作人员芮卡多是个黑人,满头的卷发整天用个帽子盖着。南非人有个习惯,见面打个手势伸出拇指和小指表示你很好。有天我对他说,这个手势在中国是"6"——six。他听了很疑惑,慢慢地说"sex",并做出了一个肢体语言。当时我们就乐翻了,说明白后一伸手他就哈哈大笑,而这个手势也成了我们的见面礼。芮卡多有个业余爱好当贝司手,临出发前到酒吧看了一下他们的第一场演出,另外两个是白人。其中鼓手的妈妈也来了,大声地告诉我那是她儿子,她很自豪也很兴奋,拉着你拼命地跳舞。他们的演出很认真也很成功,鼓手的妈妈跳舞也很疯狂。第二天在游艇会见到她时,认真的表情很难相信昨晚和现在看到的是同一个人,也许老外就是这样吧。

6月2日

船位:S35°08′,E20°0′

风向:西风,风速:8节

天气:晴,气压:1025百帕,温度:19度

COG(对地航向)87度

SOG(对地航速)5.6节

6月2日上午8点半,S35°8′,E20°0′,我们经过非洲最南端的厄加勒斯角,由大西洋进入了西南印度洋。为了避开岸边的浪区,我们没能看见那个具有纪念意义的灯塔。

去年11月13日,"厦门"号在菲律宾驶入了太平洋。时隔半年,我们横穿了南太平洋和南大西洋,航程15000海里,今天到达了印度洋,虽然距离我们的祖国还有

8000 海里,但仍然感到亲切。

　　非洲最南端的纬度是南纬 35 度,南印度洋强大的环流在这里有一部分流入到大西洋。因此这里海流湍急,海图上标注流速最高达 5 节,因此给东去的船舶产生了很大的影响。而且非洲南部的大陆架坡度很陡,这股海流一旦遇到顶风就会产生巨浪,这就是好望角属于危险海域的原因所在。我们这次前往马达加斯加,要绕行非洲大陆南端。为了要避开这股环流,所以我们离开好望角就驶向东南,而不是向东。好望角经过的船很多,都是长度在 900 英尺的巨轮。我们联系了两艘中国船,虽然他们也在海上,但都很羡慕我们,说我们是真正的航海人,同时也为中国人驾驶帆船环游世界感到骄傲。

　　马达加斯加的华侨商会来电话,他们为我们的到达专门开了一次大会,商讨怎样迎接和宣传,驻马使馆也很重视,期待着我们的到来。

6 月 4 日

　　船位:S35°22′,E24°30′

　　风向:东南风,风速:14 节

　　天气:晴,气压:1018 百帕,温度:23 度

　　COG(对地航向)91 度

　　SOG(对地航速)4.2 节

　　从昨天晚上开始,水温从原来的 19 度持续升高,已经达到 26.6 度,表示我们已经进入了印度洋环流。因为这股海流是从赤道下来的,船速持续减慢,从昨天的 5 节到今天上午的不足 2 节,中间还停顿了一次。结果,我们向西南方向以 3 节的速度在倒退,我们只好改原航向 90 度为 130 度,朝南避开阿古拉斯海流并进入西风漂流附近,然后再向东行使。

　　天气预报显示,未来 3 天都没有大风。但这对我们却不是好消息,因为如果没有风,我们靠动力是无法顶过流速达 3 节的逆流的。天气晴得让人无法适应,夜晚可以借着月光看书,似乎没有了夜晚。温度也很高,可以穿短袖衣服了,较以前的航段是舒服太多了,但我们到达的时间可能要晚些了,就如离港时小威廉说的 15 天到达,已经是非常乐观的了。

6 月 5 日

　　船位:S35°24.73′,E27°10′

　　风向:南风,风速:6.6 节

　　天气:晴,气压:1005 百帕,温度:22 度

　　COG(对地航向)72 度

　　SOG(对地航速)3.1 节

避开阿古拉斯海流

　　当我们的前进速度仅有 1.5 节的时候,我意识到再向东走是徒劳的,于是我们改航向为 180 度,但此时船艏向仅有 100 度,180 度实际上是我们船艏向与流向的矢量方向。在走出 15 海里之后,船的航迹开始向东偏,2 小时后航迹画了四分之一个

圆,船开始向东行驶,此时表示我们已经脱离了阿古拉斯海流。

　　航行资料没有详细的海流位置,我们就根据水温指示来判断,因为海流是从赤道下来的暖流。水温的最高值为27度,之后开始下降,表示那里是海流中心,当水温降到22度时,我们开始向北转向,果然速度没有减、航向也不偏(图二〇)。

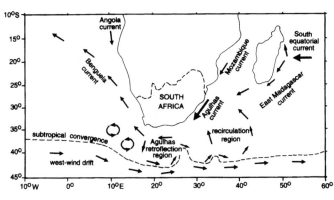

图二〇　非洲南部及马达加斯加附近的洋流图

6月8日

　　船位:S32°33′,E37°5′

　　风向:东北,风速:28节

　　天气:晴,气压:1000百帕,温度:25度

　　COG(对地航向)82度

　　SOG(对地航速)8节

别了,最后的狂涛!

　　从7号开始,仿佛西风带吹到印度洋一样。我们开玩笑说,这是我们环球航行的最后一阵狂涛,以后想看就难了。根据气象预报,在我们到达南纬20度之前的几天里没有大的风浪,而且在南纬20度以后的海域,很难产生如此波长的巨浪,也许这真是狂涛的告别礼了。最离谱的是今天晚上,居然为我们上演了好几出如同烟火晚会般的雷雨天。我从未见过如此之近、如此之亮、如此之连续不断又如此响的雷电,一分钟就有好几个,整整一个多小时,漆黑的夜里,眼睛都晃得不知要看哪里合适。闪电就如同战场的炮弹,不知什么时候落下来,说不怕是假的,而是想跑都跑不了,挨上了也没办法,就当是一场最壮观的送别晚会吧(图二一)!

6月13日

　　船位:S25°20′,E46°58′

　　风向:东北,风速:14.3节

　　天气:晴,气压:1015百帕,温度:25度

　　COG(对地航向)65度

　　SOG(对地航速)4.6节

初见马达加斯加

南印度洋的航路虽然因洋流和风向的变化拐来拐去,但终归风浪小了很多,又

图二一　闪电照亮的船甲板

能见到碧海蓝天了。

在我们开航前制定的航线上，拐点选择在距离马达加斯加东南 120 海里处，借助西向的印度洋环流驶往北部的塔马塔夫。但风向不作美，迫使我们向北偏离了预订航线。下午 1 点，航速及航向开始发生变化，速度由 8 节下降至 6 节，航迹与船艏向的差逐渐增大，显示我们进入了西南向的马达加斯加洋流。下午 5 点开始，船艏向为 45 度，但真航向却是 0 度，风速 20 节，发动机 1500 转，航速却只有不到 5 节，利用三角函数粗算了一下，洋流西向流速达到 3 节。我们已经完全没有办法驶往我们预订的拐点了，而风向又是 90 度，不可能转向东南，我们的真航向就可能朝向正南了。所以我们只能顶过这片海流，进入判断中的马达加斯加南端的回流区，或驶到深度低于 200 米的浅水区。从下午 1 点开始，船的航向是 45 度，GPS 显示的真航向是 0 度。

6 月 14 日

凌晨 1 点，我们开始进入 500 米水深等深线，GPS 上的航迹才开始逐渐拐向东北，航速也逐渐增加到 6 节。清晨 4 点，航向为 45 度，船艏向与航向重合，显示我们已经进入了没有洋流的海域，此时距离岸边 30 海里，水深低于 200 米。

6 点 30 分，在太阳升起的方向，我们看到了马达加斯加低平的山脉，此时我们距离岸边大约有 3 海里。

上午和马达加斯加的陈先生通了电话，我告诉他我们需要加油。他说在马达加斯加最南端有个叫"佛托帆"的小镇，可以到那里的码头加油，并已经联系好了那里的一家中国水利集团的援外公司。下午 2 点，岸边的洋流也是非常急的，原定 30 海里的路我们走了 1 天，直至天擦黑时才进港。

这里是一个大码头，很多工作人员为我们系缆。其中一个人说我们把他们的国旗挂反了，于是我们上下换了个方向，他说还是反了，最后发现是在国内买的旗子将穿旗杆的一边当外边缝反了。我们把旗子拆开并重新认真地升起来，不论国家的大小、贫富，其国旗都要认真悬挂。

晚上到这个公司的工地，见到都是中国工人，感到很是亲切。走到街上，感觉到这里还是很落后的，似乎回到了 20 世纪 90 年代的乡下。很多人摆两罐饮料也在卖,似乎多小的生意都有人做。集市有点乱,街道也是土路的,听说这里的工价非常低,一天20元人民币的活当地人都抢着干。

6月15日

船位:S24°14′,E48°20′

风向:南风,风速:20.5节

天气:阴,气压:1019百帕,温度:27度

COG(对地航向)24度

SOG(对地航速)6.9节

夜海上的无名船

我们从"佛托帆"出来以后,为躲避岸边的洋流,一直朝向东北开。夜晚,AIS显示一艘中国船与我们相向而行,赶紧呼叫。对方有点疑惑地回答"哪里叫?"我说,我们是你左前方的帆船,来自中国厦门。对方这才放开了说,"我还以为是海盗呢"。他从新加坡起航,装了一船红糖去伦敦。当问他为什么不走苏伊士运河而舍近求远时,他说公司为了躲避海盗而不得以绕道好望角。我们问他,如果你们遇到海盗怎么办。他说第一是不抵抗,因为海盗有重武器;第二是关掉主机躲进安全舱,呼叫后等待救援;第三就是跑。当问他海盗区域的时候,他说塞舌尔到亚丁湾海域是海盗活动区。他开始看到我们时,因为我们船小,还以为是海盗,都有点担心。我说昨晚看到一艘船的 AIS 信号,但过一会就没有了。他说是的,这里的船看到可疑船时就将信息隐藏起来,他们也会这样。

之后我们也想,天灾的风浪海域是过了,人祸的海盗又威胁我们了,而且天灾好避人祸难躲。许多人都说要小心,可见到了又怎么办呢,就算我们有枪可人家有炮。只有听天由命了。

塞舌尔是一定要过的,因为马达加斯加东面的海流是西向时,我们没有办法顶流走很远,一定要横流驶到接近赤道的地方,然后沿着赤道逆流和北印度洋环流驶往马尔代夫。我倒是希望能看到海盗而不被劫持,打个招呼、拍几张照片,估计很有意思。

6月18、19日

船位:S18°9.401′,E49°25.481′

塔那那利佛

经过17天七拐、八拐的航行,18日上午9点,我们驶入了马达加斯加的塔马塔夫港。电话中得知,中国驻马达加斯加大使馆、马达加斯加华商总会、中资企业协会及很多华人在码头等待我们的到达。到港后,我们望着那聚集的人群和挥动的国旗,航行的疲劳一扫而光,似乎感觉不是到了异国,而是到了故乡。

19日,车队浩浩荡荡奔向首都塔那那利佛。此次活动安排得非常周密,考虑到路况不好,还请来了总统卫队全副武装开道保驾。

马达加斯加是世界第四大岛,东部是热带雨林,西部是热带高原。前半程,汽车穿梭在弯弯曲曲的阔叶密林之中,天一直在下雨,风景实在漂亮。3小时后,海拔升高到1000多米,气温低了10度,两边的树也由阔叶转为针叶,短短100多公里就从

夏季变为了深秋。

马达加斯加属于贫穷国家，除了小集镇外，雨林地带多是低矮的木板房，从门口望去没有床铺，一张草席就睡人了。令人感到不好受的是很多的儿童，他们光脚走在路边，下雨了就用一片芭蕉叶遮挡。高原地带多是泥土墙的草房，增加了保温的功能，但人们依然很多是赤脚的。

下午我们进入了首都市区，道路的狭窄令人无法想象，人群和汽车挤在一起。奇怪的是，人们相互间很谦让，因此车辆才能在这样的条件下可以行驶。说实在的，如果在国内，这肯定是"死路"一条了（图二二）。

图二二　塔马塔夫街上都是三轮车

6月20日

上午，我们很荣幸地受到中国驻马沈大使的邀见，他对"厦门"号的环球航行给予了极高的评价。下午召开了马达加斯加首都媒体新闻发布会，二十多家媒体记者参加，"厦门"号帆船的航行在马国产生了很大的影响。晚上，在马国首都的150位华商代表为我们举行了隆重的欢迎晚宴。晚会上，孔子学院的学生和很多单位都准备了很好的节目，其中两首自编诗朗诵道出了海外华人的心声，也让我们在充分享受荣誉的同时感到了我们航行的责任，领会了华人、华侨的那份热情。晚会异常热烈，光照片就拍了几百张，我第一次照相照到腿软（图二三）。

我们此行遇到了很多的华人，他们对我们的环球航行感到非常自豪。这反映出在海外的华人希望中国强大，这其中不仅仅是有钱，更需要民族的胆识与豪气。我听他们说，这里的当地人总想向中国人要钱，似乎认为中国人好欺负，但他们从不敢对欧美人怎样。所以我们此行为中国人争气，让他们很感动，因为中国是他们的家。

今天我头一次感到照相会照累了，整个会场的华侨和我们照相，单人的、合影的，虽然很累，但心里是热的。

6月23日

告别"乡亲"

华商总会和中资企业协会的朋友们给了我们非常热情的接待，每天大家在一起都非常的高兴和有太多的话讲。今天我们将回到塔马塔夫，去完成这些乡亲对我们

图二三　"厦门"号船员到塔那那利佛孔子学院

的希望。大家早上都来酒店送我们，为我们准备好了路上的食品，握手拥抱，寄托的就是我们中国人的勇气。

　　经过9个小时的颠簸，我们回到了塔马塔夫。这里华人商会的陈会长已经为我们安排好了酒店和晚餐。在这里的华侨多数是老侨，就是已经几代人的华侨。他们多数是法国在顺德招来的建铁路的劳工，后来就留了下来，还有一些是日军侵略时逃难来的。现在这些侨民在这里都做得很好，有很好的社会关系，都能稳定的在马国居住。

　　马达加斯加的很多人虽然很穷，但他们很友善，到小摊上买点东西，他们会很腼腆地笑。路上有很多的三轮车，当你看他的时候并对他笑笑点头，他会回你一个绝对不是假笑的微笑和点头，当你在车里注视路边坐着的人时，一旦目光对上也会微笑点头，总之这里的人有淳朴的一面。但因为穷也会有贪的恶习，也有懒的成分。我感觉这里的政府是不稳定的政府，政府官员的贪，毁掉了这个曾经挺好并且资源非常丰富的国家。每当看到那些赤脚跑在街上的孩子，我就有种不舒服的感觉，对此只有祈祷他们吧。

6月24日

塔马塔夫

　　马达加斯加是世界第四大岛，有几种独有的动植物，拇指猴便是其中之一。塔马塔夫有一个世界动物组织运作的猴动物园，在这里，你首先看到的是典型的热带雨林植物园，各种阔叶植物非常茂盛。在巨大的旅行者树的根部刺一个小洞，清凉的水便流出来了并可以直接饮用，所以叫旅行者树。在这里我们还可以看到丁香、桂皮、胡椒、咖啡等植物。植物园深处零星散落着大大的笼子，我们见到了近20种猴子。最小的拇指猴钻在竹筒里，乍看上去就像一只老鼠，眼睛很大，真的很可爱。

　　塔马塔夫有一座华侨学校。今天有两位国内来的老师要回国了，我们正好赶上欢送午餐会。我们看到老师和学生多是当地人的面孔，陈会长说，他们中有很多是华侨和当地人结合的混血儿，如果不是这个华侨学校，已经有很多人快不会讲汉语了。

晚上,中国驻塔马塔夫领事馆朱领事和这边的华人、华侨与我们共进晚餐。几天下来,我清楚地感觉到大家的那份情谊,其实细究起来,是那份思乡的感情让我们连在一起的。在马国的几天,我似乎没有身在异国他乡的感觉。

6月27、28日

圣玛丽岛

晚上9点,我们告别了朱领事、陈会长和塔马塔夫的华人朋友,起航前往马达加斯加东北部的圣玛丽岛。华商总会的商会长、杜会长及圣玛丽岛的华侨刘国光先生成了我们此站的船员,也代表这里的华人送我们一程,为此他们感到非常光荣。

28日上午,在一架飞机、三艘快艇的迎接下,我们顺利抵达了圣玛丽岛。码头上,圣玛丽市长、镇长、警察局局长、移民局官员在码头迎接我们。在欢迎午餐会上,圣玛丽市长在热情欢迎我们的同时,表达出与厦门建立友好关系的愿望,让我们感到很高兴,如果能成,将会是我们环球航行的又一个收获。

当晚刘国光先生在家招待我们,他祖籍广东,是这里的第二代华侨,清华大学毕业,父母在塔马塔夫,他们在圣玛丽岛的业务开展得很大,是很有影响的华人。晚餐非常丰盛,鲜活的大龙虾、螃蟹和大虾,让我们感到亲切的是,用的是北京炭火锅。大家打趣地说,在智利吃够了南极蟹,在马达加斯加吃够了龙虾。

圣玛丽岛非常美,清澈湛蓝的海水,茂密的原始热带雨林,雪白的沙滩。她拥有非洲的人文特点,各种建筑很有艺术感,村落的人也很淳朴热情。每年七八月,这里还有一个知名的鲸鱼节,大批的鲸鱼汇聚到这里,吸引了世界各国的游人。

6月29日

船位:S17°0.24′,E49°50.77′

风向:不定,风速:小于5节

天气:晴,气压:1013百帕,温度:27度

圣玛丽岛起航

远远望去,马达加斯加的华人朋友还在码头上向我们挥手。马达加斯加是我们此次环球航行印象最深的一站。就像中资协会王会长所说,我们会永远惦记着你们,回家后一定要来电话。这里的每一位华人,他们的面容永远铭记在我们的脑海里,他们的热情接待赋予了我们责任,我们一定要圆满地完成这次航行(图二四)。

起航不久,在圣玛丽岛的海峡里,我们看到了四头鲸鱼。巨大的身躯不时地浮出水面,优美的尾巴有力地扬出水面。他们在我们船的左右伴着我们走,一直到圣玛丽岛海峡的出口(图二五)。再见了马达加斯加的华人朋友,再见了马达加斯加!

7月1日

船位:S13°5′,E52°24′

风向:东南风,风速:22节

天气:晴,气压:1012百帕,温度:26度

图二四　马达加斯加的华人商会会长到码头为"厦门"号送行

图二五　圣马利岛海峡中的鲸

COG（对地航向）51 度

SOG（对地航速）8 节

离开圣玛丽岛，我们选择了北上的航向，目的是避开南印度洋强烈的东南信风和南印度洋环流。我常记得《南征北战》电影里的一句话"仗把你越打越精了"。今天，看着飞速划过船舷的白浪，享受着在海上飞翔的速度，不禁会想起从菲律宾到帕劳的航程。我们顶着东北信风，顶着太平洋洋流，1000 海里的行程，艰苦的走了 11 天，见到 4 节的航速都让我们觉得很舒服。航海是一门学问，是一门综合的学科，绝不是匹夫之勇的事。

7 月 4 日

船位：S5°6.6′，E55°27.677′

风向：东南风，风速：11 节

天气：晴，气压：1005 百帕，温度：28 度

COG（对地航向）23 度

SOG（对地航速）7 节

告别了明月，太阳还没露出海面，隐约能看到塞舌尔岛上的山了。这段航程是我们环球航行过程中最顺利的一段。由于现在是南半球的冬季，而北印度洋的夏季季风很强，南印度洋的信风在接近非洲东岸的地方补充进北印度洋的季风。因此这段时间的南半球的信风带非常稳定，每天都有 20 节的东南风，并且浪也不大，我们的航速稳定在 8 节左右，每天都能走 170 海里以上。船速有了，心情也很舒畅，因为我们离家越来越近了。

塞舌尔是南印度洋贴近赤道的一个小岛国。这个国家的地形结构特点很独特，在 2000 至 3000 米深的海底，陡直的凸起一个直径约 150 公里的平台，塞舌尔就坐落在这个平台上。

下午 2 点，塞舌尔海关、移民、检疫上船为我们办理通关，也不知是哪个部门的，很仔细地一通翻箱倒柜。他们似乎是在检查枪械和毒品，最后把南非吴会长给的 10 条烟给封起来算是结束。

也许是国家走多了，来到一个新的国家却没有新鲜的感觉了，有的也只是城市建设和风景的不同而已。

7 月 6 日

"色 诱"

今天我们驾车游览塞舌尔主岛。首先路过的是塞舌尔机场，在船上看，这里航班起降得挺多，而且有很多大型飞机，但机场却很小，给人的感觉似乎不是机场，而是一个充满地方风情的大棚市场。顶棚的钢结构裸露着，办理登机牌的柜台弄得很花哨。走到尽头你会发现，整个的设计充满了艺术感，外国游客来的时候，一下飞机就感受到这里的不同。

沿环岛公路行驶，公路窄得仅能容下两部车。公路曲曲弯弯地穿行在树林里，扑面而来的是满眼的葱绿，路两边是阔叶林，空隙中露出风格各异、颜色鲜艳的小楼。每栋小楼都很有艺术感，如密林中的花朵。驶出林荫道时，翠蓝色的大海让人感觉窒息一样的美，海滩是白色的，正是由于白色的海底才使大海发出醉人的无法形容的翠蓝。

蓝绿之间，一抹黄色闪过，是路边一位黝黑的老人在卖香蕉，香蕉很小但很干净。外皮是发着亮光的奶酪黄色，也正是它的鲜艳才会在这蓝和绿中间夺目而出。尝起来，略带微酸却充满着香味，口感黏滑，诱人到家了。

一串串的海湾、一串串的景，海水是透明的，珊瑚中花色的小鱼自在地穿梭。每当看到这，我就会想到我们的海，多希望我们别看到海就想到海鲜，而是要减少捕捞、减少海上养殖，多点蓝色去愉悦人们焦躁的情绪。

7 月 8 日

塞舌尔的周末是一定要休息的。听这里的中国人说，让当地人周末加班，给双工资都不干。今天所有的商店都关门了，害得我们原计划明天起航都没地买东西去。

我们下一站是马尔代夫，距离 1200 海里，这一段我们遇到的困难将是炎热和无风。塞舌尔是南纬 4°，马累是北纬 4°，南北只差不到 500 海里，我们完全就行驶在赤道上，而且天气预报显示，我们驶出两天后就进入低于 15 节风的海域了。这对我们的航行很有影响，并且整个航线多雷雨的天气，这段航程大约要走 10 天。

再就是海盗，之前向有关部门询问，说我们的军舰在亚丁湾执勤，距离我们 1000 多海里，还给了我们一个交通部救援电话。看来，接下来的航程是一半靠自己、一半靠运气了。我们船旁边的游艇在来塞舌尔时就被海盗洗劫了，船主让我们晚上别开 AIS、别开灯，还要加上无线电静默，谁叫都别答应。这听起来挺恐怖的，看来我们要跟海盗打"游击战"了。

明天就要起航了，面对天气，面对海盗，我们充满了勇气，就像信鸽飞越战场一样。为什么，因为它要归巢，因为我们——要回家。

7 月 10 日

海盗的气息

在塞舌尔港你就能感觉到防范海盗的气氛，一艘停泊的大型渔船船身上写着"配备有武器"，码头上停泊着一艘法国的燃油补给舰和一艘美国军舰，海上警卫队的士兵说他们是来这里休整的护航舰队。离境填写的表单上有这样一个栏目："你船同意在没有塞舌尔海上警卫队护卫的情况下去马尔代夫。"海事的人问我们有否武器，我们说没有。她说如果你们遇到海盗怎么办，祖扬幽默地举起了双手。

看来我们真的要进入海盗活动的海域了，有种临阵的兴奋，但也有点后悔。当初我们应该从南非直接去印尼就好了，免得这样揪心。

静默的航行

中午 12 点，我们离开塞舌尔。我们没有按照塞舌尔海图的航道指示向北行驶 40 海里驶出浅海区，而是改航向为 60 度，直接朝马尔代夫驶去。这样我们就避开了塞舌尔北部的海盗活动海域。一个小时以后，我们关掉了 VHF 对讲机，这样 AIS 就没有发射而只有接收了。

入夜后，我们环球以来第一次没有开航行灯，舱灯也关掉了。整条船上只有仪表灯散发着昏暗的光，而此时好像觉得仪表灯都太亮了。由于没开灯，心里总是有点不踏实的感觉，像是闭着眼走路，就像一个成语说的：盲人骑瞎马，夜半临深池。假如对面也有一艘船和我们一样没有开灯，那我们相遇时可就惨了。视觉瞭望有了不确定性，我们就半小时用雷达扫描一次，看三十海里内是否有船，并注意瞭望。

7 月 12 日

看谁都像海盗

船位：S2°20.6′，E60°37.37′

风向：东南风，风速：10 节

天气：晴，气压：1006 百帕，温度：30 度

COG（对地航向）66 度

SOG（对地航速）6.4 节

连续两个晚上都平静地过去了，第三天时我们已经离开塞舌尔 400 多海里了。

大家都说没有问题了,海盗是跑不了这么远的。判断归判断,但晚上打开航灯时还是有点别扭。晚上 10 点 15 分,雷达上出现两处小小的回波,航向 236 度,航速 20 节,距离 10 海里,和我们航向相反。没有看到航灯,也没有看到 AIS,10 分钟后就消失了。有点疑惑,祖扬说看来他们装了反雷达系统,以为我们是海盗,看到我们扫到就隐藏起来了。

第四个晚上,离开塞舌尔已经有 500 海里了。雷达上又扫到两艘船,距离都不超过 10 海里,但都没有见到灯光。另外一艘有 AIS 信号的船从我们船边 5 海里的地方驶过,也没有看到航灯。烙铁说真是奇怪,这片海域流行不开灯夜航,看来都是海盗惹的祸。

7 月 15 日

船位:N0°0′,E65°43.859′

风向:东北风,风速:7.3 节

天气:晴,气压:1005 百帕,温度:32 度

COG(对地航向)67 度

SOG(对地航速)5.4 节

北半球,我们回来了!

自 2011 年 12 月 5 日,我们在太平洋越过赤道进入南半球,经过 7 个月的航行,今天我们又在印度洋跨越赤道返回到了北半球。在南半球,我们经过了巴布亚新几内亚、澳大利亚、新西兰、智利、南非、马达加斯加和塞舌尔,沿西风带横穿了南太平洋和大西洋,绕过了航海界称之为"喜马拉雅"的合恩角和以"风暴角"著称的好望角,进入了南纬 56 度的高纬度海域,共行驶了 16080 海里。回头看去,似乎想象不出那些艰苦的日子是怎么熬过来的,但更多的是欣慰与成就感。

人们对家的概念也许会以地域所属来定义,跨过赤道就有种到家的感觉。不过这次过赤道好像没有向南跨越赤道时的那种兴奋感,也许是熬过了太多的磨难和困苦,经受过了生死的考验,看到了很多从前没有见过甚至没有想过的,接触了很多国家的人,对人生喜乐有了新的认识,对事物的兴奋点也提高了。

这里距离厦门还有近 4000 海里,我们将经过马六甲海峡进入南中国海。确实,我们真的快到家了。

7 月 19 日

船位:N4°11.087′,E73°25.510′

风向:西北,风速:8.7 节

天气:晴,气压:1008 百帕,温度:30 度

COG(对地航向)297 度

SOG(对地航速)7.8 节

天蒙蒙亮时,我们已经到达了马尔代夫首都马累的边上。岛很小,上面密密麻麻的有很多房子,远远看去,很像我们隔着五缘湾看忠宅村,我们也就戏称其为"忠宅"。

国家航海　第五辑

National
Maritime Research

「厦门」号帆船环球航海日志

（下）

175

　　我们从5点呼叫到8点半，海事终于有了回音。入境的手续在对讲机里就了解得差不多了。如果我们停留超过72小时要通过代理来办手续，手续费要500美元。

　　一切谈妥后，我们在指定的锚地一直等到12点，几个部门的官员才在代理的带领下乘小艇到我们船上。这里的入境手续简单多了，没有了翻箱倒柜的检查，只是问问而已。他们最关心的是酒，并找了一位验酒的官员来专门看酒，仔细清点后装在一个壁橱里，最后用铅封封好，算是结束。代理告诉我们，马尔代夫是伊斯兰国家，明天就是斋月，酒是绝对不能带上岛的，并且我们的船也不能随便到那些可以潜水的岛去，如果要去还要办手续，并交纳约500美元的费用。

　　指定的锚地不在马累，而是西边的一个小岛。代理说这个小岛是填海造的，远远看去，岛上还冒着浓密的烟，我们以为和塞舌尔的一样是发电厂，而实际上是垃圾焚烧厂。我们到了码头以后，发现之前看到的沙堆实际上是一座垃圾的小山，而且就离码头不到百米。

　　停好船，首批欢迎我们的是苍蝇，而且越来越多，舱里舱外到处都是。我们问代理能否换个地方，他说没有，马累没有停靠的地方，并且我们船上有酒，真没办法，也许明天会好些，希望如此吧！

7月20日

　　清晨，天刚亮苍蝇就来了，在我们的身上散步，只好起床。码头上，载着装满垃圾的大卡车很流畅地开上开下，晨风送来垃圾的带着潮气的腐败味道。

　　现在的场景，很难让人想到我们正身处世界顶级的旅游胜地。在我们身下，海水依然是湛蓝透明的，色彩斑斓的鱼游来游去。但环境已经让人失去了欣赏的心情，在清澈的港池里，漂浮着塑料瓶和塑料布，难怪我们在接近这里的海上，就不时地可以看到这样的垃圾。

　　天忽然开始变得雾蒙蒙的，大海也失去了清亮的蓝色，空气中弥漫着焚烧塑料的味道。转眼间我们就处在了遮天蔽日的烟雾中，原来是风向有点转南，飘向远处的烟雾开始飘向我们这边。小李从船舱里跑出来大喊，"世界末日了！"此时我们就像在电影里，灰黑色的烟雾，遮蔽了美丽的地球。

　　无数的苍蝇持续不断地骚扰着，我们整天都以一种很不好的心情无奈地看着大海，看着远处的马累。

7月21日

　　这次到马尔代夫的主要任务是收厦门欣翔电子寄来的海图卡。来的路上听说深圳大学的小罗在这里的旅行社工作，就打电话找到她，并由她接收邮件。到她公司一看，这里有好几位国内来的人，主要是接待中国人来这里旅游的。

　　祖扬他们在小罗的推荐下去了一个小岛上玩，要去看看真正的马尔代夫。遗憾的是船不能离开，要留守一个人，因为对于我们环球的人来说，船就是我们的大本营，这个是绝对不能出问题的。

　　马尔代夫不愧是世界旅游胜地，确实非常漂亮。雪白的沙滩，透明的大海，彩色的珊瑚，各种各样的鱼，沙滩上的酒店，一切都是那样的美好。

美的和不美的在这几天成了鲜明对比,反差之大可谓是"天堂"与"地狱"。由于有了环保的话题,了解到海岛上的酒店都有一套完整的污水处理设备,垃圾在剪碎压缩后送到我们这里的处理厂。听说两年后这个垃圾处理厂会改建得很好,因为环保对这个旅游为主的小国家尤为重要。

7月23日

今天上午买了一条6.5公斤的大石斑鱼,相当于人民币100元,味道是相当的好。但我们在吃的时候要不断地驱赶苍蝇,最后干脆坐到炙热的阳光下去吃,这样苍蝇才会少些,实在是大煞风景。

从塞舌尔出来,发现马六甲海峡的海图打不开。路上就和欣翔电子联系,在他们的帮助下GPS卡终于寄到了马尔代夫。我们准备起航了,一路走来没有一个地方起航前不留恋的。只有这里的情况不一样,我们总算不用再和烟尘与苍蝇为伍了,也许算是逃离吧。祖扬说要起航了,真让人高兴。

马尔代夫的几天,让我们对这趟环球航行的环保主题有了更高的认识。不论你的自然环境有多美,但如果不注意环保,都会变为垃圾场。我们一路上细心地呵护着承载着我们的大海,矿泉水瓶盖底下的塑料箍和香烟的过滤嘴我们都不会随手丢进海里。当看到这里的工人在用水将垃圾船上的剩余垃圾冲进海里时,我们会感到痛心,而这里的人们每天都在烟尘弥漫中生活就是报应。具有讽刺意义的是,我们环球航行的这一圈中,居然是最美丽的地方反而没有注意环保。也许是因为这美丽的环境是大自然赐予的,免费的,来得太容易,并且巨大的印度洋环流源源不断的带来新的透明的海水。但实际上,我们每一点的污染,大自然都会记在人类的账上,都有要偿还的时候。

7月24日

逃离马累

昨天晚上,代理把我们离境的手续办好送了过来。一大早,大家就急着准备起航。小商店还没开门,一直等到了8点,才匆匆忙忙地买了些食品,不到9点就起航了。离开码头的第一件事就是驱赶苍蝇,因为一旦离了岸苍蝇就不走了。接下来就是擦这擦那一通忙活,总算轻松一些了。

其实马尔代夫这个地名从旅游的角度来讲,应该是那些小岛而不是马累。马尔代夫机场在一座小岛上,有好多的码头。客人来马尔代夫,一下飞机就被酒店的船或水上飞机接到小岛上了,走的时候也是直接去机场,客人并不到马累来。所以漂亮的小岛才是真正的马尔代夫,我们到的仅仅是马累。

碧海蓝天,海上很平,西风15节。我们拉起球帆,船速10节,这是我们此次航行中第二次使用球帆。下一站我们将停靠泰国,这段航程1512海里,预计航行10至12天。我们先向东,避开斯里兰卡附近的风区,然后折向东偏北进入马六甲海峡西口到达普吉岛,在那里做技术停靠。这是我们环球航行最后一段越洋航程,也算是接近我们环球航行的尾声了。

7月26日

船位：N4°35′,E78°35′

风向：西,风速：13节

天气：晴,气压：1004百帕,温度：31度

COG(对地航向)89度

SOG(对地航速)8.3节

海上垃圾

我们现在的航线是北印度洋的环流,在这个环流的周边,多是些不发达的国家。垃圾治理的比较差,所以在这片海上可以看到很多垃圾,有塑料布、泡沫箱、塑料瓶等等。今天傍晚,船边突然飘过来一个绿色的碎网,一只海龟被罩在里面爬来爬去,很快就从我们船舷边漂到后面去了。我们想去救它,可是当时我们的大前帆用撑杆撑着,收帆很麻烦,顺风航速有10节,如果掉头,时间又太长,转过头迎风我们又开不上去,并且浪很大,也很难再找到它,只能眼睁睁地看着它消失在飞逝的海浪和夕阳映红的大海中。

破网和那只海龟的动作在我眼前挥之不去。也许它能脱离,也许要在那个网子里死去,也许会随洋流飘到一个小岛上。总之,是我们人类的垃圾害了它。

7月28日

船位：N5°4′,E85°11′

风向：西南,风速：12.8节

天气：晴,气压：1005百帕,温度：32度

COG(对地航向)81度

SOG(对地航速)8节

今天早上,家里的小蔡来电话,说朱伟民董事长去世了。我放下电话后似乎不相信这是真的,又再次打电话到公司确认。

有一首歌唱到:"如果不是这一次远航,我还不知道生命中有多少人,曾经默默陪我成长。如果不是这一次远航,我还不知道生命中有多少人,让我如此放不下。"朱总两年前患了癌症,坚毅地面对疾病,乐观地面对生活。起航前我们拥抱,我感觉他的身体软软的,心里很不是滋味。我说您要保重身体,他说放心,你们一定要安全返航。每到一地,他都会用短信鼓励我们要坚持。我一直有个想法,就是回厦门后要在码头上拥抱他。可以说,没有朱总的支持就没有"厦门"号帆船今天的环球航行。

朱总毕业于集美航海学院,曾经是海员,跑过远洋。他以极大的热情支持厦门和厦门高校的帆船运动,使得厦门的帆船运动走在全国的前列。他常常说起以前航海的日子,非常喜欢大海和想念在海上的生活。走前他还对我说,在海上要补充维生素,要生豆芽,所以我每次发豆芽时都会想到他。我在非洲还特地买了纪念品准备送给他,没想到他没能等到我们返航,没能看到我们共同努力取得的成果。

在孤独寂寞的航行中、在经历了死亡威胁的考验之后,我时常在想周边的朋友和亲人。很多有趣的事让你回味开心,也有很多遗憾的事让我悔恨,沉寂下来,会让

我们认识到应该怎样去做人。

7 月 30 日

船位：N6°7.95′,E92°2.29′

风向：南风,风速：19.5 节

天气：晴;气压：1008 百度,温度：31 度

COG(对地航向)85 度

SOG(对地航速)8.8 节

接近马六甲海峡

我凌晨 4 点起来接班,一艘灯火通明的船就在边上。小李说它在检修,没有动。再一看,前面有一艘航速 12 节的正向我们驶来的船。用 **GPS** 一看,好家伙,在我们周边一共有 11 艘飞驰的大船。这还没进海峡呢,就这么多船,看来马六甲真是世界上最繁忙的水道。

过往的大船多是油轮,船身很长,航速在 10 节至 20 节。一艘从我们船边错过的油轮的船舷向瀑布一样流水,不知是怎么回事。一艘蓝色的集装箱轮以 17 节的航速从我们左舷超过,远远看去就像一个海岛。我们在这堆巨无霸中穿行,要时刻在仪表上对照来船的航向、航速、纬度差,在距离 10 海里前做出避让动作以确保能安全通过。

我们现在距离海峡西口还有 150 海里,后天就能到达普吉岛,比预定时间提前了两天。我们现在的航速有 8 节多,每天的行程有 200 海里,是整个环球航行中航速最快的航段。

8 月 1 日

船位：N8°4′,E98°26′

风向：西,风速：15.9 节

天气：晴,气压：1004 百帕,温度：32 度

COG(对地航向)58 度

SOG(对地航速)8 节

北京时间

中午,我们顺利地进入了普吉岛的东侧。由于距离预订的游艇会还有 30 海里,可能要晚上才能到达。为了赶时间,我们没有立刻去办理入境手续,而是直接驶往游艇会。普吉岛的入境手续可以先到游艇会,上岸 24 小时内由陆上去办理。

此次环球航行我们好像很会赶日子,到澳大利亚是圣诞节,到新西兰是狂欢节,到南非是国耻日,到马达加斯加是国庆节,到马尔代夫是伊斯兰的把斋节,明天到泰国时又正好是佛教的节日。每一个节日都给我们办理手续带来了麻烦,不过也是我们的运气,都赶上了他们的好日子,但还不知道明天他们是否上班。

原计划停靠天堂游艇会,它在普吉岛的最北面,但那里的航道要候潮,天黑以后就进不去了。这时发现在我们左舷有一个停了很多游艇的游艇会,赶紧用对讲机联络,对方说可以停泊。我们又和天堂游艇会联系,说不过去了,对方没有意见。

这个游艇会是敞开式的,里面停了很多大型游艇,设施很好。在外面吃了一顿正宗的泰国菜,约好帮忙的华侨明天接我们去办入境手续,晚上我们轻松地住在船上。

8月6日

在泰国休整了几天,看到有太多国内的人来这里旅游。中国游客支撑着这里的旅游产业,看来我们中国人现在真是有钱了。

泰国的出入境手续真是简单,可以自己去办理。三个部门在一个大房子里,一次就搞定了,并且不来码头看着你走,真是简单。

昨天下午3点,一切准备就绪,我们准时解缆离开码头。这个游艇会港池内的水流很急,我们费了几个周折才倒着驶出游艇会港池。但船刚驶离港池舵就失灵了,只好呼叫游艇会的小艇协助保护,我们用手控自动舵将船又驶回了游艇会。这是我们环球航行中第二次离港又回港的情况。经检查,是舵的传动钢丝绳断了,好在有一套备件,我决定第二天一早修好,中午起航。

上午,游艇会的谢董事长来到我们船上。他是祖籍广东梅州的华侨后代,出生在印尼,现在普吉岛上4个游艇会中有2个是他投资建设的。这是我们环球航行中见到的第一个由华裔投资和管理的游艇会。当他听说我们驾驶帆船环球航行时很感动,很为我们感到骄傲(图二六)。

图二六　游艇会的华人董事长谢先生接收"厦门"号的旗帜

下午3点,我们准时离开了游艇会,并将时间调到了北京时间。我们经过8个月的航行,将世界时间转了一圈。今天开始,我们就和家人同一时间了,再也不用计算差几个小时了,也是我们航行中值得记住的日子。

8月8日

船位:N3°29′,E100°38′

风向:东南,风速:10节

天气:晴,气压:1004百帕,温度:32度

COG(对地航向)154度

SOG(对地航速)5.3节

繁忙的马六甲海峡

驶过马来西亚的兰卡威,海峡变得非常平静,风速不超过2节,海面时常向镜子一样会发亮。

海峡渐渐变窄了,GPS上已经可以看到行驶在分航道上的船舶信号。由于马六甲海峡的通航量非常大,每年达10万艘,因此整个海峡采用东西两向分航道行驶。GPS上整齐地排列着很多的箭头。我们的航线是贴着海峡北岸走的,离大船航道有约一两海里的距离,比起之前斜穿航道轻松了很多。

傍晚,我们驶入海峡中段狭窄的海域。海底地形如同河川一样,一条沟、一条沟的,预示这里的海流会很急。晚8点,风速从10节上升的17节,航速从6节降到4节,而且还有下降的趋势。到了凌晨,速度已经降至不到2节,顶头风吹起的浪并不大,但连续两三下船就快不走了。昨天下午与马六甲的林先生约定明天上午到,看起来是不可能了。

清晨,我们接近马来西亚西部的一个大港,GPS上密密麻麻地显示很多船锚泊在港外的海上。因为同时进入了100艘船的AIS信息和复杂的海图中,GPS的运转速度非常慢,我真担心会卡住不动了。为了避开海浪和顶流,我们改航向驶向岸边,在众多的巨轮中穿行,还要避让进出港的货轮。以前是半个月见不到一艘船,可以闭着眼开,现在不行了,前后左右都要顾着,整整忙活了一个上午,直到离岸只有1海里时船速才勉强接近4节。

8月10日

船位:N2°10.753′,E102°14.048′

郑和与马六甲市的华人文化

据说在东南亚只有马六甲市保存有郑和下西洋时的遗迹,因此马六甲也是我们航行中有意义的一站。马六甲市在马六甲海峡中部,据说马六甲海峡得名于马六甲市。

上午7点,我们到达了马六甲市的外面,远远看去城市中有不少高楼。由于这里没有游艇会,岸边水又很浅,我们只好锚泊在离岸1海里的地方。

这里出生的华侨林先生用一艘小艇接驳我们到了移民局。由于马来西亚是回教国家,移民局的女工作人员的帽子用深蓝色的头巾代替了,蓝色裤子、白色上衣,再配上整齐的蓝头巾,严肃中多了一份靓丽。从海关出来,我们依然乘坐小艇在市内的河道中穿行。两旁的房屋都是中式的,而且装点的很美丽,感觉这里像是一座水城。

郑和文化馆一打听就找到了。它坐落在华人很多的鸡场街,门面很小,上面一块匾写着"郑和文化馆"。里面占地很大,很多房间按照船的楼层布置,天井内有一口井,是当年郑和下西洋时用过的,现在已经用来养鱼了。虽然展馆文物不多,但郑和之后华人的文化在马来西亚的传播是相当广泛的。向楼顶望去,屋顶的结构和形状都是中国的式样,仿若置身于江南小镇之中。

走出展馆,沿街都是华人的店铺,中国文化的氛围非常浓厚。屋檐、门窗、门匾与对联都用汉字书写,冷的、热的、煎的、炸的各式食品都是中国风味。尤其是鸡场街文化坊已经在后人的努力下申请了世界文化遗产,成为了世界著名的旅游景点。我们中华的文化在外国被列为文化遗产,反而我们自己拆来拆去视而不见,听起来有点意思。

这里的小吃很多都写着"娘惹",我们就问他们这是什么意思。老板告诉我们,早年来马来西亚的华人与马来的女人通婚,生下的女儿就叫娘惹。这里的华人在数百年中,传承了中华文化,以致使你走在街上感觉不到是到了国外。夜晚,由华人主持的第二十九届华人文化节在街上的大舞台隆重演出,回响的音乐让灯火通明的鸡场街荡漾着中国风,使每一位到这里的游人看到了在马来西亚的中华文化。

主持人的开场有这样一句话:马来西亚的中华文化,始于郑和三宝,发扬在今日的广大华侨。

8月12日

离开马六甲

一大早,新加坡的林先生就从吉隆坡驾车赶到马六甲来为我们送行。在码头上,他代表州政府赠送了一面欢迎到马六甲的牌匾。此次我们到马六甲市,因为没有预先办理签证,所以不能停泊入境。林先生听说我们是为了解郑和来的,特意找到首席部长,特许临时进入马六甲市。驶出狭窄且浅的马六甲河,想象着600年前郑和的船队就曾停泊在这里然后扬帆西去,仿佛看到号角飞扬、征帆依旧。

例行检查后,我们告别了热心帮助我们的林先生,朝向马六甲海峡的最后一段进发。海面比来时平静了很多,航速5节,让我们感到兴奋。海峡中过往的拖轮非常多,一艘小拖轮拖着一个巨大的箱子,航速通常只有3到5节,他们都走在西向航道的外侧,时常会和我们擦肩而过。晚9点,一艘迎面来的船呼叫我们,说右舷通过,我回答好。待船会过后,他们又呼叫,结果一问是一位华人,祖上也来自福建,在马来西亚工作。临别时他说,在你们的前方30海里处是海盗出没的地方,你们要特别小心。问他怎么防范,他说关上门窗就好,因为那些都是小海盗,就是抢些钱和电脑等,都来自印尼。

不提倒好,一提还真是事。在塞舌尔海域,海上没有船,可以静默航行,但这里可不行,船来船往的。我就想,如果遇到海盗就和他们拼,船上有救生火焰和信号弹,近距离就是武器。但对方如果有枪那就不行了,哪怕拿个假的对着我们,我们是绝对不能出现有人受伤什么的,这招只能对付那些拿刀的。最后我想碰上了再说,谅他们也不敢上到我们船上来。不过临睡觉前,我还是把摄像机装到防水袋藏到床铺下面的底舱里,因为这是俱乐部的财产,也是最值钱的了。

4点我接班,原本想着对付海盗,可上甲板一看,好家伙,远方是万家灯火。海图上一看全是船,估算一下就有100多艘,从未见过如此多的船锚在一起。我们已经到达了马来西亚最靠近新加坡的城市,前方就是锚地,看来海盗的问题不用担心了。

8月16日

新加坡印象

新加坡给我的第一印象是办理出入境手续的极端人性化。外来的帆船只需提前在网上将自己的资料发给他们,然后下载一个表格填好,到新加坡时用 VHF 呼叫,然后在约定的海域见面。移民局、海关都在船上,为避免碰伤,工作人员递过来一个捞鱼的网,你把相关证件放进去,办完再递给你,一切就搞定了。

第二印象是绿色和清洁,大街小街都是那样的干净,还有很多老树,整个城市郁郁葱葱的,让人非常舒服。在出租车上,司机拿着一个瓶子说,他们都是喝在家里灌的自来水,从不买矿泉水。

新加坡也有空气污染,接近新加坡时我们看到了炼油厂。新加坡不仅做货物的转口贸易,而且做原油的加工转口。阿拉伯和南亚的原油在这里被制成成品油出口,据说这里有世界第三大的炼油厂。

第三印象是华人很多。我们在海上办理入境手续,官员中有华人,出租车、酒店、餐厅、商场等等,都可以讲华语。在这里住了几天,感觉新加坡就是一座华人的城市。

8 月 18 日

要到家了

16 日,接到公司小蔡的电话,在曾母暗沙与中国渔政船的会合已经确认,我们可以起航了。

上午,在海上办理完出境手续,"厦门"号帆船扬帆起航,开始了环球航行的最后一段的航程。从新加坡到厦门,航程 1600 海里,直线航行需要 12 天左右。我们的航线是出马六甲海峡转向东北,驶往曾母暗沙,在那里进入祖国的南大门,并将与中国渔政的巡航船会合,之后驶往三沙市。

马六甲海峡的东部是新加坡海峡,这里是马六甲海峡最窄的地方。所有大船经过这里都要非常小心,我们船小,贴着航道的北面很顺利地驶出了马六甲海峡。但由于过往的大船太多,直至分航道标志结束以后很远,我们才等到了一个空隙,顺利地横穿了航道。至此,我们顺利地通过了马六甲海峡。在海峡出口的东北面,有一片非常大的锚地。锚地中锚泊了 100 艘以上的大货轮,我感觉如果这些货轮进入了马六甲海峡,那一定要堵船了。

驶出马六甲海峡,"厦门"号改航向 70 度直指曾母暗沙,这段航程 500 海里。由于我们航行在赤道无风带上,预计要航行 4 天。再有 4 天,我们就到家了(图二七)。

8 月 21 日

船位:N3°47′,E111°32′

风向:南,风速:18.5 节

天气:晴,气压:1004 百帕,温度:30 度

COG(对地航向)76 度

SOG(对地航速)8.4 节

凌晨,南边和北边的天空都有大面积的闪电,直至 6 点交班也没有下雨。一觉醒来 9 点了,舱外是瓢泼大雨,探出头去,大海是久违的灰蓝色。航速 7 节多,越不着急越快,祖扬说他那班就开始起风了。下午天空放晴,雨后的天空非常清澈,风速降到了 5 节,"厦门"号轻轻地摇着。看来老天认为我们一路辛苦,经受住了考验,在

图二七　小李在用补船帆的布贴在浴巾上做"祖国我们回来了"的条幅

我们回到祖国前的最后一天,为我们洗去征尘。夕阳西下,金色的彩云伴着通红的晚霞层层叠叠,我感觉是最美的一天。曾经,我奢望着想抓住那最后一缕夕阳,让它跟随我们度过那漫长的夜晚。回想九个月的日日夜夜,风里浪里,今天这最美的夕阳就是对我们的赞美。也许我们22000海里的拼搏,就是要享受这个美好的瞬间。我常说大海最美的一面是呈现给勇敢的水手的,今天我们受之无愧。

入夜,天穹显得很小,似乎没有了往日的空旷。银河清晰地低垂着,好像是舍不得我们离去。从来都看不见的北极星也露出了海面,似乎在告诉我们家的方向。风速3节,远处的钻井平台的灯光顺着海面闪烁到船边。此时如果我们关闭发动机,那种安静可能没有词汇来形容,这一切都是大海在向我们道别。

8月22日

船位:N3°58.312′,E112°17.248′

风速:0节

天气:晴,气压:1006百帕,温度:30度

祖国,我们回来了!

曾母暗沙:每一个小学生都知道,我国的最南端是曾母暗沙。

上午8点,在太阳升起的方向,从望远镜可以看见两艘装备整齐的舰艇停泊在平静湛蓝的大海上,这一定是中国的海监船,我们约定9点时会合。8点15分我们呼叫:"中国海监75,中国海监75,厦门号帆船呼叫,厦门号帆船呼叫。""这里是中国海监75,你好,欢迎你们回国,请你们从我船左舷通过。"对讲机中传出亲切的声音。8点半"厦门"号接近海监75,还有一艘是海监66,两艘舰前后排列,"厦门"号缓缓向他们的左舷驶去(图二八)。

接近了,看清了,舰上人员整齐地在左舷列队。祖扬和小李高高地拉起昨天在船上用红色浴巾和黄色帆贴做的标语"祖国我们回来了"。呜!75号舰艇鸣笛。我看到舰上船员整齐地敬礼,眼泪跟着就涌了出来。这低沉悠远的汽笛是海监75号向"厦

门"号的致敬,是海上的最高礼节。对讲机中传出庞指挥的声音:"厦门号帆船,你们已经进入我国管辖的海域,欢迎你们回家。"我用手抹去遮住视线的眼泪,尽量持稳摄像机,不让它随自己的心抖动。驶到66号舰旁时,汽笛声继续响起,船员们整齐地敬礼,在对讲机里,我只说到"我们环球见过太多的军舰,今天见到自己国家的⋯⋯",就再也说不出话来了。这一刻,平生从未有过如此的感动;这一刻,真正体会到国家对一个人是多么的重要;这一刻,真正感受到做一个中国人有多么的荣耀,是祖国让我们受到了如此崇高的礼遇,我们所经历的艰苦和这一刻相比是多么地微不足道。

图二八　海监66号舰在曾母暗沙迎接"厦门"号回到祖国

祖扬和小李把写有"大国雄风,永镇海疆"的铁锚抛入曾母暗沙的海中,作为"厦门"号帆船在祖国南大门的永久纪念(图二九)。随后我们跃入这清澈的湛蓝,拥吻祖国的大海。

图二九　李晋城、刘祖扬将铁锚抛入曾母暗沙

中宣部《党建》杂志的李总编代表国家海洋局给我们送来了方便面、水果、啤酒、牛奶和饮料。上午9点半我们起航离开曾母暗沙。75号舰在前,"厦门"号在中,66号舰在后,我们就像一支舰队,在接下来横穿南沙群岛的航程中,中国海监船将伴随我们前进。

8月24日

　　船位:N9°33.98′,E112°55′

国家航海　第五辑
National
Maritime Research

「厦门」号帆船环球航海日志
（下）

185

风向：东南,风速：10 节

天气：阴,气压：1005 百帕,温度：30 度

COG（对地航向）50 度

SOG（对地航速）7.3 节

上午 10 点,75 号舰要我们到永暑礁避风。

永暑礁在我们前方 10 海里处,海图上只有一片礁盘,没有显示有陆地。前天《党建》杂志李总编给的《党建》上,刊登了一篇写永暑礁守礁战士李文波事迹的文章。

永暑礁在南沙群岛西北部,距离三沙市 400 海里。11 点,我们驶入礁盘。海图上标注有 8 米的深度,透明的海水可以清楚地看清海底白色的珊瑚礁。礁盘内停泊着一艘悬挂五星红旗的军舰,我们就锚在他们左舷 100 米处。我们四艘船锚在一起,两艘白色的海监船,一艘灰色的军舰和我们白色的帆船,看上去很漂亮,也很神气。

永暑礁距离我们的锚点有 2 海里,远远看去像是一艘海上行驶的船。由于风浪大没有办法过去,只能用对讲机联系慰问了一下守礁的战士。他们知道我们是环球航行的帆船,很钦佩。他们在浩瀚的中国南海上,为了祖国的领土完整,奉献着宝贵的青春。而很多人为了金钱而拼搏,拿"人不为己,天诛地灭"当座右铭,这些人真应该向我们可爱的守礁战士学一些奉献精神。

停泊在这里,是为了避开即将进入南海的"天秤"台风。"天秤"将会于今明进入南海,并于 27 日退回巴士海峡,然后北上。虽然预报说"天秤"并未影响三沙市海域,但考虑台风路径的不确定性,我们还是要听从海监的指挥。虽然归心似箭,但没有比安全回到厦门更重要的,停泊在这里就更能体会到永暑礁守礁战士的生活了。

8 月 28 日

告别永暑礁

早上 7 点半,正好听到中国海监 66 号向 75 号报告给养情况,说主食还够吃 10 天,副食没有了。听了以后,我很感动,为了给我们护航,船上十多个人没有菜吃,要不是我们,他们早就回家了。

10 点,75 号来电,说我们马上要起航了。大家一阵兴奋,一个原因是要回家了,另一个原因是这 4 天真是摇得够呛了。我们的位置一直是一两米的浪。因为永暑礁并不避风,只是一个水深 20 米的礁盘。背面和西面可以挡一点浪,但大风时效果也不好。我们在南沙有 7 个礁盘,却没有像样的岛屿。

要离开了,用对讲机与守礁战士道别,想到他们依然在空旷的大海上守卫着祖国的南海,心里还有点不是滋味。

8 月 29 日

告别家人

船位：N11°57′,E113°15′

风向：西,风速：11 节

天气：晴,气压：1007 百帕,温度：33 度

COG（对地航向）50 度

SOG(对地航速)7.3节

8点半,海监75号来电说,根据上级指示,他们要护送我们到北纬12度,现护航任务已经完成,他们有紧急任务需要返回三亚,请我们注意航行安全。我们在一起航行了6天,连GPS都不用看,轻松了很多,很感谢他们。如果没有他们的护航,我们不可能从南沙群岛穿过来。两艘船很快提高了船速,从跟我们航行的7节升到17节,不一会儿就消失在了蓝色的大海上。再见了,亲爱的家人。

8月31日
船位:N16°40′,E112°18′

三沙市

踏上祖国的土地时,我心里才真踏实了。

老远看到海上一个小黑点,渐渐地露出大片的树林,林间伫立着圆顶的建筑,这就是永兴岛。在港外,我们收到了永兴岛水警区的来电:"非常钦佩你们的环球航行和弘扬祖国主权的活动,永兴岛欢迎你……"

11点,我们在驻岛官兵的迎接下登上了码头。十个月了,第一次踏上了祖国的土地,看到迎接我们的亲人,心里感到非常的亲切和踏实。

永兴岛是三沙市的行政中心,顽石航海俱乐部的第一次远航就是2002年驾驶两条J24开到这里。当年的西沙工委大楼已经改成了三沙市政府,街上依然可以认出当年的建筑和位置。那时伸手可及的椰子树已经长得很高,不过椰子还是可以随便摘来喝的,街上可以看到衣装鲜艳的女孩,但安静依然如故。因为正值中午,所有的店铺都是关着的。永兴岛不大,有石岛、将军林以及日军遗留的炮楼等几处小景点,但由于在部队的区域内,并不对外开放。目前三沙市刚刚建立,并未开放游客上岛。

这次来三沙市,原本是有厦门代表团来迎接我们的,但他们晚到了一天,反倒变成我们要在这里迎接他们的。

9月3日

原计划今天早上出发,巧的是昨天晚上在街上遇见了守岛部队的首长,约定今天到部队向战士们介绍"厦门"号环球航行。

大礼堂、口令及战士的歌声,一切都非常熟悉,并不是我来过,而是让我找到了当年当兵的感觉。

交流会开了两个多小时,非常成功。从那些战士的眼睛里,我们看到了他们一直在跟随着"厦门"号航行,困苦时他们屏住呼吸,成功时他们露出笑容。最后,热烈的掌声久久不停,这是我们回国后的第一场报告会。

15点,"厦门"号在中国渔政306号和守岛官兵的送别下离开码头踏上回家的路。几十名战士在部队首长的带领下在码头列队,高喊着:"祝厦门号一帆风顺,祝勇士们一帆风顺"。船已经驶出港外,挥动的手却仍未放下(图三〇)。

三沙市距离厦门约700海里,"厦门"号帆船将在香港停靠后返回厦门,预计于9月13日抵达终点五缘湾。

图三〇　西沙官兵在码头上送"厦门"号离港

2012 年 9 月 5 日

船位：N21°37.121′,E114°12.5′

风向：东,风速：18.7 节

天气：阴,气压：1007 百帕,温度：37 度

COG（对地航向)356 度

SOG（对地航速)6.7 节

告别深蓝

离开西沙已经两天了,强劲的东风鼓动着"厦门"号巨大的船帆,船像一匹驰骋在蓝色草原的骏马在一路狂奔,珠海的担杆列岛已经隐约可见了。随着越来越接近陆地,大海的颜色正逐渐由深蓝转为发绿的蓝色,因为之前航行的都是深海,深海是深蓝色的,现在我们在不足 100 米的浅海,颜色就变浅了。小李说:"起航是我们走向深蓝,现在归航是告别深蓝。"

9 月 7 日

地球真小

驶出香港,一转眼快回家了。看着陆地上隐约的灯光,听着平静的海水划过船舷发出轻柔的水声,似乎感觉十个月的风雨狂涛如同一场梦一样,清晰而又缥缈。我曾不止一次地问自己,地球真的就这样让我转了一圈吗?

帕劳翡翠般的海、巴布亚新几内亚的非洲面孔、澳大利亚牧场上遍布的牛羊、新西兰密林一样的桅杆、合恩角的狂涛、巴塔格尼亚高原的冰川、克鲁格国家公园的羚羊与狮子、马达加斯加丛林中的小孩、马六甲海峡连续不断的巨轮……。海水从浅绿到诱人的艳蓝,从深不可测的灰蓝到汹涌澎湃的黑灰。秋去夏来,初见春芽又见霜叶,小小的 GPS 屏幕上,从北纬 24 度到南纬 60 度再到北纬 24 度,从东经 118 度转到西经 118 度再到东经 118 度……

小时候仅把地球看作一个名词,概念上仍是一个无边的平面,听到、看到的一切都是那么遥不可及。今天,我看到了,却又不敢相信地球竟是如此的小。在世界地图上画一条线,实际上也没有多长。也许就像是小孩看人生,一切都是未来,待你成年就觉得一切都在眼前了。我们都应该去认识地球，要像成年人珍惜时间一样去珍爱它，否则留下的就只能是叹息了。

地球真小，我们的在航时间仅用了 176 天，而每天仅走了 134 海里。

9月8日

世界真大

地球是自然形成的，世界是人类组成的。

出菲律宾到帕劳的途中，我们遇到了强劲的顶流，只好在海峡边上的一个海湾候潮。那里非常偏僻，一艘很原始的独木舟向我们驶来。在独木舟上有一个小孩，他黑黑的大眼睛愣愣地望着我们。他一定在问自己，他们开的是什么船，从哪里跑到这里来了。在他的眼里，世界就是蔚蓝的大海和葱绿的村庄，再加上我们竖着的高高的像棍子一样的神奇东西。

我们的船在进入帕劳珊瑚礁盘时，清澈的海水让你无法判断水的深浅。一丛丛的岛屿像盆景一样漂浮在翡翠一样的海上，色彩缤纷的鱼和鲜艳的珊瑚，你真的会觉得这是人间仙境，用小连的话说，美得让人想哭。

从布里斯班到悉尼，我们穿过了 60 海里的内海。那里的船多得像高速公路上的汽车，来往相遇时都会挥手致意，到了下午感觉手臂都发酸了。两岸是美丽的风光，擦舷而过的船上是那挥动的手臂，世界真的很美好。

驶出澳大利亚时我受伤了，新西兰海岸救护队在 700 海里以外打电话问，是否有咳血、是否需要直升机接走，每天还要把伤情和方位报给他们。当我们顶着狂风在海上警卫队船只的护送下到达码头时，首先看到的是穿绿色衣服的急救中心工作人员。

在智利的巴塔格尼亚高原，从天而降的冰川会让你窒息，你会感觉到一种震撼的美，会让你忽然感觉上帝就在那上面。

南非的一个小渔港里，一只海豹坐在阶梯上，瞪着两只大眼睛在看世界。它的眼神像婴儿一样，没有任何一点的贪嗔痴。

马达加斯加，一个在联合国挂了号的贫穷国家，街上跑的汽车都够进博物馆了，但遇到行人还是会停车让行，进入路口还是会停车看看。在大山里，妇女抱着一个小孩子，身后跟着一个大点的，光着脚紧紧地跟着妈妈，一边回头看你，一边扯着妈妈的衣衫。一个石头拌上去，妈妈不知说了什么，他依然还是回头看你，紧紧地扯着妈妈的衣衫。

世界太大了，太多的风景，太多的风情，太多的人情，太多的未知。

9月11日

爱

我们回到南中国海的时候已是初秋。到了傍晚，会有疲劳的燕子落在船上。可我们的船摇摆太厉害，多数燕子只是停一下就飞走了。在接近永兴岛的前一个傍晚，我听到唧唧的叫声，看到一只小燕子落在护栏上。我正疑虑它为什么叫，就看到又飞来一只，费力的落在旁边。天已经很暗了，忽然一个大浪，帆剧烈地抖动了一下，一只被打飞了，这时另一只又唧唧地叫，那只又落了回来。两只燕子紧紧地依偎在一起,像患难中的一对恋人。

　　航行结束了,大海的汹涌、大海的柔情、大海的艳丽以及被大海中垃圾套住的海龟,似羽毛一般轻柔的小燕、巨大的鲸鱼和目光无辜的海豹。马达加斯加贫穷母亲怀抱里的女孩、澳大利亚和海鸥嬉戏的小男孩。夜海的波涛中新西兰海上救护队的电话、风浪中为我们护航引路的海岸警卫队、好望角牵引我们进港的海上救护队志愿者和临别时挥舞的手臂……

　　在南非,小李误听了一个说奶奶过世的电话。夜晚一个人在外面哭了很久,一直想着奶奶,后来打电话回去,知道听错了才破涕为笑。

　　航海使我坚强了,这世上还有什么比在惊涛中的无助更可怕;环球也让我更脆弱了,似乎看不得别人受苦、动物受虐和环境受到污染;对生活更珍惜了,因为在我的心中曾经与这个世界永别过。

　　"厦门"号即将靠码头了,风雨狂涛十个月,思来想去,最终得到的就是对地球、对生活、对家人以及朋友的爱。

9 月 14 日

　　船位:N24°24′,E118°12.15′

胜利返航!

　　"厦门"号帆船经过 316 天时间,航程 23600 余海里,经过 13 个国家,横跨太平洋、大西洋、印度洋,穿越了咆哮的西风带,绕过了合恩角与好望角,成功返回厦门。

　　在这最后一篇日记里,我们"厦门"号八位成员:魏军、陈建、蓝剑、徐毅、连全俊、刘祖扬、王铁男、李晋城感谢所有关心"厦门"号、支持"厦门"号的各界人士和朋友们,感谢沿途给予我们帮助和力量的华侨朋友们,感谢在厦金海域热情迎接我们的台湾同胞们,感谢给予我们帮助的外国朋友们,没有你们的支持与帮助,我们无法完成这次写入中国航海历史的航程,真诚地谢谢你们!

图三一　交通部徐祖远副部长等领导到码头迎接见证"厦门"号凯旋

(全文完)

征 稿 启 事

　　《国家航海》由上海中国航海博物馆主办，内容涉及上海国际航运中心文化历史与政治理论、中外航海史、航海文物等方面。欢迎海内外致力于航海研究领域的专家、学者、工作者惠赐佳作。为方便作者来稿，并使稿件规范化，特将来稿基本要求告知如下：

　　1. 来稿应侧重于上海国际航运中心文化历史与政治理论、中外航海史、海上交通或贸易史、中外古船与沉船研究、水下考古、航海文物研究等方面，具有创新意识，选题新颖，方法合理，内容充实，观点鲜明，论据充分，文字简练，图文规范。

　　2. 来稿篇幅以 12000 字以内为宜，重大选题的稿件在 20000 字以内。本编辑部对来稿有文字性修改权，如不同意，请来稿时注明。

　　3. 稿件需提供 200 字左右的中文摘要和 3～5 个关键词；并提供文章题目、摘要、关键词的英译文本；请提供作者姓名、单位、职称、通讯地址、邮编、联系电话、电子信箱以及来稿字数等信息，以方便联系。

　　4. 投稿时，请采用打印稿和电子文本同时寄送的方式。打印稿一般应 A4 型纸隔行打印。打印稿寄至"上海市浦东新区申港大道 197 号《国家航海》编辑部"，邮编：201306，编辑部电话/传真：021－68282176；电邮发送至：ardmmc75@163.com，发送时请以"投稿－文章标题"格式为主题。所来稿件恕不退稿。

　　5. 编辑部择优录用来稿。稿件应遵守学术规范，严禁剽窃、抄袭行为，反对一稿多投。凡发现此类行为者，后果由作者自行承担。所有来稿的处理结果，编辑部将通过电子信函通知。

稿件书写规范

1. 每篇文章按文章标题、作者姓名、作者单位或地址(包括邮政编码)、提要、关键词、正文、英文标题、英文提要、英文关键词顺序编排。

2. 注释采用脚注,每页单独编号。

3. 除英文提要和纯英文注释使用西式标点符号外,统一使用中文标点符号。阿拉伯数字之间的起讫号一律用波浪线"～";中文之间的起讫号用一字线"—"。英文提要和英文注释中的出版物名称用斜体。

4. 第一次提及帝王年号,须加公元纪年;第一次提及外国人名,须附原名。中国年号、古籍号、叶数用中文数字,如贞观十四年,《新唐书》卷五八,《西域水道记》叶三正。其他公历、杂志卷、期、号、页等均用阿拉伯数字。

5. 注释号码用阿拉伯数字表示,作[1]、[2]、[3]……其位置放在标点符号后的右上角。再次征引,用"同上"×页或"同注[1],×页"形式,不用合并注号方式。

6. 引用专著及新印古籍,应标明注引章卷数、出版者及出版年代、页码,如:

[1]　谭其骧主编:《中国历史地图集》第七册(元明时期),(上海)地图出版社,1982年,第57～58页。

[2]　姚大力:《谈古论今第一人:司马迁和他的〈史记〉》,《读史的智慧》,(上海)复旦大学出版社,2009年,第10页。

[3]　[明]马文升:《禁通番以绝边患疏》,[明]陈子龙等选辑:《明经世文编》卷六二,(北京)中华书局,1962年。

7. 引用古籍,应标明著者、版本、卷数、页码。

8. 引用期刊论文,应标明期刊名、年代、卷次、页码,如:

[4]　张瑾瑢:《清代档案中的气象资料》,《历史档案》1982年第2期,第100～110页。

[5]　邱仲麟:《保暖、炫耀与权势——明代珍贵毛皮的文化史》,《中央研究院历史语言所集刊》第八十本第4分,2009年,第555～629页。

[6]　李眉:《李劼人轶事》,《四川工人日报》1986年8月22日第2版。

9. 未刊文献标注,如:

[7]　方明东:《罗隆基政治思想研究(1913～1949)》,博士学位论文,北京师范大学历史系,2000年,第67页。

[8]　中岛乐章:《明前期徽州的民事诉讼个案研究》,国际徽学研讨会论文,安徽绩溪,1998年。

10. 引用西文论著,依西文惯例,其中书刊名用斜体,论文加引号,如:

〔9〕　Peter Brooks,*Troubling Confessions：Speaking Guilt in Law and Literature*,Chicago,University of Chicago Press,2000,p. 48.

11. 其他解释式注释中涉及文献出处时,如下:

〔10〕　关于这一问题,参见卢汉超《赫德传》,上海人民出版社,1986 年,第 89 页。

〔11〕　参阅张树年主编《张元济年谱》第 6 章,商务印书馆,1991 年。

〔12〕　转引自王晓秋《近代中日文化交流史》,中华书局,2000 年,第 456 页。

图书在版编目（CIP）数据

国家航海. 第五辑／上海中国航海博物馆主办. —
上海：上海古籍出版社，2013.11
ISBN 978 - 7 - 5325 - 7117 - 8

Ⅰ.①国… Ⅱ.①上… Ⅲ.①航海—交通运输史—中
国—文集 Ⅳ.①F552.9 - 53

中国版本图书馆 CIP 数据核字（2013）第 253472 号

国家航海（第五辑）

上海中国航海博物馆　主办

上海世纪出版股份有限公司
上海 古 籍 出 版 社　出版

（上海瑞金二路 272 号　邮政编码 200020）

（1）网址：www.guji.com.cn
（2）E-mail：guji1@guji.com.cn
（3）易文网网址：www.ewen.cc

上海世纪出版股份有限公司发行中心发行经销　上海颛辉印刷有限公司印刷
开本 787 × 1092　1/16　印张 12.25　插页 2　字数 253,000
2013 年 11 月第 1 版　2013 年 11 月第 1 次印刷
印数 1—1,800
ISBN 978 - 7 - 5325 - 7117 - 8
K·1824　定价：48.00 元
如发生质量问题，读者可向承印公司调换